Hans Kügler
Literatur und Kommunikation

Hans Kügler

Literatur und Kommunikation

Ein Beitrag zur didaktischen Theorie
und methodischen Praxis

Ernst Klett Verlag Stuttgart

1. Auflage 1971
Alle Rechte vorbehalten
Fotomechanische Wiedergabe nur mit Genehmigung des Verlages
© Ernst Klett Verlag, Stuttgart 1971. Printed in Germany
Gesamtherstellung: Wilhelm Röck, Weinsberg
ISBN 3-12-92508 0-8

Inhalt

11 Aufriß der Thematik
Der Regelkreis von Fachwissenschaft und Fachdidaktik

27 Erstes Kapitel
Literatur und Unterricht: Didaktische Modelle
der sechziger Jahre

30 Monologische Didaktik oder das mißverstandene Primat
der Pädagogik vor der Literatur (1960–1966)
50 Neue literarpädagogische Konzeptionen und ihre wissenschaftlichen
Grundlagen (1966–1970)
56 Versuch einer Integration von Dichtung und Pädagogik
(W. Pielow)
59 „Strukturalismus der poetischen Formen" (H. Helmers)
63 Literaturunterricht als „bewußter Lernprozeß":
„Das Elementarisieren poetischer Strukturen" (J. Bauer)
66 Ergebnisse und Schlußfolgerungen

68 Zweites Kapitel
Literatur als Bestand oder als Kommunikation?
Lernen und Verstehen: Der Begriff der literarischen
Kommunikation

78 Rede- und Schreibweise („lexie"), Leseweise („lexique" bzw.
„lecture")
83 Verflachte Leseschemata im Unterricht
Erster historischer Rekurs: Literatur als „Bildungs-, Kultur- und
Lesegut"
87 Zweiter historischer Rekurs: Literatur als Bestand autonomer
Kunstwerke. Das Werk als „Gefüge" und „Struktur"
94 Darstellungstechnik, Leseweise, Leseebene
Beispiel: G. Eich, Inventur (drei Leseebenen)

108	Der gewandelte Literaturbegriff: Literatur als Eingriff und Angriff Kommunikationsmodelle zeitgenössischer Autoren
113	P. Celan: Der Text als Zu- und Anspruch (dialogische Kommunikation)
115	H. M. Enzensberger: Der Text als Ein- und Widerspruch (dialektische Kommunikation)
117	H. Heissenbüttel: Zerlegung und Kombination von „Sprachteilen" („sprachaufschlüsselnde Methode")
121	**Drittes Kapitel** Die methodische Ausbildung des Verstehens: Drei Modi literarischer Kommunikation im Unterricht Die Zirkelstruktur des lesenden Erschließens und seine Abgrenzung gegenüber anderen Lesarten (informatives und emotionales Lesen)
126	Erster Modus literarischer Kommunikation im Unterricht: Lesendes Erschließen auf hermeneutischer Basis Der Begriff der Hermeneutik und seine Ausformungen in der Theorie Diltheys, Heideggers und Staigers
142	Anwendungsbereich und Reichweite des lesenden Erschließens auf hermeneutischer Basis im Unterricht Beispiel: G. Trakl, Rondel (4. Schuljahr, Primarstufe)
146	Zweiter Modus literarischer Kommunikation im Unterricht: Lesendes Erschließen auf dialektischer Basis Brechts Theorem von der notwendigen Verfremdung und das daraus rührende Kommunikationsmodell
152	Didaktische Funktion des lesenden Erschließens auf dialektischer Basis
153	Bedingungen des lesenden Erschließens auf dialektischer Basis
155	Anwendungsbereich und Reichweite des lesenden Erschließens auf dialektischer Basis im Unterricht Erstes Beispiel: G. Eich, Denke daran (8. Schuljahr, Sekundarstufe I)
161	Zweites Beispiel: I. Bachmann, Alle Tage (9. Schuljahr, Sekundarstufe I)
169	Dritter Modus literarischer Kommunikation im Unterricht: Lesendes Erschließen auf strukturaler Basis Der Begriff der Struktur und des Zeichens Das Theorem von R. Barthes: „Die strukturalistische Tätigkeit" Zerlegung und Rekonstitution poetischer Strukturen und das daraus rührende Kommunikationsmodell Die Verstehensoperationen im Unterricht

170	Erste Voraussetzung des lesenden Erschließens auf strukturaler Basis
173	Zweite Voraussetzung des lesenden Erschließens auf strukturaler Basis
187	Didaktische Funktion des lesenden Erschließens auf strukturaler Basis
189	Anwendungsbereich und Reichweite des lesenden Erschließens auf strukturaler Basis im Unterricht Erstes Beispiel: Brüder Grimm, Frau Holle (3. Schuljahr, Primarstufe)
198	Zweites Beispiel: F. Kafka, Auf der Galerie (9. Schuljahr, Sekundarstufe I)
210	Zusammenfassung Die Kommunikationsmodi und ihre möglichen Auswirkungen auf die Diskussion um die Lernziele des literarischen Unterrichts
220	Nachbemerkung
227	Anmerkungen

„Die Literatur hat ein besonderes Statut, das sich daraus ergibt, daß sie aus Sprache gemacht ist, das heißt mit einem Material, das bereits etwas bedeutet, wenn man sich seiner bemächtigt. Die Literatur muß in ein System schlüpfen, das ihr nicht gehört, das aber schließlich zu dem gleichen Zweck funktioniert wie sie selbst, nämlich: mitteilen."
„Bedeutung schaffen ist sehr leicht, die gesamte Massenkultur produziert sie ununterbrochen. Bedeutung aufschieben ist ein unendlich viel komplizierteres Unternehmen; es ist, wenn man so will, eine ‚Kunst'."
                                                        Roland Barthes

Aufriß der Thematik
Der Regelkreis von Fachwissenschaft und Fachdidaktik

Die vorliegende Arbeit versucht den Grundriß einer solchen Literaturdidaktik zu entwerfen, die sich – zumeist im Gegensatz zu den traditionellen literarpädagogischen Konzeptionen – unmittelbar aus der Literaturwissenschaft selbst ableitet. Die didaktische Theorie soll zeigen, wie und wozu das elementare Verstehen vielfältiger literarischer Strukturen im Unterricht methodisch differenziert und kontinuierlich ausgebildet werden kann.
Die Darstellung geht dabei von der Erfahrung aus, daß die wissenschaftliche Ausbildung der Deutschlehrer aller (anstelle einer Gesamtschule leider immer noch bestehenden) Schulgattungen keineswegs ausreichend von jenem ideal konzipierten Regelkreis von Fachwissenschaft und Fachdidaktik gesteuert wird, wie er im Zuge der inneren Hochschulreform (Hochschuldidaktik) heute überall beansprucht wird. Die ideale Konzeption eines Regelkreises, welcher jede Lehrerausbildung durch das organisierte Zusammenspiel von Fachwissenschaft und Fachdidaktik neu konstituiert und derart gegenüber dem traditionellen Nach- und Nebeneinander von praxisferner Theorie und theoriefener Praxis auch intensiviert, muß so lange ein schönes Postulat bleiben, als sich beide, Fachwissenschaft und Fachdidaktik, auf die ihnen vorgegebene Grundregel des Regelkreises nicht ernsthaft einlassen. Die Grundregel aber lautet, daß Fachwissenschaft und Fachdidaktik im Regelkreis nur eine Mittlerfunktion übernehmen können, wenn sie das Studium unter dem Aspekt der Lehrerausbildung effektiv steuern wollen. Mittlerfunktion heißt: der Modus des Zusammenspiels von Fachwissenschaft und Fachdidaktik muß so beschaffen sein, daß er den Studierenden mit der methodischen Darstellung der Fachgegenstände *zugleich* auch das Wissen von der notwendigen Lehr- und Lernbarkeit eben dieser Gegenstände vermittelt und im Unterricht die dabei von Schülern zu leistenden Verstehensprozesse an repräsentativen Paradigmen in allen Phasen rational durchschaubar macht. *Die methodische Entfaltung des Verstehens an den spezifischen Gegenständen des Fachs und die didaktische Theorie, wozu und wie Verstehensprozesse im Unterricht fachwissenschaftlich begründet ausgelöst und in Gang gehalten werden können, gehören hier unabdingbar zusammen.* In der Formel von der methodischen Entfaltung des Verstehens und dem gleichzeitig zu er-

werbenden Wissen, das Verstehen *anderer* methodisch zu entfalten, zeichnet sich der besondere Modus des organisierten Zusammenspiels von Fachwissenschaft und Fachdidaktik ab. Indem der Regelkreis derart durch die ausdrücklich gestellte Frage nach dem Wozu und Wie der Lehr- und Lernbarkeit des Fachwissens die didaktische Theoriebildung in das Fachstudium integriert, könnte er das Studium so steuern, daß es die Fachgegenstände der Hochschule und die Fächer der Schule (im Felde didaktischer Theoriebildung) verbindet und den heute noch überall zu beobachtenden (und zumeist zynisch kommentierten) totalen Ausfall des Fachwissens beim Eintritt in die sogenannte „Schulwirklichkeit" auf ein Minimum reduziert: „Der Student, die Universität besuchend, um sich auf einen bestimmten Beruf vorzubereiten, nämlich den des Deutschlehrers, absolviert eine viel zu hohe Anzahl von Semestern (nämlich 12 oder mehr) vornehmlich zu dem Ende, das mühsam Gelernte, das am mühsamsten Gelernte vor allem, nach dem Examen so bald als möglich zu vergessen. Es ist diese Feststellung keine verallgemeinernde Phrase, sondern sie zitiert exakt den Inhalt dessen, was den jungen Studienreferendaren in den Studienseminaren häufig anempfohlen wird"[1]. Weil dieser Sachverhalt auch für andere Schulgattungen (z. B. Haupt-, Realschule) zutrifft, ist der Regelkreis in einem doppelten Sinne notwendig. Denn er führt nicht allein – wie in den Überlegungen der Schulreformer üblich – die Schule an die Hochschule heran (was er im augenblicklichen Zeitpunkt nicht zu leisten vermag), wohl aber die Hochschule an die Schule. Ein Fachstudium unter dem Aspekt der Lehrerausbildung (und dies würde konsequenterweise auch für die künftigen Hochschullehrer gelten), das sich außerhalb des skizzierten Regelkreises bewegt, ist daher in einem doppelten Sinne fahrlässig. Weil es ohne didaktische Theoriebildung Verstehensprozesse von der Sache selbst her nicht auf fachwissenschaftliche Weise in Gang setzen und in Gang halten kann, schadet es nicht nur den Lernenden, sondern vor allem auch der jeweiligen Fachwissenschaft, die im Bereich der Unterrichtspraxis nicht zufällig von der Verkümmerung bedroht ist. Insofern gilt für alle Fächer, was für den hier zu analysierenden Teilbereich der Literaturdidaktik noch zu beweisen ist: „die Frage nach der Zukunft der Germanistik ist so wesentlich die Frage nach der Vorstellung und Funktion des Deutschlehrers"[2].
Die vorliegende Arbeit versucht den Grundriß eines solchen Regelkreises in dem heute immer noch ideologisch belasteten, aber zentralen Bereich des Deutschunterrichts darzustellen, der durch die vagen Termini „literarische Erziehung", „literarische Bildung" zunächst kaum eindeutig beschreibbar ist. Sie kann jedoch nicht übersehen, daß sich mit der skizzierten Vorstellung eines Regelkreises in der gegenwärtigen Situation eine

Reihe grober Mißverständnisse, aber auch objektiver Schwierigkeiten spontan einstellen müssen. Im Hinblick auf eine mögliche Diskussion und auf die noch zu begründende Zielsetzung dieser Arbeit ist es notwendig, solche Einwände nüchtern aufzuzählen:
1. Der erste Einwand ist aus dem Bereich der Allgemeinen Didaktik und Pädagogik zu erwarten. Der Versuch, einen Regelkreis allein aus dem organisierten Zusammenspiel von Literaturwissenschaft und Literaturdidaktik zu konstituieren, muß sich den Vorwurf eines vulgären Neopositivismus einhandeln, weil er in dem strengen Bemühen, Lehr- und Lernprozesse primär aus den vorgegebenen Gegenständen des Faches abzuleiten und theoretisch zu begründen, die beliebte Frage nach dem „Bildungssinn", „Bildungsgehalt", „Bildungsauftrag", „Bildungswert" nicht allein aus der Zuständigkeit der sogenannten „Bildungsinhalteforschung", sondern aus den zu erkennenden Fachgegenständen und nur durch sie selbst zu beantworten versucht. Der Vorwurf des Neopositivismus übersieht jedoch das für alle Fachdidaktiken entscheidende Faktum, daß jede didaktische Theorie, die Lehr- und Lernprozesse von der Sache her und auf die Sache hin in Gang setzen möchte, nur dann wissenschaftlichen Anspruch erheben kann, wenn sie, wie die neueren Überlegungen zur Didaktik des literarischen Unterrichts zeigen, „strukturkonform" ist, d. h. daß „das methodische Verfahren bereits in den Gegenstandsstrukturen vorgezeichnet ist und demnach strukturkonform sein muß, soll der gewünschte Lerneffekt erreicht werden"[3]. Die fachdidaktische Theorie und mit ihr die methodische Praxis des Unterrichts muß daher unweigerlich in die Nähe außerwissenschaftlicher Spekulationen (Ideologieverdacht) geraten, wenn sie vor der Analyse der Gegenstandsstrukturen sich auf die Diskussion von sogenannten „Bildungsinhalten", „Bildungswerten", d. h. „Sollwerten" einläßt, um aus ihnen einen „pädagogischen Auftrag" zu fixieren. Demgegenüber gilt der aus der Perspektive der kybernetischen Pädagogik erhobene Einwand uneingeschränkt: „Entscheidend ist die Feststellung, daß das Aufstellen von Lernzielen (SOLL-Werten) selbst kein wissenschaftlicher Prozeß ist, die Untersuchung gegebener Lernziele einen anderen Gegenstandsbereich hat und dieser daher nicht der Didaktik zugerechnet wird"[4]. Es ist leider noch keineswegs überflüssig hinzuzufügen, daß die heute entschlossen angestrebte Beschränkung der literaturdidaktischen Theoriebildung auf die fachwissenschaftlich vorgegebenen Gegenstandsstrukturen schon angesichts der verhängnisvollen historischen Entwicklung der Literaturdidaktik nach 1945 keineswegs als selbstgewähltes Getto, sondern vielmehr als Befreiung von einem mißverstandenen Primat der Pädagogik vor der Literatur erfahren wird. Indem sich die Literaturpädagogik nach 1945 fast ausschließlich an wissenschaftlich nicht mehr über-

prüfbaren, d. h. „kulturpolitisch" bestimmten, „allgemeinen Erziehungsaufträgen" orientierte, blieb sie weitgehend restaurativ, d. h. auf die unkritische Rolle eines Lieferanten von Literatur als „vorbildlichem Bildungsgut" (Leit-, Vor- und Weltbilder) beschränkt. Eine Ausnahme davon bildet allein die seit 1965 entstehende „neue Literaturdidaktik" (vgl. dazu das 1. Kap.). Trotzdem wird später zu zeigen sein, daß die Frage nach dem „Bildungssinn" nicht verdrängt, wohl aber auf andere Weise, d. h. innerhalb der fachdidaktischen Theorie neu gestellt werden muß.

2. Von hier aus ist der Einwand der „traditionell" bestimmten Literaturdidaktiken gegenüber dem angestrebten Regelkreis zu erwarten, deren pädagogisch vorzensierter Literaturbegriff – schon angesichts seiner ungebrochenen Wirkung in der gegenwärtigen Unterrichtspraxis – keineswegs zu verharmlosen ist. Dies um so mehr, da nicht jede literaturdidaktische Konzeption, die sich nach der von der traditionellen Literaturpädagogik wesentlich mitverursachten Krise der Lesebücher (1958 bis 1965) unter den Anspruch der seitdem neu formulierten literaturdidaktischen Zielsetzungen stellt, zugleich auch schon das verhängnisvolle und mißverstandene „Primat der Pädagogik vor der Literatur" aufgegeben hätte. Im Gegenteil zeigt die fortwährende Diskussion um den Begriff der „Lebenshilfe" von Literatur, der Streit um „eigentliche" Dichtung oder „lesestimulierende Texte", „fiktionale" oder „nichtfiktionale" Literatur im Unterricht, der „soziologischen Relevanz" von Literatur das erneute Eindringen ideologisch belasteter Vorstellungen in die noch kaum ausgebildeten neuen fachdidaktischen Theorien an[5]. Traditionell wäre daher jede Literaturdidaktik zu nennen, die sich selbst nach der Krise der etablierten Literaturpädagogik, wie sie in der Diskussion um die Lesebücher exemplarisch erschien, offen oder versteckt als normativ ausweist. Normativ und in einem bestimmten Sinne ideologisch wäre wiederum eine Literaturdidaktik dann zu bezeichnen, wenn sie die Analyse der von der Fachwissenschaft vorgegebenen Gegenstandsstrukturen zugunsten von vorgesetzten „Bildungsaufträgen" und kulturpolitischen Tagesforderungen überspringt oder die Analyse unter dem verengten Aspekt von allgemeinen Bildungsinhalten durchführt. Von dieser Nichtwissenschaftlichkeit normativer Didaktiken her gesehen, wird auch der hartnäckige Widerstand selbst der in den letzten Jahren erschienenen traditionellen Literaturdidaktiken verständlich, in den oben skizzierten Regelkreis einzutreten. Denn das organisierte Zusammenspiel von Fachwissenschaft und Fachdidaktik würde das Ende jeder normativen Literaturpädagogik und den Beginn einer wissenschaftlichen Normenkritik bedeuten, wie sie nur auf dem Grund der Fachwissenschaft erfolgen kann.

3. Von hier aus ergibt sich die eigentliche Schwierigkeit, den ideal konzi-

pierten Regelkreis von Fachwissenschaft und Fachdidaktik in Gang zu setzen. Sie ist in der vielberedeten Krise und Neuorientierung der Literaturwissenschaft selbst zu suchen. Sieht man von dem begreiflichen Mißtrauen der Universitätsgermanistik gegenüber dem Regelkreis von Fachwissenschaft und Fachdidaktik ab, weil dieser für sie – zumal durch die sprichwörtliche Kurzsichtigkeit der geplanten Kurzstudiengänge und durch die ihnen auferlegte „Mittlerfunktion" (vgl. oben) – eine weitere Verschulung des Lehrbetriebs und damit eine weitere Amputation der Forschungsarbeit bedeutet, so bleibt doch die elementare Frage an sie zu richten, welche spezifischen Fachgegenstände und welche spezifischen Methoden inmitten der vielzitierten Krise und Neuorientierung in den Regelkreis von Fachwissenschaft und Fachdidaktik eingebracht, d. h. dem organisierten Zusammenspiel von Fachwissenschaft und didaktischer Theorie ausgesetzt werden können. Diese elementare Frage, von der das künftige Niveau der Fachdidaktiken abhängt, erweist sich bei genauem Zusehen als äußerst kompliziert zu beantworten. Denn sieht man davon ab, daß die Frage eine große Anzahl von Fachwissenschaftlern immer noch unvorbereitet trifft und daher sofort an die „Zuständigkeit" der Fachdidaktiker abgeschoben wird (eine Verdrängung, welche das Zustandekommen des Regelkreises schon immer verhindert hat), so erscheint die Fragestellung selbst schon positivistisch verkürzt. Denn die spezifischen Gegenstände und Methoden, die von der Fachwissenschaft in den Regelkreis eingebracht werden können, sind unmittelbar abhängig von der gegenwärtigen Diskussion um den Wissenschaftsbegriff und den Gegenstandsbereich der Literaturwissenschaft, der wiederum ihr Selbstverständnis im Hinblick auf die notwendigen gesellschaftlichen Erfordernisse bestimmt. Gerade in dieser Hinsicht aber ist, wie die Arbeiten von Allemann, Döhl, Jäger, Kallweit, Lepenies, Killy, Lämmert, von Polenz, Singer, Wapnewski, Wieser und anderen zeigen [6], der eigentliche Krisenherd der Literaturwissenschaft zu suchen. Sieht man von den ideologischen Pauschalverurteilungen ab, „die in einem Atem die Abschaffung der Germanistik und ihre Neueinsetzung als umfassende Gesellschaftswissenschaft fordern"[7], so können – in grober Simplifizierung – drei das Krisenbewußtsein ausbildende Sachverhalte genannt werden:

a) Der Mangel exakter oder ausreichend definierbarer Termini, die sowohl zur Beschreibung des Gegenstandsbereichs der Literaturwissenschaft als auch zur methodischen Analyse der Gegenstände selbst notwendig sind. Es war dieser Mangel, der „das Fach im Ganzen (hinderte), methodische Sicherheit in der Abschätzung und Abgrenzung der eigenen Aufgabe zu entwickeln"[8]. Die historischen Ursachen hierfür sind bekannt. Sie sind in der unerlaubten Ausweitung des Wissenschaftsbegriffs der Germanistik im

19. Jahrhundert zu suchen, dem „überwissenschaftlichen Vorsatz, die Gesamtheit des deutschen Wesens auszuloten"[9]. Von hier aus erklärt sich der größte Teil der in den sechziger Jahren unternommenen Versuche einer historischen „Entmythologisierung" (vgl. 2. Kap.), welche mit dem Abbau der überlieferten alles und nichts umgreifenden deutschtümelnden Terminologie die vorgegebenen Aspekte des Faches wieder zu entdecken hoffte: „das Rückschneiden zur vernünftig geordneten Fachdisziplin verschiedener Sparten dient der notwendigen Bereinigung einer geschichtlich fehlgeleiteten Ideologisierung"[10]. Die Rückbildung der Germanistik zu einer Fachdisziplin mit klar umrissenen Sparten, wie sie heute in der Form von detaillierten Studienplänen (z. B. in der allgemeinen Literaturwissenschaft: Poetik und Ästhetik, Formenlehre, Stilistik und Metrik, Literatursoziologie und Literaturgeschichte) sichtbar wird, ist als erste Orientierungshilfe nützlich, sie kann jedoch den Mangel adäquater Termini, der in der Sache selbst beruht, nicht aufheben. Trotzdem hat gerade die Einsicht in die „geschichtlich fehlgeleitete Ideologisierung" zur Erkenntnis des zweiten Krisenherdes geführt:

b) Der Frage nach der gesellschaftlichen Bedeutsamkeit von Literatur und Literaturwissenschaft, d. h. ihrem neu zu bestimmenden Stellenwert innerhalb solcher gesellschaftlicher Prozesse, die den Modus vivendi aller betreffen (z. B. Analyse der Gegenwartssprache, Sprachbarrieren, Didaktik des Sprach- und Literaturunterrichts u. a.). Es ist offensichtlich, daß erst die vorausgegangene historische Entideologisierung der Literaturwissenschaft durch die Literaturwissenschaft selbst das Bewußtsein für die außerordentliche Wichtigkeit dieser Frage geschärft hat. Denn dieser Vorgang machte der Literaturwissenschaft bewußt, daß sie nicht erst seit der Etablierung der Literatursoziologie und soziologischen Linguistik eine gesellschaftliche Dimension zu verantworten hatte. Im Gegenteil: gerade die Einsichten in die geschichtlich fehlgeleitete Ideologisierung (Dienst an einer nicht mehr weiter überprüften unstrukturierten Gemeinschaft – dem „Volksganzen") zeigten, daß ein Teil der Literaturwissenschaft nicht, wie ihr heute gerne vorgeworfen wird, „gesellschafts- und geschichtsfern" war, sondern auf gefährliche, d. h. unkritische Weise „geschichtsnahe". Dies trifft auch auf die traditionelle Literaturdidaktik zu. Der zweite Krisenherd ist daher, nach E. Lämmert, so definierbar, daß „das Fach selbst bei noch kaum gebrochenem Leistungsbewußtsein heute doch nur schwer dahin zu bringen ist, spezifisch soziale Aufträge zu formulieren und danach die Schwerpunkte seiner künftigen Forschungs- und Lehrgebiete auszumachen"[11]. Es braucht nicht besonders betont zu werden, daß von der ungelösten Frage des „sozialen Auftrags" der Fachwissenschaft die Fachdidaktik unmittelbar betroffen ist, weil sie selbst eine solche soziale Mittlerfunktion (unter dem Aspekt der Lehr- und Lernbarkeit der Sprache und Literatur) ausübt.

c) Der dritte Krisenherd der Literaturwissenschaft wird in der hartnäckig gestellten Frage nach einem neuen Literaturbegriff des Faches sichtbar (vgl. 2. Kap.). Diese Frage – so allgemein und vage sie zunächst erscheint – ist deswegen zentral, weil von ihrer Beantwortung zugleich auch die Frage nach dem Gegenstandsbereich und der gesellschaftlichen Position der Literaturwissenschaft und Literaturdidaktik abhängt. Die Vorstellungen von dem, was Literatur sei und welche gesellschaftliche Funktion sie erfülle, stellen Literaturwissenschaft und Literaturdidaktik vor eine schwerwiegende Entscheidung. Hält sich die Literaturwissenschaft unter dem Einfluß der Arbeiten M. Heideggers, E. Staigers und W. Kaysers an den Begriff der „eigentlichen" Literatur, d. h. der Dichtung (als den „eigentlichen Gegenstand der Literaturwissenschaft"[12]), definiert sie Dichtung als das „autonome", „in sich ruhende Kunstwerk", dann verfehlt sie die heute überall angestrebte geschichtliche und gesellschaftliche Dimension der Literatur und spaltet, wie auch in der traditionellen Fachdidaktik durchgehend sichtbar, den umfassenden Literaturbegriff zugunsten eines unfruchtbaren Dualismus von Poesie und Literatur, Dichtung (Dichter) und Schrifttum (Schriftsteller), „gefügter" und „intentionaler Sprache" und setzt sich derart in Widerspruch zu den schreibenden Autoren, die eine solche Unterscheidung längst nicht mehr zulassen (vgl. 2. Kap.). Darüber hinaus droht der unter der Vorstellung eines dualistischen Literaturbegriffs arbeitenden Literaturwissenschaft und Literaturdidaktik die Loslösung von der neuen Linguistik, die jenen „schöngeistigen Variations- und Periphrasenstil"[13] im Umgang mit Dichtung zunehmend ironisch kommentiert: „daraus müßte man die Konsequenz ziehen, daß eine humane, gesellschaftsbezogene und demokratische Spracherziehung die Nähe zum dichterischen, zum historischen, zum religiösen Sprachgebrauch meiden und statt dessen die Beziehung zur Logik, Sozial-, Verfassungs- und Kommunikationslehre suchen und die eigene Sprache mit einer Fremdsprache kontrastieren sollte"[14]. Sieht man von den auch in solchen Formulierungen immer noch anwesenden ideologischen Postulaten ab, so bleibt doch die Loslösung der Sprachwissenschaft von der Literaturwissenschaft festzustellen. Die Literaturwissenschaft kann sich daher auf die Dauer nicht über das damit ausgesprochene Faktum brutum hinwegsetzen, daß sie durch die mit ihrem Literaturbegriff notwendig verbundene Eliminierung der kommunikativen Elemente von Literatur (auf der geschichtlichen, gesellschaftlichen und individuellen Ebene) selbst kommunikationslos zu werden droht, und dies in dem Maß, in dem sie den (nicht nur in der strukturellen Sprachwissenschaft) zentralen Begriff von Kommunikation verdrängt[15]. Hier wäre demnach das Zentrum der Krise und zugleich der Neuorientierung der Literaturwissenschaft zu suchen.

Faßt man rückblickend die hier dargestellten Einwände aus den drei an einer neuen Literaturdidaktik mittelbar und unmittelbar beteiligten Teilbereichen (Allgemeine Didaktik, traditionelle Literaturdidaktik und Literaturwissenschaft) zusammen, so erscheint die angestrebte Bildung eines Regelkreises aus Literaturwissenschaft und Literaturdidaktik innerhalb der Lehrerausbildung zum gegenwärtigen Zeitpunkt nahezu unmöglich.

Die sich überlagernden Ansprüche und die damit verbundenen ideologischen Fixierungen drohen die notwendige literaturdidaktische Theoriebildung schon im Ansatz bloßen „Tendenzen" auszuliefern. Die größte Schwierigkeit dabei ist zweifellos in der gegenwärtigen Konstellation der Literaturwissenschaft zu suchen, weil die organisierte Kooperation von Literaturwissenschaft und Literaturdidaktik im Regelkreis unmittelbar von den Resultaten der zuvor skizzierten Neuorientierung der Germanistik abhängig ist. Kann die Literaturdidaktik in einer solchen Übergangsphase auf „gesicherte Ergebnisse" der Literaturwissenschaft warten, um sie zu einem späteren Zeitpunkt fruchtbar zu machen? Eine solche distanzierte Wartehaltung käme einer erneuten Verkümmerung der Literaturdidaktik zur bloßen Unterrichtstechnik (Rezeptologie mit jeweils aufgestockten bildungspolitischen Forderungen) gleich. Der traditionelle, von Klafki schon in den sechziger Jahren beobachtete Verstehensrückstand der fachdidaktischen Theorie würde sich unweigerlich wiederholen: „die meisten Fachdidaktiken sind bis heute vorwiegend Methodenlehren geblieben. Sie überspringen die zentralen didaktischen Fragen oft, und zwar vor allem deshalb, weil sie den für didaktisches Denken konstitutiven Schritt nicht vollziehen, nämlich die bestimmte Schule, bzw. das besondere Fach als Ganzes zunächst in Frage zu stellen, d. h. nicht als von der Tradition schon legitimiert vorauszusetzen..., sondern radikal auf seinen Bildungssinn zu befragen"[16].

Nach dem bisher Gesagten verbleibt einer sich neu konstituierenden Literaturdidaktik (und der damit verbundenen Errichtung eines Regelkreises) nur noch eine Chance: sie muß die ihr von der traditionellen Bildungspolitik zugeschobene Rolle einer nur unterrichtspraktisch zu verwendenden Disziplin (Rezeptologie, Bereitstellung und methodische Aufbereitung von Unterrichtsmaterial, Ermittlung von sogenannten Lehr- und Lernzielen) erweitern zugunsten einer vorausgehenden, fachwissenschaftlich begründeten Theorie von Lehr- und Lernprozessen, welche den künftigen Deutschlehrern sowohl den Sinn als auch die kritische Anwendung von Methoden zur Ausbildung des Verstehens im Umgang mit Literatur im Unterricht durchsichtig macht. Dies ist aber nur dann möglich, wenn sich die Literaturdidaktik so an die Literaturwissenschaft bindet, daß sie an ihren Krisen und ihrer Neuorientierung frei partizipieren kann, d. h. die von der Literaturwissenschaft gegenwärtig diskutierten Gegenstandsanalysen und Methodenfragen auf ihre didaktische Auswirkung zu befragen vermag. Denn wo sich die wissenschaftlichen Vorstellungen von Sprache und Literatur und der methodische Zugriff auf diese ändern und nicht gleichzeitig unter didaktischem Aspekt in die Lehrerausbildung transformiert werden, ist der heute überall bemerkte Verstehensrückstand (der Lehrerausbildung und des Deutschunterrichts) weder „natürlich" noch „zulässig", sondern durch Mangel an Kooperation von Fachwissenschaft und Fachdidaktik *verschuldet*.

Ist es daher, nach der eingangs erwähnten Arbeitsformel, die Aufgabe der neuen Literaturdidaktik, den künftigen Deutschlehrern zu zeigen, wie mit der methodischen Ausbildung des Fachwissens zugleich auch das Wissen erworben werden kann, das Verstehen der Schüler im Unterricht methodisch zu entfalten, ist es dabei wesentlich, die durch Tradition verbrauchten (und mißbrauchten) Inhalte des literarischen Unterrichts zu vermeiden, dann kann die Kooperation von Literaturwissenschaft und Literaturdidaktik zunächst nur auf dem Wege einer radikalen Formalisierung erreicht werden. Radikale Formalisierung heißt: die didaktische Theorie muß die überlieferten Inhalte und die zu Ideologiebildung neigenden neuen literarpädagogischen Konzeptionen analysieren, um solche Kategorien zur Ausbildung des Verstehens im Unterricht zu finden, die sowohl der Literatur als auch der neuesten Literaturwissenschaft adäquat sind. Andernfalls muß die didaktische Theorie des literarischen Unterrichts weitgehend normativ, d. h. unwissenschaftlich bleiben. Die nachfolgende Arbeit versucht die der Literaturwissenschaft und der Literaturdidaktik gemeinsamen Kategorien des Verstehens durch eine radikale Formalisierung auf drei Ebenen (die zugleich den Aufbau der nachfolgenden Darstellung bestimmen) zu erarbeiten und dabei eine Theorie von der methodischen Entfaltung des Verstehens im Umgang mit literarischen Strukturen im Unterricht zu entwickeln. Die didaktische Theorie muß:

1. Auf einer historischen Ebene formalisieren, indem sie sowohl die traditionellen wie die neuen didaktischen Konzeptionen des literarischen Unterrichts, die sich in der zweiten Hälfte der sechziger Jahre ausgebildet haben, analysiert. Formalisieren heißt hier: alle didaktischen Konzeptionen werden von vornherein als Modelle betrachtet, an denen sich die Praxis des literarischen Unterrichts heute theoretisch orientiert. Als theoretische Modelle betrachtet, können sie keinen normativ-verbindlichen

Anspruch erheben (selbst wenn sie dies tun) und daher unter drei Fragen betrachtet werden:
a) Der Frage nach dem von ihnen ausdrücklich formulierten Ziel des literarischen Unterrichts („Bildungssinn", „Bildungsziel", „Bildungsgehalt und -wert", „Lernziel").
b) Der Frage nach den didaktischen Kategorien, aus denen sie ihre Zielsetzungen ableiten, und dies heißt auch: die Frage nach ihrer jeweiligen literaturwissenschaftlichen Grundlage zu stellen.
c) Der Frage nach den methodischen Verfahren, die das Verstehen der Schüler im Umgang mit literarischen Texten im Unterricht ausbilden können.
Die derart vollzogene Analyse dient einer kritischen Bestandsaufnahme heute repräsentativer didaktischer Tendenzen des literarischen Unterrichts. Sie will Studierenden und Lehrern zeigen, welche wissenschaftlichen und vorwissenschaftlichen Elemente die Literaturdidaktik heute bestimmen, welchen Gegenstandsbereich sie gegenwärtig besetzt, welchen Problemen sie sich konfrontiert sieht, wenn sie die Theorie und Praxis des Textumgangs in ein alle Klassenstufen umfassendes sinnvolles didaktisches Gefüge integrieren will. Eine solche kritische Analyse scheint um so notwendiger, da eine Bestandsaufnahme der sich nach der Krise der alten Lesebücher herausbildenden neuen literarpädagogischen Konzeptionen (1965) nicht mehr oder nur in polemischen Beiträgen erfolgt ist [17]. Insofern eine kritische Konfrontation auf der historischen Ebene die Schwächen und ungelösten Konflikte der neuen Literaturdidaktik aufzeigt (vgl. dazu S. 56 ff.), dient sie auch als unmittelbare Voraussetzung einer zweiten notwendigen Formalisierung, wie sie im zweiten Kapitel der Arbeit versucht wird.
2. Diese Formalisierung dient der bisher nicht ausdrücklich gestellten Frage, wie für den literarischen Unterricht ein so umgreifendes Literaturverständnis zurückgewonnen werden kann, daß der in den meisten Didaktiken heute durchgehend sichtbare dualistische Literaturbegriff von Dichtung und Literatur, fiction und non-fiction, poetischen und außerpoetischen Formen, „eigentlicher" Dichtung und „Sachprosa" aufgehoben werden kann zugunsten eines breiten, nicht pädagogisch vorzensierten Bandes von Texten, das von den sogenannten verschlüsselten Formen der Poesie über die publizistischen Formen bis zur Trivialliteratur reicht. Die Frage nach einem solch umgreifenden Literaturverständnis ist für jede Literaturdidaktik deswegen zentral, weil von ihrer Beantwortung nicht nur die künftige Selektion und kritische Wertung von Literatur im Unterricht, sondern auch der gesamte Gegenstandsbereich sowie die methodischen Verfahren der Literaturdidaktik unmittelbar abhängig sind. Es ist,

wie die Analysen des ersten Kapitels zeigen, offensichtlich, daß die meisten gegenwärtigen Literaturdidaktiken sich nicht von diesem dualistischen Literaturverständnis lösen können und so immer wieder Opfer ideologischer Spiegelfechtereien werden, die es, je nach der eingenommenen Perspektive, erlauben, die sogenannte „eigentliche" und „ranghohe" Dichtung als „sprachbarrierebildend" zu denunzieren und ihr die sogenannten „lesestimulierenden", „zweckgerichteten" Formen der Sachprosa entgegenzusetzen oder umgekehrt die zuletzt genannten Formen als nur „literarisch" abzutun. Dieses gerade in der deutschen Literaturwissenschaft und Literaturdidaktik beliebte ideologische Rasenspiel wird heute nicht nur von den schreibenden Autoren abgelehnt [18], sondern ist auch von der strukturalen Sprachwissenschaft als gegenstandslos entlarvt worden, weil nämlich erkannt wurde, daß die denunzierten „barrierebildenden" Konnotationen der poetischen Sprache längst elementare Bestandteile der Sachprosa und umgekehrt die angeblich publizistischen Formen, alleinkonstituierenden Elemente der Information, des Kommentars und der Analyse in poetische Texte eingegangen sind. *Der dualistische Literaturbegriff ist – von der Praxis der Textanalyse und der Textrezeption her gesehen – überholt und muß daher von der Literaturdidaktik durch den beide Teilbereiche umgreifenden Begriff der literarischen Kommunikation ersetzt werden.*

Der Begriff der literarischen Kommunikation, wie er hier im zweiten Kapitel entwickelt und ausgeführt wird, geht von der Einsicht der sogenannten Prager Schule aus, daß auch die poetische Sprache eine besondere „Funktionssprache" ist, die auf „Nachricht ausgerichtet ist", insofern sie „als ein Zeichen ... zwischen dem Künstler und Aufnehmenden vermittelt" [19]. „Poesie ist daher ein Prozeß der Verständigung des Menschen mit und über ihn selbst, der nie zur Ruhe kommen kann" [20] – wie dies gerade auch von den Autoren selbst immer wieder betont wird [21]. Didaktisch gesehen, würde demnach auch der Begriff der literarischen Kommunikation das Literaturverständnis und die methodische Praxis des Unterrichts völlig neu orientieren. Literatur wäre dann nicht – wie in den traditionellen Didaktiken üblich – ein pädagogisch befragbarer Bestand vorgegebener Texte („Bildungsgüter"), noch wäre sie – wie in neueren Konzeptionen üblich – als ein Kanon gegebener, von der Literaturgeschichte zurückgelassener poetischer Strukturen zu betrachten, sondern Literatur wäre primär als das sprachliche Medium zu bezeichnen, das auf bestimmte Weise Kommunikation ermöglicht. Literatur ermöglicht Kommunikation demnach nicht als musealer Bestand, sondern zuerst und allein im Prozeß der Rezeption des Gesprochenen, so daß sich der entscheidende Akt der literarischen Kommunikation als ein Prozeß des lesenden Erschließens erweist, in dem sich beide (Autor und Leser, Sprecher und Hörer) erst als wesentlich erfahren können (vgl. dazu S. 105 ff.). Würde die Literaturdidaktik den umgreifenden Begriff der literarischen Kommunikation als für sich primär anerkennen, dann fiele ihr auch die entscheidende und bisher nicht geleistete Aufgabe zu: die verschiedenen Modi der literarischen Kommunikation im Unterricht zu beschreiben und in allen Phasen durchschaubar zu machen. Insofern die Modi literarischer Kommunikation als jeweils verschiedene, aber immer als *strukturierte* Verstehensprozesse darstellbar wären, könnte die didaktische Theorie Lehrern und Schülern den bisher nur undeutlich begriffenen Sachverhalt zeigen, daß sich die Modi der Rezeption von Literatur nicht nur aus dem heute beliebten Vorgang der Korrespondenz (Sonanz und Konsonanz, Stimmung und Übereinstimmung – Ergriffensein) konstituieren, sondern ebenso aus dem Akt des Appells, Protests, der bewußten Verweigerung der Einfühlung, d. h. der Nichtkorrespondenz, dem Eingriff in das Bewußtsein des Lesenden. Die Darstellung der verschiedenen Modi der literarischen Kommunikation würde demnach zu einem umgreifenden Literaturverständnis führen, das Literatur nicht nur als das Ergreifende, sondern als das Ein- und Angreifende zeigt. Von diesem umgreifenden Literaturbegriff her gesehen, ist der Begriff der literarischen Erziehung anachronistisch, da er nicht mehr, wie bisher üblich, von den sogenannten *Inhalten* (Bildungsgehalten) der Literatur zu definieren ist, sondern wesentlich von den jeweiligen Modi der literarischen Kommunikation. Diese Modi aber sind nur als Operationen im Bewußtsein des Lesenden beschreib- und bewertbar. Literarischer Unterricht wäre demnach nicht als unverbindliche musische Bildung, sondern als Ausbildung eines kritischen Bewußtseins zu verstehen, das die Beziehungen zwischen sich und der Welt durch die Vermittlung sprachlicher Zeichen als wesentlich gestaltet. Literarische Bildung ist daher von sich her nie unmittelbare, d. h. „erlebte" Bildung – wie uns die Erlebnispädagogik einreden möchte –, sie ist immer schon *vermittelte* Bildung. Als vermittelte Bildung allerdings ist sie dem unmittelbaren durch Selbsterfahrung gewonnenen Wissen überlegen, weil sie es heute den Schülern ermöglicht, ihre persönlich erlebten Teilerfahrungen in eine größere „Gesamterfahrung" zu integrieren: „die Welt erscheint uns zum größten Teil nur durch Vermittlung dessen, was man uns davon sagt: in Gesprächen, durch Unterricht, Bücher usw. Sehr früh erhält das, was wir mit eigenen Augen sehen und mit eigenen Ohren hören, nur innerhalb dieser Gesamterfahrung seinen Sinn"[22].

3. Von hier aus ergibt sich für die didaktische Theorie des literarischen Unterrichts eine letzte notwendige Formalisierung. Sie betrifft die methodischen Verfahren des lesenden Erschließens von literarischen Texten im

Unterricht. Sieht man von dem erstaunlichen Faktum ab, daß es eine solche Methodenlehre nicht (oder nur in Ansätzen) gibt, wohl aber einen weithin als Ideologie postulierten „Methodenpluralismus", der oft an ein und demselben Text und ohne Rücksicht auf „strukturkonformes Verstehen" mehrere miteinander unvereinbare Erschließungsprozesse praktiziert (z. B. „Aninterpretieren", schriftliches Weitererzählen und Vergleich des eigenen Ergebnisses mit dem vorliegenden Text), so ist hier der eigentliche Gegenstandsbereich der didaktischen Theorie zu suchen. Will die neue Literaturdidaktik das von ihr überall postulierte „Erkennen von Strukturen" im Unterricht erreichen, dann muß sie Studierenden und Lehrern zuerst eine solche Methodenlehre vorlegen, die zeigt, wie das elementare Verstehen der Schüler phasenweise so entfaltet werden kann, daß es der spezifischen Textstruktur adäquat ist. Adäquates Verstehen jedoch hängt wiederum von der zuletzt angedeuteten Struktur der literarischen Kommunikation ab, d. h. von den Modi der Rezeption, welche Texte *von sich her* fordern. Die Lehrer müßten demnach wissen, daß die anzuwendenden Methoden von den jeweiligen Textstrukturen abhängig sind; sie müßten z. B. wissen, daß solche literarischen Strukturen, die sich durch poetische Verfremdungstechniken der Einfühlung durch den Lesenden verweigern, nicht nach dem beliebten traditionellen hermeneutischen Verfahren (von der Übereinstimmung zum Nachweis der Stimmigkeit des Ganzen), wohl aber durch eine dialektische Hermeneutik (von der Nichtübereinstimmung zum Nachweis der Notwendigkeit des Textes) erschlossen werden können. Sie müßten wissen, daß z. B. bestimmte poetische und publizistische Formen der Literatur nur durch analytische, d. h. weithin strukturale Verfahren durchschaubar gemacht werden können. Die vorliegende Arbeit versucht im dritten Kapitel eine solche Methodenlehre des lesenden Erschließens von Texten darzustellen, indem sie, gemäß dem nachfolgenden simplifizierten Schema, drei elementare literarische Kommunikationsformen im Unterricht aus drei heute in der Literaturwissenschaft geübten Methoden ableitet:

Drei Modi der Entfaltung des Verstehens

1. Korrespondenz:
Zustimmung – Übereinstimmung – Erkenntnis der Stimmigkeit der Komposition
(Hermeneutisches Verfahren der „Einfühlung")

2. Nichtkorrespondenz:
Nichtübereinstimmung – Widerspruch – Nachweis der Notwendigkeit der Komposition
(Dialektische Hermeneutik)

3. Lesendes Erschließen eines Zeichengefüges:
Reduktion des Textes auf die ihn konstituierenden Elemente – Rekonstitution dieser
Elemente – Erkenntnis der Struktur (Lesendes Erschließen auf strukturaler Basis)

Die hier nur grob skizzierten Modi literarischer Kommunikation bilden die theoretische Grundlage einer praktischen Leselehre, die anhand von Paradigmen (Lesebeispiele für alle Klassenstufen) dargestellt wird. Praktische Leselehre heißt: die Beispiele zeigen die Weisen des lesenden Erschließens von verschiedenartigsten Texten im Unterricht und die damit verbundene Entfaltung des Verstehens der Schüler. Die Beispiele sind so gewählt, daß sie:
1. Den Verstehensprozeß aus einer der zuvor dargestellten Methoden der Textexplikation ableiten.
2. Den Prozeß des lesenden Erschließens und die dabei von den Schülern einzubringenden Verstehensleistungen von den Textkonstituenten, d. h. den primären, das Verstehen auslösenden und dieses steuernden Textsignalen (Signaldominanten) her beschreiben.
Die Vor- und Nachteile eines solchen Verfahrens sind offensichtlich. Die Vorteile bestehen darin, daß die Lehrer sich dabei auf die theoretischen Grundlagen der Textexplikation zurückbeziehen können, die jeweilige Leseweise für den Unterricht vorherplanen und kontrollieren und schließlich auf gleichstrukturierte Texte übertragen können. Die Nachteile sind darin zu suchen, daß die Paradigmen innerhalb einer Theorie von der Leseweise und der methodischen Entfaltung des Verstehens niemals zu einer systematischen Erfassung aller im Unterricht erscheinenden literarischen Formen führen können, sondern nur zur Erfassung ihrer Invarianten. Diese synchronische Betrachtungsweise muß daher auf den zweifellos wichtigen diachronischen Aspekt (Zusammenhang von Text und Epoche, Text und Gesellschaftsstruktur, Stil und Motivwandel usw.) weitgehend verzichten. Damit wird keiner Entgeschichtlichung und Entgesellschaftlichung des literarischen Unterrichts das Wort geredet. Im Gegenteil ist der Verfasser der Auffassung, daß das Verstehen von Texten zugleich auch ein Verstehen ihres historischen Kontextes notwendig macht. Da dieser Kontext nicht, wie noch weithin in der Literaturwissenschaft üblich, durch eine einfache Ergänzung historischer oder gesellschaftlicher Fakten nachgeliefert werden kann, sondern selbst durch eine besondere Leseweise

zutage tritt, wurden hier größtenteils solche Texte gewählt, deren gesellschaftlich-geschichtlicher Kontext die Lernmotivation der Schüler leichter zu mobilisieren vermag, d. h. Texte aus der Literatur des 20. Jahrhunderts. Natürlich ist mit dieser „Bevorzugung" keineswegs die oft zu hörende Behauptung verbunden, daß traditionelle Texte leichter, moderne Texte im Unterricht dagegen schwerer zu verstehen seien. (Das Gegenteil kann z. B. hier an den dargestellten Modellen von Märchen und Lied abgelesen werden, insofern diese im Unterricht strukturkonform erschlossen werden wollen.)

Die oft diskutierte Frage nach dem, was im literarischen Unterricht „leicht" oder „schwer" oder – im Jargon der Didaktiker – „machbar" oder „nichtmachbar" sei, ist wesentlich eine Frage nach der methodischen Entfaltung des Verstehens und kann daher heute nicht allein von persönlich gewonnenen Erfahrungswerten beantwortet werden, weil diese Erfahrungen oft weitgehend von vorgeprägten Texteinstellungen und solchen methodischen Verfahren abhängig sind, die von der Literaturwissenschaft selbst als unzulänglich erkannt worden sind. Insofern ist die eingangs erwähnte Absicht dieser Arbeit, den Grundriß eines Regelkreises zu erstellen, in dem Literaturwissenschaft und Literaturdidaktik miteinander kooperieren können, unter dem Aspekt der Lehrerausbildung unumgänglich, weil erst der Regelkreis durch das Zusammenspiel von Fachwissenschaft und Fachdidaktik einige Voraussetzungen für die Praxis schafft. Es ist daher auch, nach der Meinung des Verfassers, zum gegenwärtigen Zeitpunkt nahezu unmöglich, die beliebte Frage nach der Reichweite des literarischen Sprechens, der Selektion von Literatur für den Unterricht und der damit verbundenen Wirksamkeit einer literarischen Bildung *direkt* zu beantworten, weil sie unmittelbar an die bis heute von der Literaturdidaktik nicht beantwortete Frage nach den Modi literarischer Kommunikation gebunden ist. Diese Frage selbst ist wiederum von der hier zuerst gestellten Frage nach der methodischen Ausbildung des Verstehens im Umgang mit literarischen Texten abhängig, wenn man nicht der Fiktion eines fixen, d. h. im Grunde meßbaren Kommunikationsvermögens der Schüler huldigen will. Indem die von den literarischen Strukturen bedingten Modi der Kommunikation und die methodische Ausbildung des Verstehens sich gegenseitig voraussetzen, wird für die Literaturdidaktik jener Kreis verbindlich, der als hermeneutischer Zirkel heute suspekt geworden ist, weil er dem Ideal eines subjektfreien Erkennens widerspricht.

Die in den letzten Jahren vorwiegend von der strukturalen Literaturwissenschaft vorgetragene Kritik am hermeneutischen Zirkelschluß war nützlich, insofern sie dazu führte, den hermeneutischen Zirkel selbst zu variieren und ihn zu einem System von Leseweisen (Lektüresystem) auszubauen, das auch innerhalb der strukturalen Verfahren einen festen Ort erhält. Daß ein so strukturiertes System von Leseweisen keine letzte Objektivität des Erkennens zuläßt, da der Interpret und Kritiker (d. h. der Lesende) Teil der Literatur selbst ist, wird heute selbst von engagierten Strukturalisten zugegeben [23]. „Die erste Objektivitätsregel ist für ihn die Ankündigung seines Lektüresystems, wobei als ausgemacht gilt, daß es kein neutrales gibt" [24]. In diesem Sinne ist auch die nachfolgende Darstellung einer Theorie der Leseweisen, die literarischen Sprech- und Schreibweisen zu entsprechen versucht, keineswegs neutral. Sie kann bestimmte Präferenzen in der Selektion von Literatur (z. B. der gesellschaftskritischen), deren Leseweise und schließlich auch deren Integration in den Unterricht nicht verbergen, hofft aber dabei die methodischen Kategorien offenzulegen, in denen sich das Verstehen der Lehrer und Schüler kontinuierlich ausbilden kann.

Erstes Kapitel
Literatur und Unterricht: Didaktische Modelle der sechziger Jahre

Im folgenden geht es um das Verhältnis von Literatur und Unterricht, wie es die didaktischen Konzeptionen der sechziger Jahre entwerfen. Die Darstellung verfolgt dabei ein doppeltes Ziel:
1. Sie will durch eine Bestandsaufnahme repräsentativer didaktischer Tendenzen Studierenden und Lehrern zeigen, in welcher Weise und in welchen Kategorien die überlieferten didaktischen Theorien ihr Verhältnis zu literarischen Texten im Feld des Unterrichts ordnen.
2. Durch eine kritische Konfrontation mit den für jede Didaktik konstitutiven Elementen will sie kardinale Fehleinstellungen und Versäumnisse gegenüber Texten nachweisen, um derart ein anderes adäquates Literaturverständnis vorzubereiten (2. Kap.). Die kritische Vergegenwärtigung des Vorwissens dient nicht nur dazu, das Überspringen des eigenen historischen Standorts zu vermeiden und willkürliche didaktische Setzungen zu verhindern, sondern will zugleich als ein Lernprozeß über schon vorentworfene Lehr- und Lernprozesse verstanden werden. Insofern erfolgt die Analyse der gegenwärtig sichtbaren Konstellation der Literaturdidaktik nicht unbedingt durch die chronologische Nachzeichnung ihrer jüngsten Geschichte (was heute bis ins Detail möglich wäre), sondern durch eine Rekapitulation ihrer Modelle, an denen sich der literarische Unterricht heute orientiert.

Ein für die gegenwärtige Konstellation der Literaturdidaktik bedeutsames historisches Faktum kann nicht übersehen werden: die Diskussion um den Bau und Textbestand der traditionellen Lesebücher (1958–1966)[1], die seit 1965 in rascher Folge sich vollziehende Neukonstitution von Lesewerken[2] und die damit notwendig verbundenen neuen „literarpädagogischen Konzeptionen"[3], welche die Reichweite und Organisationsform des literarischen Unterrichts von der Basis her verändert haben. Der seitdem sich entwickelnden Literaturdidaktik gilt dieses historische Faktum der Destruktion und Neuorganisation als Ausweis der notwendigen „Entideologisierung" des literarischen Unterrichts und, da in enger Nachbarschaft zu der gleichzeitig in der Literaturwissenschaft vollzogenen „Entrümpelung" stehend[4], als Nachweis ihrer Wissenschaftlichkeit. Sieht man davon ab, daß die zuletzt genannten Schlußfolgerungen, wie noch zu zeigen ist, so nicht zutreffen, weil die Destruktion weltanschaulicher Elemente noch keine Garantie für die Neukonstruktion eines unideologischen

Literaturunterrichts ist, so bleibt das Faktum eines Neuansatzes, der allerdings durch eine erneute Ideologisierung, wie sie sich als Möglichkeit bereits abzeichnet[5], verschüttet zu werden droht. Versteht man den Vorgang der Destruktion des Baus der traditionellen Lesebücher nicht als Ursache, sondern als Symptom eines durch die Literatur selbst schon erschütterten Literaturverständnisses, so besteht die neugewonnene Ausgangsposition der Literaturdidaktik darin, daß das in der Tradition erstarrte Grundverhältnis von Literatur und Unterricht überhaupt erst wieder freigelegt und neu bedacht werden konnte. Die selbst in neueren Veröffentlichungen noch zu lesende Behauptung von den „selbstverständlichen Beziehungen, die zwischen Dichtung und Pädagogik bestehen"[6], ist daher überholt. Sie verstellt den Blick auf das eben freigelegte Grundverhältnis von Literatur und Unterricht, indem es dieses „als durch Tradition legitimiert"[7] (Klafki) voraussetzt. Sie muß daher das traditionelle stillschweigende Einverständnis der Didaktik bestätigen, daß literarische Texte im Unterricht schon immer pädagogisch brauchbar seien, insofern sie im Dienste der sogenannten Leseerziehung eingesetzt werden können, die mit der Technik des Lesens zugleich auch die Rezeption von Inhalten verbindet und in solcher „natürlich" erscheinenden Koppelung nicht nur die Texte zum Transportmittel, sondern auch den entscheidenden Leseprozeß (Rezeption) als Transfer von „Bildungsgütern", d. h. Inhalten zwischen einem vorbildlich schreibenden Absender und ebenso vorbildlich aufnehmenden Empfängern versteht. Auf welcher Ebene der Rezeption sich dieser Transfer im literarischen Unterricht auch immer vollziehen mag (z. B. „ethisch", „ästhetisch", „sachlich-informierend"), Text und Leseprozeß bleiben dem konventionellen Rollenspiel von Transport und Transfer unterworfen. Indem Text und Leseprozeß derart primär als Vermittler erscheinen, muß dem Lesenden gerade das sprachliche System, das die Vermittlung erst ermöglicht, d. h. die Text- und Rezeptionsstrukturen selbst, verborgen bleiben. Insofern kann simplifizierend gesagt werden, daß sich das traditionelle Verhältnis von Unterricht und Literatur wesentlich als „Transfer", d. h. ein Übertragen von vorentworfenen Bildungsinhalten zu bereits angelegten, „neuen" Bildungsinhalten darstellt, wobei die didaktische Theorie den Transfer durch Kontrollmechanismen (Abfragetechniken) und begleitende Kommentare sichert. Die Sicherheit dieses Transfereffekts war um so größer, als er sich zumeist innerhalb eines historisch geordneten, d. h. vorinterpretierten Bildungswissens vollzog, das den Texten selbst die Rolle eines „Bildungs-, Kultur-, Leseguts"[8] zuwies, „welche", so noch in den sechziger Jahren, „die Schulkinder der Gegenwart anhand der Vergangenheit auf das Zukünftige verweist"[9] – anstatt „aus den Chancen der Gegenwart und der sich in ihr abzeichnenden Zukunft... Wirklichkeit didaktisch aufzuschlüsseln"[10] (Klafki). Indem die traditionelle Literaturdidaktik sich derart in pädagogisch vorzensierten „Inhalten" und „Gehalten" bewegte, mußte sie die Praxis der Textexplikation auf den Inhaltsbezug reduzieren, so daß selbst das „Formale", „Ästhetische" der Texte zum Inhalt, das sogenannte „Dichtungserlebnis" schließlich zum eigentlichen Gehalt („Erlebnisgehalt")[11] deklariert werden konnte.

Von dieser Endstation einer inhaltsbezogenen, d. h. nur semantisch arbeitenden Literaturdidaktik aus gesehen, gewinnen der in den sechziger Jahren vollzogene Destruktionsprozeß der traditionellen Lesebücher und die damit verbundene Freilegung des eben skizzierten Verhältnisses von Literatur und Unterricht ihre tiefere Bedeutung. Denn der Destruktionsprozeß erlaubt es von nun an, das Grundverhältnis von Literatur und Unterricht so radikal neu zu bedenken, daß dessen völlige Umkehrung möglich, ja notwendig erscheint. Diese Umkehrung kann auf die zunächst noch befremdende These reduziert werden: nicht die sogenannten Inhalte und Gehalte, das semantisch Erfaßbare von Texten sind im literarischen Unterricht primär das zu Vermittelnde, sondern umgekehrt deren Text- und Rezeptionsstrukturen, weil sie die inhaltliche Rede (die Rede von Inhalten und über Inhalte) überhaupt erst ermöglichen. Denn erst die Einsicht in die elementaren Bauformen des literarischen Sprechens vermag zu zeigen, daß die sogenannten Inhalte und Gehalte von Texten nicht neben oder über deren Struktur vorhanden, sondern unmittelbar von der Weise sprachlicher Vermittlung abhängig sind und daß demnach die Rede von einem unabhängig existierenden, pädagogisch wirkenden Gehalt eine Fiktion ist. Insofern aber die Einsicht in Textstrukturen verantwortliches Reden über deren Bedeutung ermöglicht, ist auch die Textrezeption im Unterricht unmittelbar von der Weise der sprachlichen Vermittlung bestimmt, d. h. sie ist *strukturiert* und vermag nur als ein strukturierter Prozeß das Verstehen der Schüler zu entfalten[12].

Ein zweites Feld der in den sechziger Jahren sichtbaren didaktischen Konzeptionen kann als Versuch einer vorsichtigen Erneuerung der traditionellen Literaturpädagogik charakterisiert werden. Ihr wesentliches Kennzeichen ist in dem Anspruch auf Eigenständigkeit zu suchen, die der Literaturdidaktik ein selbständiges Arbeitsfeld zwischen Erziehungs- und Literaturwissenschaft zuweist, insofern sie sowohl die „Kindgemäßheit" und „Leseneigung"[13] als auch die „Werthaftigkeit" der Texte vor dem Eintritt in das Unterrichtsfeld zu überprüfen vorgibt. „Unterscheidende Merkmale dafür, daß ein Text Lesegut für den Unterricht ist oder daß er es nicht ist, gewährt vorwiegend die Erziehungs- und Unterrichtswissenschaft, weniger die Literaturforschung"[14]. Der hier sichtbar werdende

Anspruch auf Eigenständigkeit der Literaturdidaktik verweist bei genauem Zusehen auf deren eigentümliche Zwitterstellung zwischen Erziehungs- und Literaturwissenschaft, weil sie die aus verschiedenen Systemen der Nachbarwissenschaften (Pädagogik, Psychologie, Literaturwissenschaft) stammenden Arbeitskategorien nicht in eine kohärente Theorie von der Ausbildung und Entfaltung des Verstehens im Umgang mit Texten einbringen kann. Diese Zwitterstellung machen auch zwei mögliche Variationen innerhalb dieser Literaturdidaktik verstehbar:
1. Der ausdrücklich semantische Bezug zu Texten, die Betonung der Bedeutung im Sinne von „Werthaltigkeit" und der pädagogischen Absicht einer „Personbildung" (Rutt).
2. Die ebenso ausdrücklich betonte Nähe zur Entwicklungspsychologie, die den „kreativen" Umgang mit Texten hervorhebt: „im Nachschaffen klärt und vertieft sich der Gefühlsgehalt der Dichtung"[15], und dabei voraussetzt, daß das Kind „zu bleibenden Werterlebnissen und gültigen Gestaltungen fähig" ist[16]. Der Lehrer tritt demnach im Unterricht als „Regisseur", „Dirigent", „Werkmeister"[17] auf, der an vorgegebenen Texten „aktives Nachgestalten" („Kreativität") auszulösen vermag oder „das ästhetische Erleben zur Entfaltung bringt"[18].
Es ist offensichtlich, daß diese Literaturdidaktik das noch zu erläuternde traditionelle Primat der Pädagogik vor der Literatur in modifizierter Form erneuert und so im Gegensatz zu den zuerst genannten literarpädagogischen Konzeptionen (Primat der Literatur vor der Pädagogik) steht. Man könnte sie daher als „monologische Didaktik" bezeichnen, insofern sie ihr Verhältnis zur Literatur einseitig, d. h. unter dem instrumentalen Gesichtspunkt der „Unterrichtstauglichkeit" (Rutt) ordnet.
Im folgenden sollen die beiden genannten didaktischen Konzeptionen anhand ausgewählter Modelle analysiert werden, um von den so gewonnenen Resultaten aus nach einem umgreifenden, d. h. alle Lehr- und Lernprozesse bestimmenden Literaturverständnis zu fragen. Weil die zuerst genannten literarpädagogischen Konzeptionen einem solchen umgreifenden Literaturverständnis näherstehen, wurde ihre Analyse in die zweite Hälfte dieses Kapitels verlegt.

Monologische Didaktik oder das mißverstandene Primat der Pädagogik vor der Literatur (1960–1966)

Das erste und zugleich verhängnisvollste Prinzip der traditionellen Literaturdidaktik ist in einer Fehlauslegung der von ihr selbst entworfenen Bildungsaufgabe im Umgang mit Literatur zu suchen. Diese besteht in dem hartnäckig sich haltenden Mißverständnis, daß die Literatur selbst neben und über ihre eigentümliche Weise des Sprechens hinaus noch eine von der Pädagogik ausdrücklich zu benennende Bildungsaufgabe zu leisten vermöge, die sich unabhängig von der Literatur, gleichsam als selbständiger Teilbereich der Pädagogik herausschneiden und definieren lasse. Dementsprechend wird in den meisten der nachfolgenden Modelle der Literaturpädagogik die verhängnisvolle Auffassung sichtbar: die wissenschaftliche Legitimation der Literaturpädagogik sei allein davon abhängig, wieweit sie den sogenannten literarischen Unterricht in einen von der Allgemeinen Pädagogik formulierten, unfassenden Erziehungsauftrag integrieren könne. Sieht man von der immer deutlicher sich abhebenden Einsicht der Allgemeinen Pädagogik ab, daß eine solche Integration in einen allgemeinen Erziehungsauftrag nicht mehr möglich ist, „weil die sogenannte ‚gebildete Existenz' nicht mehr an Hand eines Vorbilds massenhaft organisierbar ist"[19], so macht diese Fehlauslegung der Literaturpädagogik die Literatur im voraus zum Instrument der individuellen Bildung überhaupt. Literatur ist ihr eines unter den zahlreichen anderen gleichwertigen Bildungsinstrumenten (Musik, Kunst usw.) innerhalb eines allgemeinen Bildungsauftrags. Ändert sich dieser allgemeine Bildungsauftrag, so ändern sich auch die Akzente innerhalb des literarischen Unterrichts, wie in der Geschichte immer wieder zu beobachten ist. Der verhängnisvolle und oft unkritische Dienstleistungscharakter der einzelnen Fachdidaktiken im allgemeinen Erziehungsauftrag wird nirgendwo deutlicher als in der instrumentalen Bestimmung der Literatur durch die traditionelle Didaktik.

In den nachfolgenden beiden Modellen der Literaturdidaktik, die in den letzten Jahren erschienen sind, sollen der Dienstleistungscharakter der Didaktik und das damit verbundene instrumentale Literaturverständnis aufgewiesen werden. Es besteht in einem Gefüge von jeweils drei wiederkehrenden typischen Grundelementen. In der 1966 erschienenen „Didaktik der Muttersprache" Th. Rutts[20] heißt es:

1. „Das Lesegut soll immer Kulturgut im pädagogischen Sinne des Wortes sein! Aus folgender Reihe ergibt sich ohne weiteres, daß aber noch lange nicht jedes Kulturgut zugleich auch geeignetes Lesegut ist: Geistesgut, Kulturgut, Lehrgut, Bildungsgut, Unterrichts- oder Lesegut; bis zum Lehrgut einschließlich erstrecken sich die Studieninhalte, die nur den Hochschulen vorbehalten sind, was nicht heißt, daß diese sich mit den Bildungs- und Unterrichtsgegenständen gar nicht befassen. Freilich sind Lesegüter im Sinne von Unterrichtsinhalten vornehmlich den Schulen in Obhut gegeben. So hat sich neben einer entsprechenden Auswahl der Dichtung als volkstümliche und als Kunstdichtung die Sachprosa (wiederum in angemessener Auswahl) im Leseunterricht der Schulen bewährt, sofern es sich bei diesen Texten im allgemeinen um Sprachwerke handelt, die an die selbst-

erfahrbare oder selbst-erfahrene Innenwelt und Umgebung der Kinder und Jugendlichen anknüpfen; sie sollen sich keineswegs darin erschöpfen ...
2. Unterscheidende Merkmale (Kriterien) dafür, daß ein Text Lesegut für den Unterricht ist oder daß er es nicht ist, gewährt vorwiegend die Erziehungs- und Unterrichtswissenschaft, weniger die Literaturforschung; in erster Linie also jene exakte Didaktik des Leseunterrichts, die sich der Erziehungswissenschaft und ihren Prinzipien folgerichtig zuordnet. Die Pädagogik als Wissenschaft von der sich-bildenden, reifenden Person trifft eine erste grundsätzliche Auswahl aus allen geistigen Gütern, die lesend angeeignet werden; eindeutig gewährt sie all den literarischen Werken (als Bildungsgütern!) den Vorzug, die für die Entfaltung und Ausformung des besseren Selbst (der Person, des angelegten Bildes usw.) ein Höchstmaß von Werten und Impulsen enthalten bzw. wecken.
3. Es fördert den Leseunterricht beachtlich, wenn er jenes erste Kriterium fest im Auge behält und Schul- und Unterrichtswirklichkeit tonangebend bleiben läßt; jedoch ist der Unterricht geeignet und dazu berufen, das zweite, ebenfalls unentbehrliche Kriterium aufzustellen bzw. zu gewinnen ...
Der Leseunterricht selber, der sich wissenschaftlich ausweisen kann, stellt also das zweite Auswahlprinzip (Kriterium) auf, das sowohl durch die Beachtung bestimmter Gesetze (normativ!) wie kritischer, leseunterrichtlicher Erfahrung (empirisch!) gewonnen wird. Der Gedankenaustausch mit Literaturforschern (Walzel, von der Leyen, Hempel, Bertram usw.), mit Lesepädagogen (Fronemann, Lusnigg, Ackerknecht usw.) ... ermutigt uns durchaus, die beiden dargestellten Kriterien in ihrer Exaktheit und Tragweite auch fürderhin zu unterbauen und zu belegen; er festigt jedoch auch unsere untrügliche Überzeugung, daß wissenschaftlich vorbereiteter, durchgeführter und nachbesonnener Leseunterricht in den Schulen gedeiht und die Schüler durch Dienst am Lesegut zur (lesenden) Selbstbildung befreit sowie ausrüstet.
4. Die beiden Maßstäbe für die Bestimmung und die Auswahl geeigneter Lesegüter als Unterrichtsinhalte in Schulen (kurz gesagt: 1. ihre Bildungskraft und 2. ihre Unterrichtstauglichkeit zugunsten der werdenden Einzelperson) machen gleicherweise sofort hellhörig dafür, daß heute viel zuviel und kritiklos gelesen wird, daß zu vieles Lesen innerlich unsicher, geistig unmündig macht ...
5. Der Leseunterricht der Schulen kann viel dazu beitragen, den Lebenswillen der jungen Menschen zu stärken und sie zu ermutigen, die Welt der Dinge, alles Wahre und Gute, das eigene Ich, das Schöne im Einklang mit der Selbst-Versittlichung zu erobern ..."

Analysiert man das vorliegende Modell unter den drei Fragen nach dem innewohnenden Bildungssinn, nach den didaktischen Kategorien und nach dem sichtbaren literaturwissenschaftlichen Grund, so wird ein zwar in sich geschlossenes, aber zu keinem echten Dialog mit der Literatur mehr fähiges Bildungsgefüge des literarischen Unterrichts erkennbar. Der mögliche Dialog wird zum Monolog. Die Ursache liegt in der instrumentalen Bestimmung der Literatur überhaupt. In drei typischen Elementen wird der instrumentale Charakter der literarischen Bildung sichtbar:
1. Das Problem der literarischen Bildung wird schon im ersten Abschnitt nicht von der Sache selbst her (aus den zu erschließenden literarischen Strukturen) begründet, sondern konsequent aus der Perspekive einer all-

gemeinen Leseerziehung betrachtet, wie dies auch an anderen Entwürfen später sichtbar wird. Für diese allgemeine Leseerziehung erscheint Literatur im voraus als „Kulturgut im pädagogischen Sinne des Wortes", ist also unter den vielfachen anderen hier aufgezählten „Gütern", die die Tradition überliefert, seltsam unbestimmt „anwesend", besser: abwesend. Die hier allen weiteren Schlußfolgerungen zugrundeliegende ungeprüfte und verhängnisvolle Vorstellung von Literatur als Bildungsgut kann erst später erläutert werden; ihr einengender, die Literatur zur Dienstleistung verpflichtender Charakter wird aber nicht nur durch den Vorbehalt („im pädagogischen Sinne") sichtbar. Er zeigt sich unverhüllt aus dem Selbstverständnis der „Leseerziehung" überhaupt, der „die Schüler durch Dienst am Lesegut zur (lesenden) Selbstbildung befreit sowie ausrüstet" (3. Abschnitt). Es ist offensichtlich, daß die Literaturdidaktik, die den literarischen Unterricht als „Dienst am Lesegut" versteht, sich selbst aus einem moralisch verstandenen Dienstverhältnis zur Tradition rechtfertigt und diese Verpflichtung *unkritisch* auf die Schüler selbst übertragen muß. Deshalb ist hier auch die von Klafki geforderte „radikale Frage nach dem Bildungssinn des Faches" nicht gestellt, sondern als „durch Tradition bereits legitimiert" vorausgesetzt und beantwortet, wie dies der letzte Abschnitt zeigt. Der Leseunterricht als literarischer Unterricht kann dazu führen: „alles Wahre und Gute, das eigene Ich, das Schöne im Einklang mit der Selbstversittlichung zu erobern". Die hier entworfene Zielsetzung weist sich schon durch ihre Terminologie als so traditionsbezogen aus, daß sie mühelos auf die Bildungsvorstellung der deutschen Klassik zurückgeführt und zugleich – das ist entscheidender – als selbständiger, von der Literatur abgelöster, allgemeiner Erziehungsauftrag verstanden werden kann. Dies ist auch tatsächlich im zweiten Abschnitt der Fall, der „Pädagogik als Wissenschaft von der sich bildenden, reifenden Person" definiert und damit den neuen Aspekt der Didaktik übersieht, daß „Bildung ... heute nicht mehr individualistisch oder subjektivistisch verstanden, sondern ... von Anfang an als auf die Mitmenschlichkeit, die Sozialität (Gesellschaftlichkeit) und auf die politische Existenz des Menschen bezogen gedacht werden muß"[21]. Dieser wesentliche, durch neue geschichtliche Erfahrungen bedingte Aspekt der Bildung als einer unvermeidbaren und positiv gesehenen Massenbildung wird offensichtlich übersprungen oder nur negativ (als Vielleisen) zur Kenntnis genommen. Die Frage, wie die moderne und zeitgenössische Literatur, die sich nicht immer offen als didaktisch zu erkennen gibt oder, nach G. Benn, „keine therapeutischen und pädagogischen Ansatzkräfte"[22] entfaltet, in den hier formulierten Erziehungsauftrag integriert werden kann, wird nicht gestellt und durch die Theorie vom Dienst am Bildungsgut ersetzt. Dieses erste, ausdrücklich traditionsbezogene Element zieht sofort Folgen nach sich. Es zwingt das vorliegende Modell zu immer weiteren Differenzierungen des sogenannten „Leseguts". Hierin ist das zweite typische Element der traditionellen Didaktik zu suchen:

2. Es besteht in der Einteilung des Leseguts nach drei überholten Kategorien, wie sie hier im ersten Abschnitt erscheinen: die „entsprechende Auswahl der Literatur als volkstümliche und als Kunstdichtung" und als „Sachprosa". Wie die neuen literarpädagogischen Konzeptionen zeigen, ist zumindest die Differenzierung in volkstümliche und Kunstdichtung überholt. Die Grenze zwischen Volksdichtung und Kunstdichtung kann nicht nur nicht von der zeitgenössischen Literaturwissenschaft gezogen werden, sie ist auch von den literarischen Formen her nicht notwendig, da ein einheitlich gestaltetes sprachliches Zeichengefüge beide gleichermaßen als Dichtung auszeichnet. Das einem Märchen, einer Sage, einer Legende zugehörende Zeichengefüge [23] ist nicht weniger „kunstvoll" als das einer Novelle. Die Bezeichnung „Kunstdichtung" ist, von der Sprechweise der einzelnen Gattungen her gesehen, ein Widerspruch in sich selbst, wie auch die Bezeichnung „volkstümlich", nach Klafki, selbst als „vorwissenschaftliche Kategorie" angesehen werden muß, weil ihr eine „Orientierung an einer romantisch idealisierten Vergangenheit" zugrunde liegt [24]. Der fachwissenschaftliche Grund, auf den diese Einteilung zurückzuführen ist, ist daher in einer vorwiegend an der Romantik orientierten Richtung der Literaturwissenschaft (O. Walzel, van der Leyen) zu suchen, nicht aber bei den Vertretern der werkimmanenten Interpretation (E. Staiger, W. Kayser). Die hier sichtbar werdende Differenzierung des Leseguts in überholte „Kategorien" (anstatt nach literarischen Formen) verbirgt eine letzte Konsequenz. Sie wird in einem dritten Element sichtbar, das den instrumentalen Charakter der Literatur im Unterricht endgültig definiert:

3. Er besteht in dem ausdrücklich beanspruchten Primat der Pädagogik vor der Literatur. Dieses zeigt sich an dem für jede Literaturdidaktik entscheidenden Problem der Selektion, insofern diese im voraus darüber befindet, welche Literatur später im Unterrichtsfeld erscheinen kann, und damit auch schon das „Wie", die Art der Begegnung mit Literatur mitbestimmt. Das im Problem der Selektion schon immer drängend sich stellende Primat der Pädagogik kann auf zwei Weisen extrem gelöst werden:

a) In der Verantwortung vor der Struktur des Textes selbst, der deshalb in einem ohne Rücksicht auf pädagogische Brauchbarkeit durchgeführten, werkimmanenten Verfahren erhellt werden muß.

b) In der von der Didaktik unternommenen Analyse des Textes unter dem Aspekt der strukturkonformen Differenzierung des Verstehens.

Das vorliegende Modell trägt die hier verborgene Spannung nicht aus, sondern entscheidet sich eindeutig: „eindeutig gewährt sie all den literarischen Werken (als Bildungsgütern!) den Vorzug, die für die Entfaltung und Ausformung des besseren Selbst... ein Höchstmaß von Werten und Impulsen enthalten bzw. wecken". Sieht man von der allen traditionsbezogenen Didaktiken zugehörigen autoritären Gebärde des „Gewährens", des „Zulassens" ab, die schon W. Killy in „Zugelassen zum Gebrauch an Schulen" polemisch anprangert, so bleibt doch der Rückzug in die pädagogische Eigenständigkeit als typisches Symptom des Primats der Pädagogik bestehen: „Unterscheidende Merkmale (Kriterien) dafür, daß ein Text Lesegut für den Unterricht ist oder daß er es nicht ist, gewährt vorwiegend die Erziehungs- und Unterrichtswissenschaft, weniger die Literaturforschung". Das derart errichtete Primat der Pädagogik vor der Literatur ist deshalb endgültig, weil es die Literaturpädagogik vom Grunde der Literaturwissenschaft selbst abschneidet. Die Literaturpädagogik überläßt derart der Literaturwissenschaft den eigentlichen Dialog mit der Literatur, während sie selbst mit dem literarischen Werk nur noch innerhalb der hier ausgesprochenen Kriterien der „Bildungskraft" und „Unterrichtstauglichkeit" zu korrespondieren, d. h. genauer: zu monologisieren vermag. Diese genannten Kriterien verweisen jedoch wiederum auf die eingangs festgestellte Vorstellung von Literatur als Instrument der allgemeinen Bildung zurück, da sie selbst nur Aspekte der Nützlichkeit, Brauchbarkeit, Tauglichkeit eröffnen können. Sie legen eine unwissenschaftliche Vorstellung von Literatur als einem „kostbaren Gefäß" zugrunde, das „ein Höchstmaß von Werten und Impulsen" enthält bzw. erweckt. Daß diese Vorstellung selbst noch in völlig andersgeartete pädagogische Modelle eingegangen ist, nach der der Didaktiker „die Eigenart und Intensität der dem Gegenstand mitgegebenen Energien... zu wecken und zu verwerten hat"[25], zeigt nur die Verbreitung solcher typischen Grundelemente auch in der zeitgenössischen Didaktik.
Bevor der Nachweis der instrumentalen Auffassung von Literatur an zwei weiteren Modellen gezeigt wird, ist hier eine kurze Zusammenfassung notwendig: drei Elemente konstituieren den gemeinsamen Dienstleistungscharakter von Literaturdidaktik, literarischem Unterricht und der Literatur selbst in diesem Modell:
a) Seine ausdrückliche Traditionsbezogenheit, die den „Bildungssinn" als gegeben voraussetzt und aus dem Charakter der Literatur als „Bildungsgut" ableitet.
b) Die Aufspaltung des Literaturbestandes unter längst überholten literaturwissenschaftlichen Kategorien.
c) Das Recht auf Auswahl und Prüfung des Literaturbestandes unter den

Gesichtspunkten der „Bildungswirksamkeit", „Unterrichtstauglichkeit", was einer Zensur gleichkommt.

Der fatale innere Zusammenhang der drei Elemente kann nicht geleugnet werden: die einseitige Traditionsbezogenheit zieht die „Pflicht" auf Bewahrung und Einteilung des Bestandes und diese wiederum das Recht auf den „Einsatz" des Bestandes „im Dienst" nach sich. Der zwangsläufige Mechanismus im Zusammenwirken der drei Elemente hat seine Ursache im mißverstandenen Primat der Pädagogik, das sich aus einem angeblich eigenständigen, allgemeinen Bildungsauftrag rechtfertigt. Die Frage, ob aus einer solchen nach der Krise der traditionellen Lesebücher erneut sich zeigenden Haltung der Literaturpädagogik ein zukünftiger Rückstand des Verstehens im literarischen Unterricht vermieden werden könnte, ist daher illusorisch, weil ein derartiger Unterricht den Verstehensrückstand geradezu *erzeugt* und aufrechterhält.

Das zweite hier zu analysierende Modell der Literaturpädagogik stammt aus dem 1966 erschienenen Band „Der literarische Unterricht" von B. Schulz[26]. Ein weiterer Essay desselben Autors, der unter dem Titel „Lesebuch und Einzelschrift" in dem heute erneut aufgelegten „Handbuch des Deutschunterrichts" veröffentlicht wurde, wird in die Analyse mit einbezogen[27]. Das Modell ist dem Kapitel „Grundlegende Betrachtungen" entnommen:

„Wir kommen dem Sinn des literarischen Unterrichts am besten nahe, wenn wir ihn doppelseitig auffassen. Das soll heißen, daß die Möglichkeit des Umgangs mit Literatur auch eine Kehrseite hat. Betrachten wir die Lichtseite zunächst: In einem Volke wie dem unseren können heutzutage fast alle fast alles lesen. Die Literatur aller Zeiten und aller Völker ist, mindestens in Übersetzungen, so gut wie jedem zugänglich und erschwinglich. Keiner – er sei denn ein Analphabet – ist ausgeschlossen vom Anteil an der Erfindung des Buchdrucks, jenes ersten epochalen Massenmediums, welches Millionen Leser instand setzt, sich ein literarisches Alibi, womöglich ein neues Zuhause in einer literarischen Welt zu verschaffen, die mit ihrer wirklichen Welt eine wie auch immer geartete Verbindung eingeht. Schier unabsehbar der mögliche Gewinn. Es kann einer mit der Literatur sozusagen in zwei Welten leben: das einzelne leib-zeitliche Dasein – begrenzt, eng, niedrig, brüchig vielleicht – wird erweitert, belebt, vertieft und erhoben zugleich von reineren und klareren Äußerungen mitmenschlicher Sprache, seien sie nun freier oder strenger. Wenn wahr ist: wer nur in einer Welt – seiner kleinen Alltagswelt – lebt, lebt, am Anrecht und Anspruch der Literatur gemessen, eigentlich noch in gar keiner, dann ist die Bereicherung durch Lesen weit mehr und ganz etwas anderes als Luxus – sie ist wahrhaft liebenswürdig, denn sie macht uns das Leben doppelt lebenswert.
Doch eben das Doppelleben, welches die Literatur ermöglicht, ist andererseits voller Gefahr für den Leser. Dies sehen wir heute deutlicher als etwa zuzeiten Gutenbergs und der Humanisten, wo die Vervielfältigungstechnik des Buch-

drucks in höchsten Tönen schrankenlos gepriesen wurde. Ein literarischer Himmel schien sich nun über jedem Leser zu wölben. Daß der schier unermeßliche Verbrauch, ja Verschleiß an Lesegut, daß die immer bedenkenlosere Ausbeutung literarischer Reize Schatten werfen, das zeigt sich in einer Umkehrung des Satzes von den zwei Welten: wenn auch Minderwertiges beliebig produziert werden kann und das Vielzuviel selbst das Gute entwertet, bleibt der Leser zwischen Literatur und Leben stecken. Das Lesen wird ihm zur Flucht und zur Sucht. Sofern die literarische Welt ihn verführt, ist er fortan in keiner Welt mehr recht zu Hause, weder in der persönlichen kleinen, aber entscheidenden, noch in einer gemeinsamen größeren, die seine kleine erst beleben könnte. Dieser Fall ist es, der besonders die Volksschule, als Volksschule und als Schule, angeht. Der literarische Unterricht insbesondere der Volksschuloberstufe hat gleichsam die literarisch Wehrlosen vor sich. Sie sind wie den noch unbekannten Erleuchtungen der Literatur, so auch deren Beschattungen besonders ausgesetzt... Die große Möglichkeit des Umgangs mit Literatur schlägt dann nicht Wurzel. Das Kind des Volkes bleibt in Wirklichkeit für später beim Schund. Die Kehrseite im massenhaften Lesen gerät nach oben, die Lichtseite bleibt verdeckt. Darum ist die Auswahl des Leseguts für den Deutschunterricht entscheidend wichtig.
Über die Auswahl des Leseguts: ... Die Begegnung des Schulkindes mit Literatur, insbesonderes mit dichterischer, ist kein Experiment, dessen Bedingungen und Erfolge man vorausberechnen kann. Dazu sind die Maßstäbe für die Bewertung des Leseguts selbst wie auch für seine Aufnahme bei jedem einzelnen Kinde und Jugendlichen viel zu verschieden. Was jeweils pädagogisch förderlich ist, ist daher nie genau zu bestimmen. – Und doch müssen wir auswählen! Hier liegt die Verantwortlichkeit jedes einzelnen Lehrers. Zum Glück steht er nicht allein; er hat Helfer. Was andere vor ihm und für ihn ausgewählt haben, bildet ihm eine Art Kanon...
So läßt sich zusammenfassend sagen: Eine Kanonisierung der Auswahl (was alle schon immer lasen und immer wieder lesen sollten) ist ein verständliches Bemühen und echtes pädagogisches Bedürfnis; aber nur unausgesetzte Prüfung des ‚guten Alten' am gewagten Neuen, des ‚Neuerrungenen' am angeblich Veralteten, nur erneuernder Erwerb nicht-alternden Besitzes (‚erwirb es, um es zu besitzen'!) kann jenes Bemühen um einen Lesekanon vor gefährlichem Dogmatismus bewahren...
Literarische Wirkung und literarischer Wert: ... Die Literaturwissenschaft mitsamt der Psychologie und Soziologie hat hier noch ein weites Feld. – So hat beispielsweise Karl Wolf eine ‚Skizze zu einer Wirkungslehre der Literatur' entworfen. Die Wirkungsforschung gliedert sich, als eine bisher noch wenig betriebene Wissenschaft, der Erscheinungsforschung an, die als Interpretation von Werkgestalten in den letzten Jahrzehnten, auch für die Schulen, große Fortschritte machte ... Dichtung, so sagt Wolf, ist immer von erzieherischer Bedeutsamkeit, positiv oder negativ, mag der Dichter solche Wirkungen beabsichtigen oder nicht ... Wolf entwickelt hiernach die Grundlinien literarischer Wirkung. Sie kann vorwiegend vom Lehrgehalt, ebenso jedoch vom Milieu oder vom Stil der Dichtung ausgehen ...
Alle Vorgänge der Berührung mit dem literarischen Werk als Wert, von der ersten Begegnung (die, was den Autor betrifft, ruhig anonym sein mag) über intuitives Verstehen und etwa folgendes Begreifen bis hin zu den Tiefenwirkungen der Sammlung, der Entlastung, der Läuterung (Ernüchterung, Lösung des

Krampfhaften, Reinigung, Weckung, auch Erschrecken) können erst am Einzelfall erfaßt werden, wenn der einzelne Autor dem einzelnen Leser und Hörer im einzelnen Text als Gestaltganzem, als Klanggebilde, als Sinngehalt entgegentritt. Man sagt nicht zu viel, aber auch nicht zu wenig, wenn man diese literarischen Wertwirkungen zwar andeutbar, aber letztlich unbeschreiblich nennt."

Befragt man das vorliegende Modell auf die im ersten Abschnitt gegebene Antwort auf den „Sinn des literarischen Unterrichts" hin, so darf die seltsame Zweideutigkeit des Literaturverständnisses, aus dem alle späteren Schlußfolgerungen konsequent abgeleitet sind, nicht übersehen werden. Literatur erscheint hier – dem inzwischen popularisierten Literaturbegriff der Romantik gemäß – als ein in sich geschlossener Bereich, als „literarische Welt", die erst neben und über der „kleinen Alltagswelt" („wirkliche Welt") ihre Wirksamkeit entfalten kann. Ist die „eine Welt" als das „leib-zeitliche Dasein" begrenzt („eng, niedrig, brüchig vielleicht"), so vermag erst durch die zweite Welt die Existenz des einzelnen „erweitert, belebt, vertieft und erhoben" zu werden. Dieser Literaturbegriff ist nicht nur von der Literaturwissenschaft und den neuen literarpädagogischen Konzeptionen überholt, die Literatur als das beide Bereiche Umgreifende verstehen, er „beschwört" auch das Klischee vom Leser als „Wanderer zwischen zwei Welten" herauf, welches die Bildung eines adäquaten Wirklichkeitsbewußtseins im Umgang mit Literatur geradezu verhindert. Das aus der Spannung von „Geist" und „Leben", Literatur und Alltag angeblich hervorgehende „Doppelleben" mündet nicht nur in die Pervertierung des Literaturverständnisses ein, nach dem die Literatur selbst den Leser gleichsam heimatlos mache („in keiner Welt mehr recht zu Hause"), sondern gibt auch der Literaturdidaktik ausdrücklich das Recht, vor einem Übermaß an Literatur („das Vielzuviel") zu schützen. (Wie das „Vielzuviel selbst das Gute entwertet", wird dabei nicht einsichtig.) Die daraus abgeleitete, hier überall zu beobachtende hütende Gebärde, die „die literarisch Wehrlosen", „das Kind des Volkes" vor „unbekannten Erleuchtungen der Literatur" und „deren Beschattungen" bewahren soll, verleiht dem gesamten Modell seinen restaurativen Charakter. Dieser zeigt sich erstens in der nicht zu übersehenden Tatsache, daß das Ziel des literarischen Unterrichts nicht aus den literarischen Formen selbst, sondern einer vorwissenschaftlichen Vorstellung von Literatur entspringt, der, wie im ersten Modell, die fragwürdige Kategorie des Volkstümlichen zugrunde liegt. Die Betonung der „Volksschule als Volksschule" amputiert sowohl die Bildung eines umgreifenden Literaturverständnisses im Ansatz als auch den literarischen Unterricht selbst, indem er ihn auf die „Wertwirkung" (vgl. letzter Abschnitt), d. h. auf die aus dem Umgang mit Literatur resultierende moralische Wirkung einschränkt. Dies zeigt zweitens die

hier vorherrschende Perspektive der traditionellen Leseerziehung, die das Lesen nicht als Ausbildung des Verstehens im Umgang mit literarischen Formen begreift, sondern vorwiegend inhaltlich: als ein Sich-in-Beziehung-Setzen zu vorhandenem Bildungsgut. Die hier, wie in anderen Modellen [28], geläufige Vorstellung von Literatur als Lesegut weist darauf hin. Sie schließt nicht nur die Auffassung von Literatur als Instrument der Lebenshilfe ein, sondern weit verhängnisvoller: Sie macht das Lesen von Literatur zu einem im voraus gesteuerten moralischen Akt. Die vorsätzliche Steuerung besteht darin, daß sie die literarische Bildung nur von ihrer „Wertwirkung" her zu begreifen vermag. Das daraus resultierende Primat der Pädagogik vor der Literatur wird im zweiten Abschnitt an der entscheidenden Frage nach der „Auswahl des Leseguts" sichtbar. Wiederum sind es zwei typische Vorstellungen, die dieses Primat vollenden:
a) Die Vorstellung, daß das „Pädagogisch-Förderliche" für den Lehrer anhand einer „Art Kanon", den „andere vor ihm und für ihn ausgewählt haben", zu bestimmen sei. Die Gefahr einseitiger Traditionsbezogenheit wird hier zwar nicht übersehen, aber der Vorschlag einer Lösung durch eine dauernde und wechselseitige „Überprüfung" des Neuen am Alten, des Alten am Neuen macht die hier unauflösliche Problematik aus dem einmal eingenommenen Ansatz erst offenbar. Denn sie zeigt, daß die traditionelle Literaturdidaktik die Vorstellung von Literatur als eines zu erwerbenden „nicht-alternden Besitzes" nicht aufgeben kann und daher gezwungen ist, nach Maßstäben zu suchen, die den Besitzerwerb rechtfertigen. Das hier vorgeschlagene Verfahren des unausgesetzten Vergleichens führt in Wahrheit zu einem endlosen Messen, das weder dem hier zitierten „guten Alten" noch dem „gewagten Neuen" je gerecht werden kann, weil es völlig verschiedene Werkstrukturen der Literatur in einen angeblich einheitlichen Traditionszusammenhang zwingt und aus ihm erklärt. Daß gerade dieses vergleichende Verfahren die Erkenntnis des besonderen Individual-, Werk- oder Epochenstils von Dichtungen aus sich selbst unmöglich macht, hat die Literaturwissenschaft gezeigt [29]. Denn jeder Vergleich führt im Extrem entweder zu einer Verurteilung des Neuen am Maßstab des Alten (und umgekehrt) oder zur Einebnung aller literarischen Aussageweisen zugunsten eines allgemeinen, d. h. nichtssagenden Literaturverständnisses, das in allen überprüften Werken nur das formal Gleichartige erkennen kann. (Die wesentliche Differenz einer Kalendergeschichte J. P. Hebels und einer Kalendergeschichte B. Brechts z. B. entfällt.) Was aber derart für alle Werke gleich gilt, ist, wie M. Heidegger längst gezeigt hat, gerade das Gleichgültige [30]. Die Vorstellung, das überall zugrunde liegende Gleichgültige anschließend zu einem gültigen Kanon literarischer Werke zu erheben, muß schon von daher scheitern.

b) Dieses mit jedem vergleichenden Verfahren verbundene Problem des Wertens hat die gesamte traditionelle Literaturdidaktik, wie später zu zeigen ist, in eine ausweglose Situation geführt. Sie führt zur Verkehrung ihrer primären Verantwortung, auch im Unterricht das literarische Werk als das sein zu lassen, was es von sich her ist und sein kann [31]. Diese Verkehrung zeigt sich im dritten Abschnitt des vorliegenden Modells. Sie besteht in dem extremen Versuch, den Wirklichkeitscharakter eines Kunstwerkes an seiner „Wirkung auf" (die Schüler) abzulesen. Die Hoffnung, daß eine neu zu schaffende „Wirkungsforschung" im Sinne K. Wolfs [32] der Didaktik Kriterien zur Auswahl des sogenannten Leseguts liefern könnte, muß schon im Ansatz als verfehlt gelten, da sie zu immer weiteren Differenzierungen des Werkes führt, wie das hier sichtbar wird. Das literarische Werk auf seine vom „Lehrgehalt", „Milieu" und „Stil" ausgehende Wirkung hin zu fragen kann sich weder vor dem werkimmanenten Verfahren der Literaturwissenschaft, das das „Ganze aus dem Einzelnen, das Einzelne wiederum aus dem Ganzen" [33] versteht, als wissenschaftlich ausweisen noch vor der Literatursoziologie, wie Adorno längst gezeigt hat. Es ist „unmöglich, sie auf irgendeine, etwa gesellschaftliche Wirkung von Kunstwerken einzuschränken. Denn die Wirkung ist nur ein Moment in der Totalität des Verhältnisses" [34]. Das grundsätzliche Mißverständnis einer pädagogischen Wirkungsforschung besteht daher darin, daß das unter der Kategorie der Wirkung gemessene Werk seine Struktur völlig aufgeben muß, insofern es zum „Inbegriff von Reizen und Informationen" herabgewürdigt wird. Was es derart aus der Perspektive der sogenannten Wirkungsforschung („Bildungswirksamkeit") vermitteln kann, ist zweitrangig, weil die Vermittlung „nicht in der Sache selbst" ruht, sondern als eine Angelegenheit erscheint „zwischen der Sache und denen, an die sie herangebracht wird" [35]. In diesem Sachverhalt zeigt sich wiederum das Primat der Pädagogik, steuernd und lenkend Wirkungen hervorzurufen („Ernüchterung, Lösung des Krampfhaften, Reinigung, Weckung"), die im Werk selbst auf diese Weise nicht intendiert sind. Die notwendige Folge ist die letzte Amputation des Literaturverständnisses zum „Werk *als* Wert" (letzter Abschnitt). Daß diese Konsequenz keine wissenschaftliche Lösung des Auswahlproblems darstellt, sondern bestenfalls zu ideologischen Wertsetzungen führt, zeigt der einschränkende Schlußsatz: „Man sagt nicht zu viel, aber auch nicht zu wenig, wenn man diese literarische Wertwirkung zwar andeutbar, aber letztlich unbeschreibbar nennt." Damit ist aber zugleich auch ein Verzicht auf eine wissenschaftlich begründete Didaktik aus dem traditionellen Ansatz der Literaturpädagogik ausgesprochen. Es bleibt ihr nur der Ausweg, wie der Verfasser des vorliegenden Modells im Handbuch des Deutschunterrichts selbst schreibt, „die Schulkinder der Gegenwart an Hand der Vergangenheit auf das Zukünftige zu verweisen" [36].

Ein zusammenfassender Rückblick zeigt, daß auch dieses Modell, wie das vorausgehende, durch ein fatales Primat der Pädagogik vor der Literatur gekennzeichnet ist. Wiederum sind es dieselben Elemente, die dieses Primat konstituieren:

a) Die ausdrückliche Traditionsbezogenheit, deren Ursache in einem nicht weiter überprüften und bereits popularisierten Literaturbegriff der Romantik zu suchen ist.

b) Die Amputation des Literaturverständnisses zum literarischen Werk „als Wert".

c) Die daraus rührende instrumentale Verwendung von Literatur als Lesegut im Unterricht („Dienst am Lesegut").

Wiederum liegt allen drei Elementen die typische Vorstellung von Literatur als zu vermittelndem Bestand zugrunde. Eine Integration neuer Erfahrungen im Umgang mit Literatur ist daher aus diesem Ansatz unmöglich. Er bleibt einseitig monologisch, d. h. allgemeinbildende Wirkungen werden planend und erwartend auf Literatur bezogen. Daß die sogenannte „moderne" und zeitgenössische Literatur von hier aus mit unverhohlenem Mißtrauen beobachtet wird, braucht nicht besonders betont zu werden. „Das moderne Gedicht ist seiner Natur nach kein schulgerechter Gegenstand" [37].

Die beiden hier analysierten Modelle sind für die eingangs aufgezeigte zweite Gruppe didaktischer Konzeptionen exemplarisch, insofern sie drei Invarianten (Denkschemata) enthalten, die das gesamte Feld einer monologischen Didaktik konstituieren. Monologisch heißt jetzt (nach den Analysen): der Mechanismus der Invarianten bleibt, die Inhalte dagegen können so variiert werden, daß sie mit dem jeweils eingenommenen instrumentalen Literaturverständnis korrespondieren. Eine andere inhaltliche Variation, die sich aus denselben Invarianten bildet, wird z. B. in der sogenannten „kreativen" Literaturdidaktik sichtbar, wie sie von Ulshöfer entwickelt wurde: „Viel unfruchtbare Theorie hat sich zwischen das Kind und das Gedicht gestellt und das Verhältnis beider getrübt. Schieben wir die Theorie beiseite, so bleiben einige Einsichten, die den Weg für die rechte Art des kindlichen Umgangs mit dem Gedicht frei machen. Sie lassen sich in der Regel zusammenfassen: Wir verfertigen, sprechen und lernen Gedichte. Bei dieser Gelegenheit untersuchen wir sie nach Form und Inhalt" [38]. Sieht man davon ab, daß hier Didaktik und didaktische Dichtung unbesehen als identisch erklärt werden, so sind die von Ulshöfer abgedruckten Schülerbeispiele [39] erschreckender als die von Lessing entlehnte Theorie des Verfertigens von Literatur im Unterricht. Die Bei-

spiele zeigen, daß Theorie und Praxis dieses literarischen Unterrichts, an welcher „Dichtungsvorlage" sie sich auch immer orientieren, das „Kreative" mit der Fähigkeit zur Kombination präfabrizierter sprachlicher Elemente verwechseln. Nicht die dadurch bei den Schülern entstehende Vorstellung, daß Literatur machbar sei, ist verhängnisvoll, wohl aber der falsche, durch Imitation von Vorlagen ausgelöste Prozeß des Machens selbst. Die Theorie des Kreativen kann sich dabei ebensowenig auf eine zeitgenössische Poetik der Montage berufen wie auf eine romantische Gleichsetzung von Kind und Künstler retirieren. Daher muß auch die mit dieser kreativen Literaturdidaktik verwandte und beliebte Ausformung eines ausdrücklich ästhetisch orientierten Literaturunterrichtes, wie ihn A. Beinlich in den frühen sechziger Jahren entwirft, nur als letzte Spielform einer instrumentalen Literaturpädagogik verstanden werden: „Kurz: die Schule muß die vital-ästhetischen Grunderlebnisse pflegen und erweitern, bis ästhetische Früherlebnisse das Beachten des Schönen vergeistigen und zu verstärken beginnen und die Reifezeit endlich das bewußte ästhetische Erleben zur Entfaltung bringt. Diese Seite unseres Bildungsauftrages ist in einer merkantilen, technisch perfektionierten Welt zu wichtig, daß sie nicht unterstrichen werden müßte"[40]. Die Formulierung ist in einem doppelten Sinne verräterisch:
1. Sie zeigt, daß selbst die ästhetische Bildung nicht mehr aus sich selbst verstanden werden kann, sondern im „Einsatz", „Dienst" *gegen* „die merkantile, technisch perfektionierte Welt", d. h. gegen die die moderne Industriegesellschaft bestimmenden Kräfte verwendet wird. Dabei wird bezeichnenderweise gerade das Vermögen der modernen Literatur, diese hier pauschal verworfene Welt darzustellen, zu erhellen und kritisch zu entlarven, indem sie deren Modus vivendi aufdeckt[41], überhaupt nicht bedacht. Die so gedachte ästhetische Erziehung im Umgang mit Literatur ist mit der gleichzeitigen Verneinung der Kräfte verbunden, die die heutigen Formen des Zusammenlebens aller mit allen wesentlich bedingen (Naturwissenschaft und Technik). Das sich dahinter verbergende Klischee, daß die ästhetische Wirkung der Dichtung gegen die über Massenmedien transportierten „minderwertigen Erzeugnisse" konkurrieren könnte und müßte, trägt selbst optimistisch-merkantilen Charakter und geht an der Funktion dessen, was Literatur heute von sich her vermag, vorbei. Nach der Abwanderung der von der traditionellen Dichtung entworfenen Vor-, Leit- und Weltbilder in die manipulierte Sprache der Bewußtseinsindustrie (Propaganda, Werbung) erweist sich der Glaube an die direkte Konkurrenz der Dichtung mit diesen Institutionen als naiv und unbegründet. Literatur kann in diesem Sinne weder konkurrieren noch beeinflussen, wohl aber vermag sie „in das Nichts der gelenkten Sprache ein Wort zu

setzen"⁴², das dieses Nichts selber kritisch durchleuchtet, oder „Modelle des Zusammenlebens der Menschen" darzustellen, „die es dem Zuschauer ermöglichen, seine soziale Umwelt zu verstehen und sie verstandes- und gefühlsmäßig zu beherrschen"⁴³. Die an der Tradition orientierte literarästhetische Erziehung steht daher auch allen von der Moderne entwickelten poetischen Transformations- und Verfremdungstechniken, wie sie zum Aufbrechen der heute sich optisch verlarvenden, gegenständlichen Wirklichkeitsstruktur notwendig sind, durch das Festhalten eines überlieferten ästhetischen Kanons ratlos gegenüber.

2. Die von Beinlich gegebene Rechtfertigung einer literarästhetischen Erziehung läßt auch einen abschließenden Blick auf die Fragwürdigkeit der Methoden der traditionell-orientierten Literaturdidaktik zu, insofern sie unmittelbar von der Kategorie des „Erlebens" abhängig sind. Die Methoden dieser Literaturdidaktik sind daher, gemäß der zu messenden Wirkung auf die Schüler, so beschaffen, daß sie vorwiegend das Erleben des Werkes ermöglichen. Denn das sogenannte „Dichtungserlebnis" im Unterricht gilt der traditionellen Didaktik, aus ihrem eingenommenen Ansatz, als das einzig sichtbare und meßbare „Ereignis", an dem sie die erwartete Wirkung des Werkes abliest. Der aber von jedem Werk mitintendierte Prozeß des Verstehens, der den Schülern das Bau- und Sinngefüge des Werkes zu erschließen vermag, wird durch den gängigen Begriff des Erlebens zumeist verschüttet. Deshalb ist auch den Methoden der traditionellen Literaturpädagogik die methodische Ausbildung des Verstehens im Umgang mit Literatur, wie sie hier später aufzuzeigen sein wird, weitgehend unbekannt. Ihre methodischen Zielsetzungen sind daher „Übertragung der Lebensgestimmtheit" oder „aktives Nachgestalten" des Kunstwerkes, d. h. „Beglückbarkeit durch das Gedicht für immer zu stiften"⁴⁴. Wie immer auch diese instrumentale Bestimmung aus der jeweiligen Perspektive lauten mag, die allen methodischen Anweisungen zugrundeliegende Kategorie ist die des „Erlebens", sei sie nun als das sogenannte „Wert-" oder „Formerlebnis" variiert. Die entscheidende Bedeutsamkeit dieser Kategorie für die traditionelle Didaktik wird exemplarisch in dem von Beinlich verfaßten Artikel „Über die Entwicklung der Leseneigungen und des literarischen Verständnisses" im zweiten Band des Handbuchs des Deutschunterrichts sichtbar. Die Kategorie des Erlebens erscheint auf Seite 703/704 vierundzwanzigmal in den verschiedensten Ausformungen: als „literar-ästhetisches Urerlebnis", „verschwistert mit graphischen und farblichen Gestalterlebnissen", als das „begrifflose einheitliche vielfältige Gesamterlebnis der Welt", als „Erleben der Gesamtgestalt", „Erleben des Gehalts", als „Erlebnisfunke", als „vorbewußtes Erlebnis", als „ästhetisches Früherlebnis", als „naiv vitalästhe-

tische Erlebnisweise", als „Erlebnishaltung", „Selbsterlebnis" usw. Die fast unüberschaubar gewordene Auffächerung des Erlebnisbegriffs, die den ursprünglichen Inhalt des Begriffes selbst zerstört, ist verdächtig. Sie stellt die Frage, ob die Kategorie des Erlebens im Umgang mit Literatur überhaupt noch eine unmittelbare didaktische Bedeutung besitzt. Ist sie nicht eher eine eigenständige, aus der Entwicklungspsychologie stammende Kategorie geworden, wie sie im Deutschunterricht auch ohne Bezug zur Literatur gerne verwendet wird, z. B. im Sinne des sogenannten „Erlebnisaufsatzes", der „Erlebniserzählung" und, noch allgemeiner: im Sinne des „Leseerlebnisses", „Bucherlebnisses"? Welche ursprüngliche Bedeutung sollte diese schwer bestimmbare Kategorie noch im Grundverhältnis von Dichtung und Didaktik besitzen?

Ein kurzer Rückblick auf die Geschichte dieser Kategorie kann die Frage beantworten. Ihre ursprüngliche literarpädagogische Bedeutung erhält die Kategorie des Erlebens erst im Werke Diltheys, d. h. in der 1905 erschienenen Arbeit „Das Erlebnis und die Dichtung" und in der vorausgegangenen Schrift „Die Entstehung der Hermeneutik", aus der später die der Didaktik und Literaturwissenschaft gemeinsamen Kategorien des Verstehens entwickelt werden sollen. Entscheidend ist, daß schon für Dilthey die Kategorie des Erlebens nicht ohne den ihn umgreifenden Begriff des Verstehens („Erleben, Ausdruck, Verstehen") gedacht werden kann. Das Erleben schließt das Verstehen nicht aus, sondern ausdrücklich ein. Genauer: die geheime Intention des Erlebens besteht nach Dilthey gerade darin, sich selbst in ein eigentliches Verstehen zu verwandeln, das sich über jedes subjektive Fühlen hinaus auch in rationalen Kategorien ausdrücken kann. Dies trifft vor allem auf das von Dilthey entfaltete Verhältnis von Dichtung und Erlebnis zu, das erst dann, wie Dilthey meint, vor „romantischer Willkür" gesichert ist und derart als wissenschaftlich gelten kann, wenn jedes Erleben „zur Objektivität erhoben werden kann": „Unser Handeln setzt das Verstehen anderer Personen überall voraus; ein großer Teil des menschlichen Glücks entspringt aus dem Nachfühlen fremder Seelenzustände; die ganze philologische und geschichtliche Wissenschaft ist auf diese Voraussetzung gegründet, daß dieses Nach-Verständnis des Singulären zur Objektivität erhoben werden könne"[45]. Die entscheidende Bestimmung des Erlebens im Umgang mit Kunstwerken lautet hier „Nachfühlen", „Nach-Verständnis", setzt also selbstverständlich voraus, daß unser Erleben im Umgang mit Kunstwerken niemals orginären Charakter haben kann (wie die eigenen Erfahrungen: Liebe, Tod, Angst usw.), sondern bereits abgeleitet, d. h. dem „Nachfühlen" entsprungen sind. Sie setzen das im Werk gestaltete und gedeutete Erlebnis voraus und bleiben auch in jedem verantwortlichen Umgang mit

Kunstwerken unablässig auf es bezogen, wenn das Nachfühlen aus der Subjektivität „zur Objektivität erhoben" werden will (vgl. dazu die ausführliche Erläuterung dieses Vorgangs im 3. Kap.: Die methodische Ausbildung des Verstehens). Die Kategorie des Erlebens kann daher nur dann eine sinnvolle Bedeutung in Literaturwissenschaft und Didaktik haben, wenn erkannt wird, daß jeder elementare Umgang mit literarischen Werken zunächst nicht mehr besagt, als ein Nachfühlen zu differenzieren, das in das rationale Verstehen des Werkes einmünden kann. Wo die Grenze zwischen diesem Erleben als Nachfühlen und Nachverständnis und dem jeweils eigenen Erleben des Lesers verwischt wird, ist dem unverantwortlichen Subjektivismus des sogenannten „Dichtungserlebnisses" Tür und Tor geöffnet. Dieser Subjektivismus führt nicht nur dazu, wie Heidegger längst gezeigt hat, „das Kunstwerk ... zum Gegenstand des Erlebens" und „Kunst als Ausdruck des Lebens" zu relativieren [46], sondern läßt auch keine wissenschaftlich begründete Auslegung von Kunstwerken mehr zu. Gerade dieser Vorwurf trifft jedoch den größten Teil der traditionellen Literaturdidaktiken, die schon in den zwanziger Jahren den Begriff des Erlebens zur eigenständigen Kategorie erhoben haben, wie dies z. B. die Arbeit Kempinskis, „Erlebte Dichtkunst" (1927), zeigt. Der von nun an gängige Erlebnisbegriff ist im Grunde ein „Allerweltsbegriff" (Heidegger), der von Literaturwissenschaft, Literaturdidaktik und Psychologie gleichermaßen gebraucht werden konnte, um angeblich „vor-rationale" psychische Vorgänge zu erfassen. Für die traditionelle Literaturdidaktik kann jedoch folgendes doppelte Mißverständnis des Erlebnisbegriffes nachgewiesen werden:
1. Die Literaturdidaktik überschreitet die Grenze vom „Nachfühlen", das vom Werk selbst hervorgebracht wurde, zum selbständigen eigenen Erleben der Schüler im literarischen Unterricht, indem sie, wie früher gezeigt, das kindliche Erleben mit dem künstlerischen Erleben weitgehend gleichsetzt (Modell 2).
2. Die Vorstellung, daß die von der Entwicklungspsychologie angesetzte „phantastisch-magische" Phase [47] mit dem eigentümlich künstlerischen Gestaltungsvorgang identisch sei, hat zu dem Glauben geführt, daß eine tiefgehende Identifikation zwischen Werk und Schüler das Hauptziel des literarischen Unterrichts sei, weil damit die allgemeine „Erlebnisfähigkeit", das „Welterleben" der Schüler gesteigert werde.
Wiederum zeigt sich hier die instrumentale Auffassung von Literatur als Gegenstand des Erlebens und Selbsterlebens. So kann es schließlich in extremer Ausformung geschehen, daß die Didaktik zuerst die Lesererlebnisse und Leseneigungen der Schüler im Umgang mit Literatur befragt, anstatt im Unterricht gemeinsam mit den Schülern die Struktur der Texte selbst

fragend zu erschließen. Diese ausdrückliche Orientierung der Didaktik an der Leseneigung der Kinder und Jugendlichen, die überdies selbst einem dauernden, von der Gesellschaft beeinflußten Wechselspiel unterworfen ist, übersieht, daß damit wiederum nur die ablesbare Wirkung zum Maßstab der Auswahl von Literatur im Unterricht gemacht wird. Die bekannte „Anknüpfung" des literarischen Unterrichts an die „kindliche Erlebniswelt" oder die soziale Erfahrungswelt der Jugendlichen, die Herleitung des fremden dichterischen Erlebens aus dem bekannten eigenen Erleben, hat auch methodisch zu einer Trivialisierung des literarischen Unterrichts geführt. Dies zeigt sich darin, daß das Verstehen des Werkes zugunsten des Erlebnisses verschoben, wenn nicht gar völlig verschüttet ist. Das sogenannte „Dichtungserlebnis" braucht sich daher vor dem angeblich unkindlichen rationalen Sprachverständnis nicht auszuweisen, da es in das „begrifflose, einheitliche vielfältige Gesamterlebnis der Welt", „in außerrationale Bemächtigung der Wirklichkeit"[48] einmündet, d. h. besser: dort untergeht. Wenn „ein ausgesprochen rationales Sprachverständnis nicht Voraussetzung (ist)"[49], das Erlebnis „ausgesprochen lyrischen Charakter" besitzt, hat dann nicht notwendigerweise der gesamte literarische Unterricht, zumindest in der Grundschule, „lyrischen Charakter"? Die Antwort kann an den Methoden des traditionellen literarischen Unterrichts abgelesen werden. Da die Erlebniskategorie das Verstehen weitgehend verschüttet hat, führen die herkömmlichen Methoden im Umgang mit Texten (von der Sachprosa wird hier abgesehen) notwendigerweise zu zwei immer wieder genannten Zielen: erstens das „ästhetische Erlebnis" („Gestalterlebnis") und zweitens das „Werterlebnis" („Gehalterlebnis").
Diese unter dem Einfluß von O. Walzel entwickelten literaturwissenschaftlichen Kategorien von „Gehalt" und „Gestalt" sind längst überholt, ziehen aber im literarischen Unterricht zwei prinzipielle methodische Konsequenzen nach sich.
1. Sie zeigen sich im methodischen Modell einer Stunde, die in den Phasen der „Einstimmung", „Darbietung", „Sicherung der inhaltlichen Erfassung", „Erschließung der Gestalt" und der sich eventuell anschließenden „Dichterkunde" abläuft[50]. Es ist offensichtlich, daß dieses methodische Modell, vorwiegend im Umgang mit lyrischen Texten und lyrischer Prosa durchgeführt, jeder Stunde einen offenen oder versteckten erbaulichen Charakter verleiht, der der Kategorie des ästhetischen Erlebens entspricht. Wie dieses Erschließen einen Einblick in das Bau- und Sinngefüge eines Werkes, also die Bildung des Verstehens gewährleisten soll, ist hier völlig unbedacht.
2. Ein ähnliches methodisches Modell, das die Schüler zum „Werterleb-

nis" führen soll, kann in den bekannten Phasen der „thematischen Hinführung", „Erschließung des Erlebnisgehalts" (Motive und Charakter der handelnden Personen), „ethische Durchdringung" verwirklicht werden. Dies gilt vor allem für die literarischen Formen der Erzählung, Novelle, Kurzgeschichte, Ballade und des Dramas. Der ebenso ethisch aufbauende wie erbauliche Charakter des Unterrichts erklärt sich aus der Möglichkeit der Identifikation der Schüler mit den dargestellten Leitbildern: „in den Personen stellen sich dem jungen Leser Leitbilder menschlichen Daseins vor: deren Motivationen können Grundlagen für die eigenen Motivationen werden. In den Schicksalen und Erfahrungen der Helden nimmt der junge Leser eigenes Schicksal und eigene Erfahrung erlebnismäßig vorweg"[51]. Das Zitat macht die doppelte Fragwürdigkeit des „Werterlebnisses" durch die Identifikation der Schüler mit „Leitbildern" offenbar. Denn es setzt eine bereits einseitig getroffene Auswahl von Literatur unter Wertkategorien voraus. Diese werden hier in dem beliebten Begriff des „Leitbildes" als eines Wertbildes sichtbar und müssen notwendigerweise ein ganzes Geflecht anderer Wertvorstellungen nach sich ziehen: das dem Leitbild entsprechende Weltbild, das sich seinerseits wieder in menschlichen Urbildern (z. B. der fahrende, der hütende, der herrschende, der bewahrende Mensch usw.) konkretisiert. Diese Urbilder wiederum sollen ihre „pädagogische Bedeutsamkeit" angeblich durch ihre sinnlich-leuchtende Vor-Bildlichkeit gewinnen. Da sie dem Leser sinnerfülltes Dasein anschaulich-leuchtend vor Augen stellen, können sie wörtlich als Leit-Vorstellungen bezeichnet werden. Da aber, nach E. Staiger[52], das Wesen der Vorstellung vornehmlich dem Epos innewohnt, gehören solche Leitvorstellungen einer von der modernen Gesellschaft qualitativ verschiedenen archaisch-naturhaften Gemeinschaft an. Wo sie in der modernen Gesellschaft dennoch auftauchen, gehören sie in den Bereich der politischen Propaganda oder der Werbung. Der Versuch einer Verbildlichung der Welt durch Leit-, Vor-, Inbilder gerät daher im zwanzigsten Jahrhundert in die Nähe modischer Ideologien und reaktionärer Weltanschauungen. Deren restaurativer Charakter zeigt sich gerade in der Simplifizierung der Welt zum Bild in einer weitgehend gestaltlos, d. h. abstrakt gewordenen Wirklichkeit, die an die Stelle des leuchtenden Bildes heute das hinweisende Zeichen setzt. Dieser doppelte Vorgang, das „Verblassen der Bilder"[53] und die dadurch hervorgerufene Restauration der Welt zum Weltbild, ist immer wieder dargestellt worden[54]. Welche Verheerungen solche simplifizierenden Verbildlichungen im literarischen Unterricht, nämlich in der Vorentscheidung über die Auswahl des „Bildungsgutes" angerichtet haben, hat J. Ehni an dem Beispiel des „Heimatbildes" in den Lesebüchern exemplarisch gezeigt[55]. Ebenso hat W. Pielow auf diese Gefahr hingewiesen: „Das Musterhafte gilt hier in einem sehr direkten, oft penetranten Sinn. Wir können sagen: Kennzeichen dieser Art von Literatur ist das ‚Gesunde', das Eindeutige, auch das rigoros Vereinfachende. Tiefergreifendes, Problematisches wird abgewehrt und ausgeklammert. Das Moralische drängt sich als das Mustergültige schlechthin nach vorn... Wir befinden uns in einem Bereich der Vorherrschaft wohlmeinender pädagogischer Absichten" [56].

Von hier aus gesehen, erweist sich das sogenannte Werterlebnis durch Umgang mit „Leitbildern" im literarischen Unterricht geradezu als unkritisch, d. h. positiv, „staatstragend", „kulturtragend", insofern menschliches Leitbild und Wertträger identisch sind. Auch hier stimmt das „Werterlebnis" mit der von der traditionellen Literaturdidaktik geäußerten Vorstellung von der literarischen Erziehung als „Dienst am Lesegut" überein. Die zweite Fragwürdigkeit des „Werterlebnisses" besteht aber darin, daß nur solche Texte behandelt werden können, die die lesende Identifikation mit dem „Leitbild" zulassen. Diese Identifikation wird aber von der großen Dichtung des Jahrhunderts (Kafka, Brecht, Dürrenmatt z. B.) ausdrücklich nicht gefordert, sie ist geradezu unerwünscht, weil sie nach Brechts Auffassung in ein „kulinarisches Genießen" anstatt ein reflektierendes Betrachten von Literatur einmündet. Denn der größte Teil der in der modernen Literatur handelnden Personen sind, wie Brecht sagt: „keine einfühlbaren Helden. Sie sind nicht als unveränderliche Urbilder des Menschen gesehen und gestaltet, sondern als historische, vergängliche, meist mehr ein Erstaunen als ein ‚so bin ich auch' herausfordernde Charaktere. Der Zuschauer befindet sich ihnen gegenüber verstandes- und gefühlsmäßig im Widerspruch, er identifiziert sich nicht mit ihnen, er kritisiert sie" [57]. Die aus der Struktur dieser neuen Dichtung abzuleitenden neuen Methoden des literarischen Unterrichts, die das Erleben zum kritischen Verstehen wandeln, sind in der traditionellen und der sich neu bildenden Didaktik daher noch weitgehend unbedacht. Für den literarischen Unterricht hat Brecht selbst das Versagen gerade in der erlebenden Identifikation gesehen: „der Spießer entgiftete alle rebellischen Gedanken (der Klassiker), indem er sich mit ihnen identifizierte. Der Banause usurpierte die Revolution und konnte deshalb im Leben um so selbstzufriedener auf sie verzichten. Man plünderte den Inhalt und nutzte die Klassiker ab. Es gab keine Tradition, nur Verbrauch... Dieser Hochmut wurde durch Schulen und Universitäten genährt. Der deutsche Unterricht auf den Gymnasien betonte den Besitzorgiasmus. Die Klassiker wurden als literarischer Naturschutzpark gepflegt..." [58]. Versucht man hinter der Polemik Brechts das entscheidende kritische Argument gegenüber dem literarischen Unterricht zu verstehen, so muß es in dem Primat der Erlebnispädagogik gesucht werden, die ein Verstehen von Literatur deshalb nicht ausbilden kann, weil sie, in der Kategorie des Erlebens denkend, die reflektierende Betrachtung des Werkes weitgehend ausschließt. Daß diese Kategorie des Erlebens, des Einfühlens inzwischen nicht einmal mehr für die methodische Erläuterung eines großen Teils der zeitgenössischen Lyrik ausreicht, weil diese sich selbst einer erlebenden Identifikation *bewußt* entzieht, wurde nachgewiesen [59].

Aus diesem hier nicht weiter zu verfolgenden Konflikt von Erleben und Verstehen kann abschließend eine vereinfachte Charakteristik der beiden prinzipiellen Methoden des traditionellen literarischen Unterrichts (ästhetisches Erlebnis, Werterlebnis) versucht werden: beide Methoden sind so beschaffen, daß sie dem Schüler weder die Distanz zur Betrachtung noch die Freiheit zur kritischen Reflexion im Umgang mit Texten gewähren können. Sie sind – der Kategorie des Erlebens entsprechend – *suggestiv*. Suggestiv heißt: sie bilden das Verstehen im Umgang mit Literatur nicht aus, sondern lenken es durch das Werk hindurch zu dem jeweils „dahinter" vermuteten Welt-, Leit- und Vorbild. Oder: sie erreichen den Charakter des Verstehens überhaupt nicht, indem die methodischen Erläuterungen umschlagen in die angeblich tiefeinwirkende Emotion. In beiden Fällen erweist sich die entstehende Suggestion als gelenkt. Das Verstehen, sofern es überhaupt zum Gegenstand methodischer Überlegungen gemacht wird, kann nicht aus der Textstruktur entfaltet werden. Es wird, dem instrumentalen Literaturverständnis entsprechend, im Unterricht zumeist gegen die Struktur des Werkes selbst durchgesetzt. Der Glaube, daß, im Sinne der vorgetragenen Analyse, die traditionell orientierten Literaturdidaktiken wenig Zukunftschancen hätten, ist aber optimistisch. Denn ihr Unvermögen, ein „strukturkonformes" Verstehen auszubilden, wird zugleich der Stachel zu einer erneuten, subtileren Ideologisierung sein, die die sogenannte „eigentliche Dichtung" im Unterricht als „sprachbarrierebildend" und „elitär-humanistisch" denunziert und an deren Stelle allen zugängliche sogenannte „demokratische" (die Neuauflage der Kategorie des „Volkstümlichen"), d. h. „lesestimulierende Texte" [60] fordert. Auf die bestehenden und künftigen Ideologisierungsversuche der Literaturdidaktik trifft das Wort des französischen Strukturalisten R. Barthes zu: „alles kann akzeptiert werden, vorausgesetzt, daß das Werk zu etwas anderem als ihm selbst in Beziehung gesetzt werden kann, d. h. zu etwas anderem als der Literatur ... Nicht zulassen wird man eine Arbeit, die sich im Werk installiert und die Beziehung zur Welt erst herstellt, nachdem sie es von innen her oder, wie man heute sagt, in seiner Struktur beschrieben hat" [61].

*Neue literarpädagogische Konzeptionen und ihre
wissenschaftlichen Grundlagen (1966–1970)*

Die nachfolgenden Analysen dienen der unmittelbaren Vorbereitung des folgenden Kapitels, das innerhalb der noch zu erläuternden neuen literarpädagogischen Konzeptionen und mit ihnen einen eigenen Weg zu einem umgreifenden Literaturverständnis sucht. Die Analysen betreffen die eingangs skizzierte erste Gruppe neuer didaktischer Entwürfe, die sich nach der Krise der traditionellen Lesebücher und der ihr zugehörigen Didaktik selbst als „literarpädagogische" oder „literaturdidaktische" Konzeptionen bezeichnen, Konzeptionen, innerhalb derer sie zuerst den Textbestand, dann die Formen der Texterschließung für den Unterricht neu zu organisieren versuchen. Da sie selbst inzwischen durch den weithin gleichgearteten Bau ihrer Lesebücher und durch eine weithin gleichförmige Textselektion traditioneller und zeitgenössischer Literatur in Gefahr stehen, den literarischen Unterricht zu standardisieren (nicht auf der methodischen Ebene), ist die Bezeichnung „neu" einzuschränken. Neu ist zunächst nur die gemeinsame Ausgangsposition, die aus ihr resultierende Tendenz zu einem in sich geschlossenen didaktischen Gefüge des literarischen Unterrichts, das eine Vielfalt bisher ausgeschlossener literarischer Formen umfaßt. Das eigentlich Neue jedoch, die in ihnen angelegte Chance, eine kohärente Theorie von der methodischen Entfaltung des Verstehens literarischer Formen für alle Klassenstufen zu entwickeln, ist überhaupt erst noch zu leisten. Insofern muß die Beschreibung ihrer Intentionen zunächst auf drei gemeinsame Elemente, die ihre Ausgangsbasis bestimmen, zurückgehen:

1. Alle Konzeptionen besitzen ein ausgeprägtes Bewußtsein von der zuvor entwickelten Gefahr des Primats der Pädagogik vor der Literatur und der daraus rührenden instrumentalen Bestimmung des literarischen Unterrichts als „Dienst am Bildungsgut" und lehnen daher eine literarische „Darstellung der Welt ab, die sich einseitig auf ihre harmonische, patriarchalische und idyllische Seite beschränkt" [62] (Gerth). Demgemäß definieren sie den Umgang mit Texten aktiv-kritisch: als „Erkennen von Strukturen" [63] (Helmers), als das zu erwerbende Wissen, „wie man Literatur überhaupt erst erschließt", weil die literarischen Formen selbst „welterschließende Funktion [64] (Bauer) haben. Dieses Bewußtsein schließt jedoch nicht aus, daß sie in wesentlichen Punkten der traditionellen Literaturpädagogik nahestehen. Indem sie die Gefahr des Primats der Pädagogik vor der Literatur vermeiden wollen, kann diese, gerade durch die betonte Abwehrhaltung, erneut heraufgerufen werden (vgl. Modell 1).

2. Der Begriff „literarpädagogische Konzeption" besagt: die meisten Ent-

würfe haben nicht den Charakter in sich geschlossener Modelle, die im voraus über die Zielsetzung und Reichweite des literarischen Unterrichts entscheiden. Sie sind *Entwürfe* und halten sich sowohl der Literaturwissenschaft wie auch der durch Experimente neu gewonnenen Erfahrung in der Unterrichtspraxis offen. Ihre ausdrücklich beanspruchte vermittelnde Funktion zwischen Literaturwissenschaft und literarischem Unterricht in Gestalt einer wissenschaftlichen Didaktik, die sich um beiden Bereichen gemeinsame Kategorien bemüht, macht sie gegen eine theorieferne Praxis und praxisferne Theorie weitgehend immun. Es ist daher kein Zufall, daß diese Konzeptionen mit Ausnahme von Pielows „Dichtung und Didaktik" und Helmers „Didaktik der deutschen Sprache" in direktem Zusammenhang mit den neuen Lesebüchern entstehen und von ihnen daher nicht abgelöst werden können. Als Einführungen, Begleitschriften oder in Handbüchern zu den neuen Lesebüchern konzipiert, tragen sie notwendig entwerfenden Charakter. Sie dienen gleichzeitig der Überwindung der durch die traditionelle Literaturdidaktik hervorgerufenen Krise wie auch der didaktischen Grundlegung des literarischen Unterrichts. In diesem doppelten Bezug stehend, können sie daher das sich neu bildende Verhältnis von Unterricht und Literatur nur thesenhaft formulieren [65]. Bevor eine differenzierte Betrachtung anhand **dreier didaktischer** Entwürfe erfolgt, muß eine dritte durchgehende Gemeinsamkeit festgehalten werden.

3. Alle literarpädagogischen Konzeptionen versuchen das traditionelle Primat der Pädagogik vor der Literatur dadurch zu vermeiden, daß sie die didaktische Bedeutsamkeit von der Sache („die Sache Literatur als Sache zu erschließen" [66]) selbst her, d. h. aus den im Unterrichtsfeld erscheinenden literarischen Formen abzuleiten versuchen. Diese entschlossene Hinwendung zu literarischen Formen, an denen sich das Verstehen „nach sachgemäßen Gesichtspunkten" [67] orientiert, begegnet der ihr zweifellos innewohnenden Gefahr eines literarischen Formalismus im voraus mit dem Argument, „daß literarische Arten spezifische Strukturen haben und daß das einzelne sprachliche Kunstwerk eine einmalige Verwirklichung solcher Strukturen ist ... Damit ist zugleich gesagt: das Erkennen literarisch-dichterischer Strukturen wird nicht als Selbstzweck angestrebt, sondern mit dem Ziel, die Schüler zum Verstehen der dichterisch-einmaligen Aussagen fähig zu machen" [68]. In diesem didaktischen Entwurf ist bereits auch die Absage an die herkömmlichen Methoden enthalten, insofern diese „Form und Sprache als mehr oder weniger notwendiges Vehikel für die in ihnen verpackten wirksamen Ideen" [69] betrachtet hatten. Indem Verstehen jetzt überall definiert wird: als „geistiges Erschließen aufgrund eines Erkennens von Strukturen" (Helmers), als Umgang mit „gestalteter

Sprache", durch die „Welt aufgeschlossen, gedeutet und geordnet (wird)" (Gerth), tritt die *inhaltsbezogene* Textbetrachtung zurück, die „Textur" selbst dagegen hervor. So sind alle Entwürfe durch ein doppeltes Merkmal gekennzeichnet: das „gewandelte Gegenstandsbewußtsein" (Orientierung an den Textstrukturen) beansprucht auch zugleich ein „verändertes Aufgabenbewußtsein"[70] (Bauer), d. h. methodisches Vorgehen. Indem derart alle Entwürfe die didaktische Zielsetzung und methodische Besinnung (als Weg zum vorentworfenen Ziel) von dem zu verstehenden Gegenstand (Textstruktur) abhängig machen, wird die von Klafki bemerkte Verkümmerung der Fachdidaktik zur reinen Methodenlehre teilweise rückgängig gemacht[71]. Der früher aufgezeigte Rückgriff der Didaktik in einen allgemeinen Bildungsauftrag ist von nun an nicht mehr möglich und wird die künftige Literaturdidaktik, ob sie es will oder nicht, dazu zwingen, sich einzig und allein als fachwissenschaftlich begründete Didaktik zu verstehen. Fachwissenschaftlich heißt jetzt: sie ist zuerst und allein der Disziplin verpflichtet, die ihre Gegenstände fachgerecht zu erhellen vermag: der Literaturwissenschaft. Wird diese grundsätzliche Entscheidung der Fachdidaktik zur Fachwissenschaft streng bedacht und nicht erneut durch aufgestockte Zusätze aus der Allgemeinen Pädagogik zerstört, dann allerdings stellt sich das lange verschüttete Problem des Verstehens im literarischen Unterricht so radikal neu, daß es nur in einem permanenten Dialog mit der Literaturwissenschaft selbst gelöst werden kann. Dieser Dialog hat in allen literarpädagogischen Konzeptionen bereits begonnen. Er zeigt sich in dem heute in allen Unterrichtsentwürfen sich durchsetzenden Dreischritt von Interpretation, didaktischer Analyse und methodischen Überlegungen. In diesem Dreischritt meldet sich die Einheit eines Dialogs zwischen Literaturwissenschaft, Didaktik und literarischem Unterricht an, der die bisher getrennten Bereiche vor willkürlichen Setzungen bewahren könnte, insofern die hierin verborgene Rangordnung richtig bedacht wird:

a) Die Interpretation erläutert die „Struktur", d. h. das Bau- und Sinngefüge eines Textes aus sich selbst ohne Rücksicht auf seine pädagogische Brauchbarkeit im Unterricht (Dialog mit der Literaturwissenschaft).

b) Erst im Licht des von der Interpretation so erhellten „Gegenstandes" kann die didaktische Analyse die „pädagogische" Bedeutsamkeit, d. h. den von der Struktur selbst geforderten Prozeß des Verstehens erkennen und dem literarischen Unterricht vorentwerfen. (Sie kann aber nicht, wie heute immer noch sichtbar, allgemeinbildende, von außen geholte Zielsetzungen in die didaktische Analyse „verpacken", ohne die Gefahr des Primats der Pädagogik zu erneuern.) Die didaktische Analyse kann daher selbst nicht eigentlich zielsetzend sein, wohl aber muß sie die in jeder literarischen Struktur enthaltene Leseweise so auswählen, daß sie in den Verstehenshorizont der jeweiligen Altersstufe reicht und diesen erweitert. Die Funktion der didaktischen Analyse besteht also in der Wahl der in den Strukturen enthaltenen Erkenntnisziele und der dazugehörigen Strategie, d. h. Leseweise [72].

c) Dies gilt schließlich auch für die methodischen Überlegungen, die nur dann einen Sinn haben können, wenn sie sich als Weg (methodos) zu dem in der didaktischen Analyse vorentworfenen Ziel verstehen. Dieser Dreischritt ist, wie später im dritten Kapitel gezeigt wird, eine unauflösbare Einheit, insofern er den drei Phasen des Verstehens innerhalb des literarischen Kommunikationsprozesses überhaupt entspricht: Rezeption – Erschließung der Lexie des Textes – Erkennen der komplexen Nachricht des Textes. Wird diese Einheit des Dreischritts an ihrer gefährlichsten Stelle, der didaktischen Analyse, zerrissen, so reißt auch der Dialog mit dem Werk selbst ab. Die Didaktik kann ihre Aufgabe der Vermittlung eines einheitlichen Verstehensprozesses zwischen Text und Schüler nicht mehr erfüllen und verweist, selber normsetzend, auf ein erneutes, in didaktischer Terminologie verkapptes Primat der Pädagogik vor der Literatur. In dieser Gefahr befinden sich heute alle neuen literarpädagogischen Konzeptionen. Ihre grundlegende Einsicht: „Aufgabe des Literaturunterrichts ist es demnach, den Heranwachsenden zum selbständigen Erfassen der literarischen Strukturen zu bringen" [73], d. h. zum Verstehen der Baugefüge der Texte, kann nur dann nicht wieder verschüttet werden, wenn sie sich ihrer Herkunft aus der Literaturwissenschaft bewußt bleibt.

Befragt man die neuen literarpädagogischen Konzeptionen auf ihre literaturwissenschaftliche Herkunft, so zeigt sich eine letzte durchgehende Gemeinsamkeit.

4. Sie liegt in der nahezu einhelligen Berufung auf das von E. Staiger und W. Kayser entwickelte Verfahren der werkimmanenten Interpretation, auch wenn die neuere Literaturdidaktik dieses modifiziert oder in der inzwischen eingetretenen Auseinandersetzung mit dieser Schule nicht mehr wahrhaben möchte [74]. Es kann daher ohne Übertreibung gesagt werden, daß die neu sich bildende Didaktik, wie die unter ihrem Einfluß hervorgehenden Lesewerke, hier ihren wissenschaftlichen Grund haben. Genau gesehen, haben sie ihren Grund in nur drei Standardwerken der Literaturwissenschaft: E. Staigers „Grundbegriffe der Poetik" und W. Kaysers „Das sprachliche Kunstwerk", aus denen sie die Einsicht in das „spezifische Werkgefüge" der im Unterricht jeweils zu erörternden Texte übernehmen. Diese von einer bestimmten und heute bereits fragwürdig gewordenen literaturwissenschaftlichen Schule ausgehende Erforschung des „Gefüges" der poetischen Formen, der Rückgriff auf den

Begriff der Gattung (lyrisch – episch – dramatisch) und der ihr jeweils zugehörenden „Weise des dichterischen Sprechens" hat den neuen Aufbau der Lesewerke nach Gattungen erst ermöglicht. Der Abbau der herkömmlichen Themenkreise als eines der Literatur ungemäßen Gliederungsprinzips ist daher in Wirklichkeit nur die Konsequenz aus der „Einsicht" E. Staigers, nach der den drei genannten Sprechweisen drei grundsätzliche, in der Geschichte der Literatur immer wiederkehrende „Weisen der Erhellung der Welt durch die Dichtung" zugrunde liegen [75]. Sie gelten als Weisen eines angeblich „ursprünglichen Weltverhältnisses" des Menschen und können als solche als ein Beitrag der Literaturwissenschaft zur Anthropologie verstanden werden. Erst von hier aus kann die neuere Didaktik die pädagogische Bedeutsamkeit des Umgangs mit Dichtung im Unterricht so formulieren: daß „das Wahrnehmen von poetischen Strukturen, das Erkennen von Gestaltelementen mit dem Auffassen und Deuten der in ihnen... gestalteten Wirklichkeit identisch ist" [76]. Es ist offensichtlich, daß erst dieser literaturwissenschaftliche Ansatz es den neuen literarpädagogischen Konzeptionen erlaubt, die entscheidende Frage nach dem Wirklichkeitscharakter eines Werks nicht aus seiner „Wirkung auf" („Bildungswirksamkeit"), sondern adäquater aus dem Bau- und Sinngefüge des Werkes selbst zu bestimmen.

Das dritte Standardwerk der Literaturwissenschaft, das allen literarpädagogischen Konzeptionen in verschiedener Ausformung zugrundeliegt, ist E. Staigers „Die Kunst der Interpretation", d. h. hier auch alle anderen Arbeiten, die mit dem zentralen Problem des Auslegens, Erläuterns und Deutens von Literatur verbunden sind. Die „Kunst der Interpretation" gibt in der vereinfachten Formel von der Aufgabe des Interpreten, „zu begreifen, was uns ergreift", der neueren Didaktik eine Methode in die Hand, die ihr den eigentümlichen Verstehensprozeß, den Texte von sich selbst her beanspruchen, erst durchschaubar machen kann. Allerdings erst dann, wenn die Didaktik diese Methode nicht, wie heute oft zu sehen, als Technik handhabt, die dem Lehrer die Interpretation „fertig" mit der dazugehörigen didaktischen Analyse gleichsam frei Haus liefert, so daß sie im Unterricht nur noch „nachvollzogen" werden muß. Die Methode der Interpretation im Sinne Staigers gewinnt ihre ursprüngliche Bedeutsamkeit erst dann, wenn sie mit der Ausbildung des Verstehens von Texten unmittelbar verbunden bleibt. Allerdings ist hier ein erster, später genauer zu differenzierender Einwand notwendig:

a) Alle neuen literarpädagogischen Konzeptionen sind dadurch von begrenzter Reichweite. Unter dem Einfluß der Staigerschen Interpretationslehre stehend, können sie das methodische Verstehen im Unterricht nur auf dem Wege der Einfühlung (vgl. S. 126) entfalten, d. h. solche poeti-

schen Formen, die sich der Einfühlung ausdrücklich verweigern und daher einen dialektischen Verstehensprozeß erfordern, theoretisch nicht erhellen. (Dies bedeutet nicht, daß sie dies praktisch nicht vollzögen.)
b) Obwohl von „Struktur" und „Strukturerschließung" redend, haben sie, streng genommen, nichts mit der jüngsten strukturalen Literaturwissenschaft und deren Verfahren gemein. Wenn die didaktischen Konzeptionen von Struktur sprechen, so meinen sie zumeist den von Staiger und Kayser betonten „Gefügecharakter" des Werkes. Im Gegensatz zu der an der Linguistik orientierten Didaktik des Sprachunterrichts ist ihnen das strukturale Verfahren weitgehend unbekannt.

Die hier skizzierte durchgehende Gemeinsamkeit der neuen literarpädagogischen Konzeptionen läßt, wie die nachfolgenden Analysen zeigen, der gegenwärtigen Literaturdidaktik im wesentlichen nur drei differenzierte Positionen zu:

1. Die Position der Integration. Sie ist dadurch gekennzeichnet, daß sie die aus der traditionellen Literaturdidaktik überlieferten Elemente in den neuen, von der Sache selbst ausgehenden didaktischen Entwurf einbringt und dadurch zu unvorhergesehenen Kompromissen gezwungen wird (1. Entwurf).

2. Die Position der radikalen Absage an die traditionelle Literaturdidaktik, die sich durch mehr oder minder strenge Orientierung an der Literaturwissenschaft auszeichnet und sich an einen von der Didaktik neu erschlossenen „Kanon" von „Werkstrukturen" bindet. Da sie ihre didaktische Zielsetzung, diesem strengen Ansatz entsprechend, immer nur vom jeweiligen konkreten Einzelfall abhängig macht, bleibt ihr die entscheidende Frage, wie sie das Verstehen im Umgang mit Literatur überall und für alle Gattungen gleichermaßen entfalten kann, weitgehend verborgen (2. Entwurf). Das von ihr entworfene Bildungsgefüge des literarischen Unterrichts trägt daher noch weitgehend „statistischen" Charakter, d. h. es ergibt sich aus der Summe der von ihr erörterten literarischen Strukturen. Die Notwendigkeit eines inneren Zusammenhangs aller literarischen Formen aus einem einheitlichen Verstehensprozeß und die Bildung eines umgreifenden Literaturverständnisses sind zumeist unbedacht.

3. Die dritte Position der gegenwärtigen Literaturdidaktik ist durch den seltenen Versuch gekennzeichnet, den Umgang mit literarischen Texten auf den zentralen Begriff der Kommunikation und Kommunikationsfähigkeit zurückzuführen, wobei letztere als „Fähigkeit zu sachgerechtem und kritischem Gebrauch aller Formen der Literatur" (Bauer) definiert wird. Der Versuch steht der strukturalen Literaturwissenschaft nahe, ohne schon mit ihr identisch zu sein (3. Entwurf).

Versuch einer Integration von Dichtung und Pädagogik (W. Pielow)

Der erste hier zu analysierende Entwurf ist W. Pielows Arbeit „Dichtung und Didaktik" (Bochum 1963) entnommen. Bereits inmitten der Krise der traditionellen Literaturdidaktik und vor der Entwicklung der literarpädagogischen Konzeptionen unternommen, stellt sie den ersten Versuch der Integration dar. Integration heißt: das Grundverhältnis von Dichtung und Didaktik soll aus einem so umgreifenden Literaturverständnis entfaltet werden, daß die extremen Ausfächerungen des literarischen Unterrichts nach bloßen Bildungsinhalten (Dichtung als „Kulturgut") und nach bloßen literarischen Formen überwunden werden. Der Versuch der Integration, der die für Dichtung und Pädagogik (d. h. hier Didaktik) „übergreifenden Kategorien" sucht, muß allerdings scheitern. In dem Kapitel „Das Verhältnis Dichtung – Pädagogik" heißt es:

„Der Pädagoge kann sich schlecht mit einer solchen Aufsplitterung zufriedengeben. Er braucht übergreifende Kategorien, die vom Pädagogischen aus Literatur zu einem Gefüge machen, das sich ordnen läßt.
Wozu er sie braucht? Einerseits könnten sie ihm helfen, Wirkungsmöglichkeiten der Literatur mit etwas größerer Sicherheit einzuschätzen (wenngleich die besonderen Schwierigkeiten in dieser Hinsicht nicht zu verkennen sind. Vgl. dazu die weiterweisende ‚Skizze zu einer Wirkungslehre der Literatur' von Karl Wolf).
Zum anderen können derartige Kategorien dazu führen, neue Wege der Stoffauswahl einzuschlagen. Auch ließen sich Ansätze zu einer Literaturkritik finden, die im Feld des Pädagogischen das Literarische mit didaktischen Intentionen auf legitime Weise verbinden könnten. – Wie aber lassen sich derartige Kategorien finden? – Folgende Fragen drängen sich auf:
1. Gibt es ein Pädagogisch-Eigentliches, das überhaupt in der Dichtung relevant wird?
2. Gibt es ein Dichterisch-Eigentliches, das zugleich pädagogisch bedeutsam ist? Diesen beiden Fragen schließt sich eine dritte an, die sich gewissermaßen aus der positiven Antwort zu den ersten ergibt.
3. Zeigt sich eine Gemeinsamkeit des Wesensgehaltes von Dichterischem und Pädagogischem auch in einer Gemeinsamkeit von Grundbegriffen?
Dieses Dritte läßt sich auch so erfragen: gibt es Begriffe, die einerseits der Dichtung zugehören, andererseits aber auch als heimische Kategorien im Felde des Pädagogischen bestehen können? – Es müßten demnach Begriffe sein, die auch dann noch sinnvoll sind, wenn von Dichtung überhaupt nicht die Rede ist oder nicht von Pädagogik gesprochen wird. Sie müßten also unabhängig von diesen Spiegelungen für sich stehen können. –
Auf solche Weise müßte es möglich werden, eine innere Beziehung von Dichterischem zu Pädagogischem sichtbar zu machen. Zunächst aber erscheint diese Beziehung durchaus nicht selbstverständlich. Folgendes ist zu bedenken: das Wesen der Dichtung kann unabhängig von allem Pädagogischen verstanden werden. Dichtung ist Kunst, ihre Kategorien sind ästhetische. Dichtung ist ‚sprachliches Kunstwerk'" [77].

Der Entwurf spricht die erste, über alle nachfolgenden Probleme einer wissenschaftlichen Didaktik im voraus entscheidende Frage aus: „Gibt es ein Pädagogisch-Eigentliches, das überhaupt in der Dichtung relevant wird?" Die Frage eröffnet der Didaktik die Möglichkeit eines neuen Dialogs mit Dichtung, weil sie nicht nur im monologischen Zugriff der traditionellen Literaturdidaktik auf das „Pädagogisch-Eigentliche" abzielt, das von der Dichtung ablösbar in einen unabhängigen Bildungsauftrag eingebracht werden kann, sondern vielmehr die auch längst notwendige Umkehrung derselben Frage ermöglicht: „Gibt es ein Dichterisch-Eigentliches, das zugleich pädagogisch bedeutsam ist?" Indem derart Dichtung und Pädagogik aus ihrem traditionellen Dienstverhältnis befreit werden, entsteht hier – für einen Augenblick lang – die Möglichkeit einer Partnerschaft. Diese bestünde in der Erkenntnis, daß sich beide in einem gemeinsamen Verstehenshorizont bewegen, aus dem sich, wie Pielow später selbst sagt, die zuvor „ungleichen Brüder als Verwandte" erkennen. Der Didaktik käme hierbei die Aufgabe zu, das Verwandte zu bestätigen, das sich „auch in einer Gemeinsamkeit von Grundbegriffen" nachweisen läßt. Dieser begriffliche, d. h. in wissenschaftlichen Kategorien begreifbare Nachweis des Zusammenhangs von Dichtung und Didaktik anhand von Grundbegriffen, die in beiden Bereichen „heimisch" sind, wäre demnach die eigentliche Aufgabe einer neuen Didaktik des literarischen Unterrichts. Dem ist nichts hinzuzufügen.

Es ist für den Leser allerdings überraschend, wie dieser Entwurf seine gerade eben erkannte und ausdrücklich benannte Aufgabe sofort wieder verschüttet. Dies geschieht in der am Ende des Abschnitts ausgesprochenen, folgenschweren Behauptung: „das Wesen der Dichtung kann unabhängig von allem Pädagogischen (d. h. Didaktischen) verstanden werden. Dichtung ist Kunst, ihre Kategorien sind ästhetische. Dichtung ist ‚sprachliches Kunstwerk'". Diese Behauptung ist deshalb folgenschwer für den weiteren Gang dieser Arbeit, weil sie sich damit gegen die von der Literaturwissenschaft selbst erkannte und von ihr entwickelte „didaktische" Bedeutsamkeit von Dichtung wendet. Dichtung ist, wie dies vor allem die existentiale Literaturwissenschaft (Heidegger, Sartre) sowie die marxistische Literaturtheorie bezeigt haben, gerade dadurch bedeutsam, daß das sogenannte „Dichterisch-Eigentliche" nicht „unabhängig", sondern überhaupt erst auf dem Grund der Weise der Rezeption durch den Leser verstanden und entfaltet werden kann. Dichtung ist deswegen nicht vom „Pädagogischen" unabhängig, weil sie selbst den Lesenden zum ausdrücklichen Verstehen aufruft. Sie ist, ihrer Sprechweise nach, „Ruf", d. h. Appell an das Verstehen überhaupt, „da der Künstler die Sorge, das, was er begonnen hat, zu vollenden, einem anderen überlassen muß, da er sich einzig durch das Bewußtsein des Lesers hindurch seinem Werk gegenüber als etwas Wesentliches begreifen kann..."[78]. Dichtung vermag daher niemals „unabhängig", gleichsam neben einem „Pädagogisch-Eigentlichen" zu existieren, sondern eröffnet der Didaktik, wie allen anderen Wissenschaften, erst die Möglichkeit, das Verstehen auf eine ausgezeichnete Weise in Gang zu bringen, in Gang zu halten und derart auszubilden. Die Begründung für das so verstandene „Pädagogische" hat M. Heidegger aus der dialogischen Struktur des poetischen Sprechens selbst abgeleitet[79]. Da Dichtung als Sprechen schon immer auf den Zuspruch hin angelegt und von ihm abhängig ist, setzt sie selbst ein Zuhören voraus, das wiederum in ein Antworten auf das von der Literatur Zugesprochene einmündet. Auf diese dialogische Weise sprechend, überspringt die Dichtung das „Pädagogische" niemals, sondern fordert, wie Pielow früher bemerkt, „das Verwandte" („das Pädagogisch-Eigentliche") geradezu heraus: das erschließende Verstehen. Das poetische Sprechen setzt derart das Verstehen nicht nur in Gang, sondern bildet es im lesenden Erschließen erst aus. Das Poetische provoziert, entfaltet und führt das Verstehen zu sich selbst und ist daher schon immer „pädagogisch", wie dies Brecht in der Theorie vom Lehrtheater als einer Zeigetechnik am deutlichsten dargestellt hat.

Indem Pielow diese in der Dialektik wie in der Hermeneutik begründete Gemeinsamkeit von Dichtung und Didaktik außer acht läßt, fällt er, wie es die Fortsetzung seines Entwurfs zeigt, wieder der klassisch gewordenen Trennung von Dichtung und Pädagogik anheim. Die nachfolgende Aufspaltung seiner Untersuchung in zwei voneinander getrennte Verhältnisse: „Der Dichter und sein Werk", „Der Pädagoge und die Tat", verdeckt die von ihm selbst gesuchten gemeinsamen Kategorien: „... der Dichter denkt in erster Linie an sein Werk, an die künstlerische Gestaltung. Wenn wir zu dieser Voraussetzung zurückkehren, erkennen wir sofort die völlig andere Situation des Pädagogen, die – vereinfacht – so aussieht: der Pädagoge setzt sein Anliegen in die pädagogische Tat um". Die hier sichtbar werdenden Kategorien von „künstlerisch gestaltetem Werk" und pädagogischer Umsetzung in die Tat, mit deren Hilfe Pielow das Grundverhältnis von Dichtung und Didaktik von nun an betrachtet, müssen geradezu das verschütten, was sie selbst erkennen wollen. Dies zeigt sich einmal an dem zu eng gefaßten Verhältnis von Produktion und Werk, weil es von der Vorstellung ausgeht, als ob der Künstler nur an seiner „Gestaltung" interessiert sei. Dabei wird übersehen, daß die künstlerische Gestaltung und damit der Schreibende selbst sich unter den Anspruch des zu Gestaltenden stellen. Dieser Anspruch übersteigt das Verhältnis von Autor und Werk bei weitem: es besitzt auch eine didaktische, d. h. gesellschaftliche Relevanz, um die der Autor selbst weiß[80]. Dieser didaktische Anspruch ist aber nicht auf in sich ruhende „ästhetische Kategorien" zu reduzieren, ohne zugleich der Dichtung ihre gesellschaftliche Relevanz zu nehmen. Ein Gedicht wie Celans „Todesfuge" kann deshalb nicht von dem ästhetischen Erleben, dem „beglückenden Erfolg" der Erläuterung „mit 12- bis 13jährigen Volksschülern"[81] gerechtfertigt werden, ohne den literarischen Unterricht zu pervertieren. Pervertieren heißt: die provozierende, gesellschaftliche Bedeutung einer Dichtung in ästhetischen Erörterungen zu ersticken.

In gleicher Weise erscheint das zweite, von Pielow umrissene Verhältnis „Der Pädagoge und die Tat" zu eng, als daß es der Didaktik brauchbare Kriterien für die Spannung zwischen Werk und Umsetzung des Werkes im Unterricht an die Hand geben könnte. Die Kategorie der „Tat" als die Realisation des didaktischen Entwurfs wäre nur dann sinnvoll, wenn sie ein ausreichendes Verstehen dessen voraussetzen könnte, was „pädagogisch" realisiert werden soll. Auch für das sogenannte „pädagogische Tun" müßten brauchbare Kriterien in der Hermeneutik gesucht werden, worauf schon Dilthey hingewiesen hat: „unser Handeln setzt das Verstehen anderer Personen überall voraus..."

So stößt der notwendige Versuch Pielows, das Grundverhältnis von Dichtung und Didaktik erneut zu klären, an jene Mauer, die die traditionelle Literaturpädagogik zwischen sich und der Dichtung selbst errichtet hat. Die von Pielow entwickelten didaktischen Kriterien (Bild, Vorbild und Paradigma, Bild und Gegenbild), unter denen Dichtung im Unterricht betrachtet werden soll, können und werden von der traditionellen Literaturdidaktik im Sinne des Primats der Pädagogik vor der Literatur verstanden werden, obwohl sie von Pielow so nicht entworfen worden sind.

„Strukturalismus der poetischen Formen" (H. Helmers)

Der zweite hier zu erläuternde didaktische Entwurf ist dem Kapitel „Das Verstehen literarischer Werke: Literaturunterricht" in „Didaktik der deutschen Sprache" (Stuttgart 5. Aufl. 1970) von H. Helmers entnommen. Er kann hier stellvertretend für den heute sich überall ausbildenden „Strukturalismus der poetischen Formen" in der neueren Literaturdidaktik stehen, wobei allerdings für die Begriffe „Struktur" und „Strukturalismus" die oben angegebene Einschränkung gilt (vgl. S. 55).

*„Die Aufgaben der literarischen Bildung
und der Lehrplan des Literaturunterrichts*

Lernziel der literarischen Bildung ist das selbständige Verstehen von Literatur. In dieser Zielangabe sind die Begriffe ‚Literatur' und ‚Verstehen' zu erläutern.
Der Begriff *Literatur* meint die ‚Gesamtheit der schriftlichen Äußerungen des menschlichen Geistes'. Diese weite Fassung des Begriffes ‚Literatur' löst in der Gegenwart immer mehr eine ältere Definition ab, die ‚Literatur' im engen Sinn mit Dichtung gleichsetzte.
Verstehen heißt: geistiges Erschließen auf Grund eines Erkennens von Strukturen. Von da aus rückt die Lehre dieser Strukturen in den Vordergrund des Unterrichts. Allerdings ist darauf hinzuweisen, daß das Erkennen von Strukturen nicht primär abhängig ist von ihrer Bewußtmachung; der systematische Umgang mit Literatur führt zum Erkennen ihrer Strukturen.
Literarische Bildung wird in zwei Lernbereichen des Deutschunterrichts betrieben: in der Gestaltungslehre und im Literaturunterricht. Wenn auch im Unterrichtsvollzug Gestaltungslehre und Literaturunterricht häufig miteinander verbunden werden, so hat doch die systematische Reflexion der didaktischen Theorie die Aufgabe, beide Lernbereiche deutlich voneinander zu scheiden, damit die Besonderheiten sichtbar werden und damit die jeweils spezifischen Aufgabenstellungen zu ihrem Recht kommen.

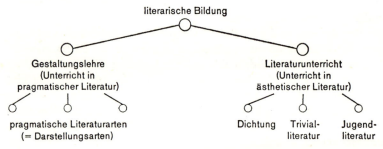

Der Unterricht in *pragmatischer Literatur* erfolgt im wesentlichen in der *Gestaltungslehre,* also im Aufsatzunterricht (schriftliche Gestaltungslehre) und in der erweiterten Sprecherziehung (mündliche Gestaltungslehre). Der Lehrplan des Aufsatzunterrichts und der Lehrplan der Sprecherziehung bringen systematisch die verschiedenen pragmatischen Literaturarten in den Unterricht. Dort erscheinen sie als schriftliche Darstellungsarten (Erlebnisbericht, Brief, Schilderung, Erörterung, Arbeitsanweisung, Beobachtung, Beschreibung, Tätigkeitsbericht, Charakteristik, Bewerbung, Lebenslauf, Inhaltsangabe, Protokoll u. a.) und als mündliche Darstellungsarten (Gespräch, Vortrag/Rede). Der Hauptweg der Gestaltungslehre ist das Nachgestalten durch die Schüler. Nachgestalten aber setzt ein Verstehen der jeweiligen literarischen Strukturen voraus; Nachgestalten und Interpretation gehen daher in der Gestaltungslehre Hand in Hand. Indem die Gestaltungslehre Muster der jeweiligen Darstellungsart vor den Schüler hinstellt, verfährt sie äußerlich gesehen ähnlich wie der Literaturunterricht.
Der Unterricht in *ästhetischer Literatur* erfolgt im Lernbereich *Literaturunterricht.* Dabei ist der Begriff ‚ästhetische Literatur' im weiten Sinn zu nehmen: Alle sprachlichen Formen, die eine ästhetische Komponente enthalten, fallen

unter diesen Begriff. Neben der Dichtung sind es jene literarischen Bereiche im Vorfeld der Dichtung, die ganz oder teilweise nach ästhetischen Gesetzen strukturiert sind, vor allem die Trivialliteratur (Unterhaltungsliteratur) und die vorpoetische Jugendliteratur – aber auch kleinere literarische Bezirke, wie der Sektor der Reklamesprache. Die Aufzählung ästhetischer Literatur macht deutlich, daß eine wichtige Aufgabe des Unterrichts im Heranbilden der literarischen Urteilsfähigkeit als Grundlage eines kritischen Literatur-Konsums besteht. Dabei ist der Vergleich verschiedener literarästhetischer Bereiche ein Lösungsweg"[82].

Der didaktische Entwurf zeigt die Bemühung um einen strengen, unmittelbar aus der jüngsten Literaturwissenschaft hervorgehenden Ansatz der neuen Literaturdidaktik, die sich gegen vorschnelle Zielsetzungen aus einem nicht weiter zu überprüfenden „Allgemeinen Bildungsauftrag" (vgl. dagegen die Modelle der traditionellen Literaturdidaktik zwischen 1960–1966) absichert. Das von Helmers später erläuterte „*strukturalistische* Kriterium des literarischen Lehrplans" versucht den „Irrtum des moralisierenden Literaturunterrichts"[83] und die in ihm notwendig enthaltenen ideologischen Postulate (z. B. „Literatur als Lebenshilfe") zu vermeiden, indem es den Textumgang vom „Verstehen" (im Gegensatz zur traditionellen Kategorie des „Erlebens"), das Verstehen wiederum vom „Erkennen von Strukturen" abhängig macht. Die so gewonnene Freiheit der Literaturdidaktik von vorgegebenen Bildungspostulaten bindet sie um so strenger an die Literaturwissenschaft, insofern diese der didaktischen Analyse einen „Interpretationsrahmen" schafft, in dem „Lernziele" überhaupt erst von der Sache selbst her formuliert werden können. So heißt es in einem früheren Entwurf: „Die Literaturwissenschaft sagt, wie die spezielle Dichtungsart beschaffen ist"[84]. Der damit entstehende Dialog zwischen Literaturwissenschaft und didaktischer Lehr- und Lernzielplanung, den Helmers inzwischen konsequent ausgebaut hat[85], kann jedoch nicht über die zentrale Schwierigkeit der neuen Literaturdidaktik hinwegtäuschen, daß alle konstitutiven Elemente der didaktischen Theorie (sowohl der Begriff „Struktur" als auch der Begriff „Verstehen") aus einer ausdrücklich gattungsbezogenen Literaturwissenschaft, d. h. der Schule der werkimmanenten Interpretation abgeleitet werden. Dies zeigt die in früheren Entwürfen, aber auch im vorliegenden Entwurf noch enthaltene Dreiteilung des literarischen Unterrichts (innerhalb der poetischen Formen) in eine „lyrische Bildung", „epische Bildung" und „dramatische Bildung"[86] und die nach diesem gattungsspezifischen Ansatz vollzogene Anordnung der einzelnen literarischen Formen zu einem „Lehrplan des Literaturunterrichts auf den einzelnen Bildungsstufen"[87]. Die „Klarheit" einer solchen Anordnung kann jedoch zwei Gefahren nicht verdecken:
1. Die Gefahr des Formalismus, insofern der Eindruck erweckt wird, als habe die neue Literaturdidaktik einen fest umrissenen Bestand jederzeit

verfügbarer poetischer Formen für den Unterricht bereitzustellen, wobei gerade die innere Verbindung der genannten Formen (die Gesamtheit des didaktischen Gefüges) ausbleibt, weil bisher keine einheitliche Theorie von der Entfaltung des Verstehens im Umgang mit den verschiedenartigen „Dichtungsformen" vorliegt. Die formale Anordnung der Texte zu einem überschaubaren Bestand von Dichtungsarten entspricht nicht nur nicht dem hier zitierten formalen Literaturbegriff als der „Gesamtheit schriftlicher Äußerungen des menschlichen Geistes", sondern sie läßt auch keine Reflexion auf die heute zunehmend erkannte „Fiktion" des Gattungsbegriffs und die sich in der Realität unaufhörlich bildenden „Mischformen" der Literatur zu.

2. Von hier aus ist die zweite Schwierigkeit der neuen Literaturdidaktik sofort erkennbar: die Notwendigkeit, den literarischen Unterricht in einen engeren und weiteren Teilbereich aufzugliedern, den der „poetischen" und den der „nichtpoetischen" Formen (fiction – non-fiction), wie er in früheren Entwürfen als „literarische Bildung im engeren Sinn" (Hinführung zur Dichtung) und „literarische Bildung außerhalb der Dimension von Dichtung" erschien. Der hier zum Vorschein kommende traditionelle dualistische Literaturbegriff, der sich in den ideologischen Spielformen von Dichtung und Literatur, „eigentlicher Literatur" und „uneigentlichem Schrifttum" ausprägte, ist bei Helmers zwar erkannt, wird aber durch die neue Definition „Unterricht in pragmatischer Literatur" und „Unterricht in ästhetischer Literatur" keineswegs überwunden. Im Gegenteil: indem die pragmatischen Formen (Erlebnisbericht, Brief, Schilderung, Erörterung usw.) dem Bereich der „Gestaltungslehre", d. h. der Aufsatzerziehung zugewiesen werden, werden gerade die heute wesentlichen publizistischen Formen (Bericht, Report, Kommentar, Essay, Offener Brief, Rede usw.) als eigenständige Vermittlungsstrukturen, die von hohem künstlerischem Wert sein können, ausgeschlossen. Sie erscheinen in der vorliegenden Aufgliederung in strengem Gegensatz zur „ästhetischen Literatur" und können so zu dem hier nicht gewollten Klischee von der Zweitrangigkeit einer „nichtästhetischen", d. h. nur auf Praxis der Vermittlung von Inhalten ausgerichteten Literatur beitragen. Werden die publizistischen Formen darüber hinaus nur in der Gestaltungslehre verwendet, so kann gerade deren besondere Funktion und Leistung in der öffentlichen Kommunikation nur unzureichend erkannt werden. Sind sie dort oft subtil gebrauchte Vermittlungsstrukturen gesellschaftlicher Interaktionen, so sind sie im Aufsatzunterricht zumeist nur erlernbare Raster, die vom Schüler oft ohne Bezug zur Öffentlichkeit eingeübt und daher ohne den vielschichtigen Verwendungszusammenhang gebraucht werden. Sie bleiben für ihn im besten Fall ein Instrumentarium an Techniken. Die

Aufgliederung des literarischen Unterrichts in die genannten beiden Teilbereiche (pragmatische und ästhetische Literatur) setzt daher den traditionellen dualistischen Literaturbegriff gerade dort in einer neuen Variante fort, wo sie ihn offensichtlich überwinden möchte. Die Ursache des dualistischen Literaturbegriffs liegt aber in der hier unbewußt angesetzten akademischen Vorstellung von Literatur als beschreibbarem Bestand anstelle von Literatur als Kommunikation, d. h. den vielschichtigen Beziehungen zwischen „sendendem" Text und aufnehmenden Rezipienten, wie dies in der Darstellung der Modi literarischer Kommunikation im dritten Kapitel geschieht. Von diesem fehlenden, gerade für die Didaktik wichtigen Begriff von Literatur als einem Kommunikationsprozeß aus gesehen, wird verständlich, warum auch der Begriff des „Verstehens" hier nicht differenzierter erläutert werden kann. Das Verstehen als das „Erkennen von Strukturen" ist hier seltsamerweise „nicht primär abhängig von ihrer Bewußtmachung". „Denn das Erfassen der literarischen Strukturen ist nicht prinzipiell abhängig von einer Bewußtmachung der literarischen Formensprache"[88]. Wie aber kann die didaktische Theorie (und noch mehr die methodische Praxis) dann die Verstehensprozesse im Unterricht von den Gegenständen selbst her beschreiben, auslösen und kontinuierlich differenzieren? Eine Antwort bleibt hier aus.

Literaturunterricht als „bewußter Lernprozeß":
„Das Elementarisieren poetischer Strukturen" (J. Bauer)

Der dritte und letzte hier zu betrachtende Entwurf ist der „Einführung in die literarpädagogische Konzeption des Lesebuchs schwarz auf weiß" (Hannover 1970) von J. Bauer entnommen. In Zusammenhang mit den „Thesen zu einem neuen Lesebuch"[89] und den „Prinzipien der Unterrichtsplanung und Unterrichtsvorbereitung in der Literaturdidaktik"[90] gesehen, versucht der Entwurf der immer deutlicher sich abzeichnenden Notwendigkeit gerecht zu werden, den literarischen Unterricht als einen die herkömmliche Einfühlung weit übersteigenden *bewußten Lernprozeß* darzustellen, der seinerseits vom Begriff der literarischen Kommunikation abhängig ist: „das Lesebuch ist als Leselernbuch in einem funktionalen Zusammenhang zu sehen mit dem Leseprozeß des literarischen Unterrichts". Daher wird das Ziel des literarischen Unterrichts so definiert:

„Allgemeines Lernziel des Sprach- und Literaturunterrichts ist die *Kommunikationsfähigkeit* des künftigen Erwachsenen, wobei hier unter Literatur auch jene Formen und Ausprägungen begriffen werden, die durch die modernen Massenmedien (Presse, Rundfunk, Fernsehen, Film) entstanden sind. Erreicht ist diese Kommunikationsfähigkeit dann, wenn der Erwachsene als Leser, Hörer

oder Zuschauer alle Formen und Medien der Literatur sachgerecht und kritisch gebrauchen kann. Die Fähigkeit zu symbolischen (d. h. an das Zeichensystem der Sprache und der literarischen Gestaltung gebundenen) Interaktionen bildet eine der Voraussetzungen für die Teilnahme eines Menschen am geistigen, kulturellen und politischen Leben der Zeit.
Die Kommunikationsfähigkeit, die im literarischen Unterricht angebahnt und entfaltet werden soll, ist nicht als eine statische Größe, als etwas Fertiges und in sich Abgeschlossenes zu betrachten. Bei jedem Lese- bzw. Verstehensakt differenziert auch der erwachsene Leser, Hörer oder Zuschauer diese Fähigkeit. Indem er von der Literatur oder den audio-visuellen Medien Gebrauch macht, lernt er Literatur verstehen und sich mit ihr auseinanderzusetzen, d. h. sich mit anderen Menschen und ihren Meinungen zu identifizieren oder aber sich von ihnen zu distanzieren.
Die Kommunikationsfähigkeit im Bereich der Literatur hat also zwei Voraussetzungen: die Fähigkeit zur Informationsentnahme bzw. zum Verstehen von literarischen Werken und die Fähigkeit zur Distanzierung, d. h. zur kritischen Auseinandersetzung mit Informationen und literarischen Texten.
Wir gehen bei den nachfolgenden Überlegungen von dem in der modernen Lernpsychologie entwickelten Begriff des Lernens als Differenzierung eines Ausgangsverhaltens und Integration von bisher unverbundenen Verhaltenselementen zu einem höheren Ganzen aus: ein Lernen im literarischen Unterricht kommt zustande, wenn diese beiden Fähigkeiten, nämlich Texte zu verstehen und auf ihre Inhalte kritisch zu reflektieren, zunehmend differenziert und die dabei erworbenen Kenntnisse und Fähigkeiten zu einem höheren Endverhalten integriert werden.
Die Fähigkeit zum Textverständnis setzt bei literarischen Werken die Kenntnis des Zeichen- und Symbolsystems voraus, mittels dessen ein Dichter seine Vorstellungen von den Dingen, seine Weltsicht bzw. Einstellung zu einer Sache artikuliert. Wer Texte verstehen, sie sachgerecht und kritisch gebrauchen will, muß in elementarer Weise in die literarische Tradition, aus der heraus ein Dichter die sprachlichen und gestalterischen Mittel (Motive, Bilder, Symbole, Assoziationen, literarische Formen) für seine Darstellung nimmt, eingeführt sein. Die Kommunikationsfähigkeit auf der Symbolebene der Literatur ist gebunden an ein Grundwissen, das dem Leser bei jeder Textbegegnung eine Orientierung im voraus gestattet, nämlich die Entwicklung eines Schlüssels, mit dem das vielschichtige Zeichen- und Symbolgefüge entziffert und der Verstehensprozeß organisiert werden kann" [91].

Zwei neue Charakteristika bestimmen den Entwurf:
1. Der literarische Unterricht besitzt keinen selbständigen, neben dem Sprachunterricht herauszuschneidenden Gegenstandsbereich, sondern ist selbst nur Durchgangsphase. Diese Transitsituation des literarischen Unterrichts wird hier in einem doppelten Sinne verstanden:
a) Als Vorbereitung der Kommunikationsfähigkeit des „künftigen Erwachsenen"; der literarische Unterricht ist insofern gegenwarts- und zukunftsbezogen, als er in den gesellschaftlichen Modus vivendi aller hinübergeht. Von dem von den modernen Massenmedien bestimmten Begriff der Öffentlichkeit her gesehen, zielt der literarische Unterricht nicht auf

einen privilegierten Bildungsbesitz, den Status des „literarischen Gebildetseins", sondern auf eine erst zu erwerbende Kompetenz, die es erlaubt, sich „zu identifizieren oder aber ... zu distanzieren". Indem literarische Bildung nicht in einem „Haben" (Brecht: „Besitzorgiasmus des gebildeten Bürgertums") beruht, sondern in einer Kompetenz zur Kommunikation, muß diese selbst durch ein „Ausgangs- und Endverhalten" beschreibbar sein.

b) Literarischer Unterricht ist heute auf dem Hintergrund dieses bürgerlichen Bildungsbegriffs als ein notwendiges Transit zu einem umgreifenden Literaturverständnis zu verstehen, weil „unter Literatur auch jene Formen und Ausprägungen begriffen werden, die durch die modernen Massenmedien (Presse, Rundfunk, Fernsehen, Film) entstanden sind". Im bürgerlich-dualistischen Literaturbegriff (Dichtung – Literatur, vgl. 2. Kap.) sollen demnach die herkömmlichen Gattungen (Lyrik, Epik, Dramatik) durch die sogenannten „Zweckformen" ergänzt werden.

2. Diese doppelte „Transitsituation" des literarischen Unterrichts wird aus dem zentralen, hier nicht weiter definierten Begriff der Kommunikation abgeleitet, der selbst wiederum strukturiert sein muß, weil er in der Auffassung von Sprache als eines „Zeichen- und Symbolsystems" beruht, das die „Fähigkeit zum Textverständnis" erst ermöglicht. Indem literarischer Unterricht derart an den Kommunikationsbegriff gebunden wird, ist auch die Einführung struktureller Methoden in den literarischen Unterricht unumgänglich geworden. Einen solchen ersten Ansatz zeigt das Kapitel „Das Elementarisieren von poetischen Strukturen", das einen Leseprozeß dadurch auslöst, daß die die poetischen Strukturen konstituierenden „Bauelemente" zerlegt werden, damit später deren Funktion oder Relation im Textganzen nachgewiesen werden kann. Das so verstandene Elementarisieren von poetischen Strukturen, das eine „Formerfahrung" begründen soll, ist daher nicht „Selbstzweck", weil es „immer dem Zweck des Erkennens, Bewußtmachens zu dienen hat und demnach immer in das Gesamtverständnis des Textes zurückmünden muß" [92]. Insofern dieser Entwurf die literarische Kompetenz der Schüler durch elementare Operationen an Texten selbst ausbildet, steht er dem strukturalen Verfahren nahe, wie dies R. Barthes so beschrieben hat: „Die strukturalistische Tätigkeit umfaßt zwei typische Operationen: Zerlegung und Arrangement" [93]. (Vgl. die Darstellung dieses Verfahrens im 3. Kap.)

Dem vorliegenden Entwurf wäre nichts hinzuzufügen als die theoretische Differenzierung und Begründung des eingenommenen Ansatzes und der damit verbundenen Postulate. Dabei würden sich allerdings zwei bisher noch kaum bedachte Schwierigkeiten zeigen:

1. Der Begriff der literarischen Kommunikation im Unterricht kann erst

dann eine verbindliche Bedeutsamkeit erhalten, wenn die Didaktik die zu jeder Kommunikation gehörigen Modi der Textrezeption ausreichend durchschaubar macht. Denn erst der Einblick in die Rezeptionsweise gibt dem Lehrer die methodischen Mittel in die Hand, das Verstehen in dem von Bauer postulierten „strukturkonformen" Sinne zu entfalten. Dies um so mehr, als der Begriff der „Struktur" im Unterricht nicht „die Kenntnis des Zeichen- und Symbolsystems *voraussetzt*", sondern umgekehrt: dessen Kenntnis kann erst durch den Akt der Rezeption, der das Verstehen der Schüler ausbildet, erworben werden.

2. Es würde sich zeigen, daß die Begriffe der „Zweckformen" oder „Sachprosa", die den zu eng gewordenen Literaturbegriff erweitern sollen, nicht einfach den poetischen Gattungen hinzugefügt werden können, ohne daß diese Formen zugleich aus der Sprechweise der publizistischen Formen neu zu definieren wären.

Ergebnisse und Schlußfolgerungen

Die hier vorgetragenen Analysen der sich in den letzten Jahren ausbildenden neuen Literaturdidaktik ergeben die Konstellation einer permanenten Neuorientierung, die es nicht mehr erlaubt, von einer „Krise des literarischen Unterrichts" zu sprechen. Die Krise ist nur noch dort zu suchen, „wo der Erlebnisbegriff zur Grundlage des Literaturunterrichts geworden ist" und sich als „erschreckende Hilflosigkeit vor einem dichterischen Text bemerkbar (macht)"[94]. Im Gegenteil lassen sich die Neuorientierung und die in ihr angelegten Möglichkeiten der neuen Literaturdidaktik so zusammenfassen:

1. Die Neuorientierung zeigt sich in der Umkehrung des traditionell bekannten Verhältnisses von Literatur und Unterricht. Wo dieses den literarischen Text im „Erleben" von Inhalten auflöst, konstituiert ihn die neue Literaturdidaktik überhaupt erst als Gegenstand, dessen „Textur", „Struktur" oder „Baugefüge" zu erkennen ist. Die dabei im Unterricht auszubildenden Wege des Verstehens führen daher vom Bau- zum Sinngefüge eines Textes und nicht umgekehrt von dessen „Gehalt" zur „Gestalt". Wo die traditionelle Literaturdidaktik die Bedeutung der Textinhalte in bereits vorinterpretierte „Bildungsgehalte" übersetzt und dadurch Literatur zum „Bildungsgut" entschärft, versucht die neue Literaturdidaktik das Bedeutende gerade aus der Formalität der Texte zu erschließen. Das Bedeutende von Texten erschließt sich hier demnach erst aus der Einsicht in die Relationen, welche die sprachlichen Elemente eines Textes untereinander bilden.

2. Die Neuorientierung der Literaturdidaktik zeigt sich daher auch in der Tendenz zur Erweiterung ihres Literaturbegriffs durch ein breites Band poetischer und publizistischer Formen. Gerade hierin jedoch liegt ihre größte Schwäche, insofern sie den Literaturbegriff nur statistisch, d. h. durch bloße Addition von neuen zu schon bekannten literarischen Formen darstellt: als „Gesamtheit des Schrifttums". Da Literatur mehr als die Summe ihrer Teile ist und ihre Funktion in der Kommunikation zu suchen ist, kann die eben positiv gekennzeichnete Umkehrung *hier* zu einer die neue Literaturdidaktik selbst bedrohenden Gefahr werden. Indem die neue Literaturdidaktik die Vorstellung von Literatur als einem Bestand von „Bildungsgütern" vermeiden will, droht sie, unter dem Einfluß eines mißverstandenen „Strukturalismus", Literatur zu einem verfügbaren Kanon poetischer Strukturen zu machen. Indem sie darüber hinaus an immer noch sichtbaren dualistischen Wertungen wie „fiction", „non-fiction", poetischen und außerpoetischen Formen, Erschließung von Welt und Umwelt festhält, muß sie die neue Qualität eines umgreifenden Literaturverständnisses eher verdunkeln als erhellen. Die dualistische Vorstellung von Dichtung und Literatur sowie die Vorstellung von Literatur als Bestand kann nur durch einen umgreifenden Begriff von Literatur als Kommunikation ersetzt werden (vgl. 2. Kap.).

3. Die Neuorientierung der Literaturdidaktik zeigt sich schließlich in dem von ihr angestrebten Verfahren, das Verstehen der Schüler von der Basis her kontinuierlich zu entfalten. Die Ansätze des methodischen Elementarisierens von poetischen Strukturen, die Gruppierung von Texten nach Lerneinheiten zeigen die Tendenz zur rationalen Vermittlung an, die es den Schülern erlaubt, im Innern der „Textur" selbst zu arbeiten. Gleichwohl muß hinzugefügt werden: eine kohärente Theorie, die es erlaubt, das Verstehen im Unterricht aus den beiden Grundelementen von Textstruktur und Rezeptionsweise abzuleiten, steht noch aus. Einen ersten Versuch in dieser Richtung unternimmt, nach der Klärung des Kommunikationsbegriffes (2. Kap.), das dritte Kapitel dieser Arbeit.

Zweites Kapitel
Literatur als Bestand oder als Kommunikation?
Lernen und Verstehen: Der Begriff der literarischen Kommunikation

Es ist das Ziel des folgenden Kapitels, die von der neueren Literaturdidaktik entworfenen Konzeptionen des literarischen Unterrichts noch radikaler als zuvor auf der historischen Ebene zu formalisieren. Die Formalisierung dient der Auflösung ideologischer Restbestände, die aus den traditionellen Literaturdidaktiken in die neuen Konzeptionen übernommen worden sind. Solche Restbestände sind die Dualismen von „eigentlicher Dichtung" und Literatur, „sprachlichem Kunstwerk" und „Zweckprosa", „fiction" und „non-fiction", poetischer und außerpoetischer Sprache und andere. Die Auflösung der Dualismen dient zugleich der Wiedergewinnung eines *umgreifenden* Literaturverständnisses, aus dem die verschiedensten Lernprozesse innerhalb des literarischen Unterrichts (z. B. die Erschließung eines Volkslieds wie eines Reklametextes) zwar nicht als Einheit, wohl aber als didaktische *Notwendigkeit* begriffen werden können. Ein solch umgreifendes Literaturverständnis, das den literarischen Unterricht zu einem notwendigen didaktischen Gefüge zusammenschließt, ist zum gegenwärtigen Zeitpunkt aus drei Gründen notwendig:

1. Es soll die in den sechziger Jahren vorhandene und als Gefahr erneut sichtbar werdende Ideologisierung der Literaturdidaktiken im Ansatz verhindern – das beliebte Ausspielen einer angeblich elitären „mittelständischen Bildungsvorstellung" durch „eigentliche Dichtung" gegenüber einer angeblich „demokratischen" durch Einführung an geeigneten, lesestimulierenden Sachprosatexten in die sogenannte Lebens- und Arbeitswelt für die „Unterschichten", wobei jeder Text in Frage zu stellen ist, „wenn er in der Sozialwelt des Kindes keine Funktion hat"[1] (Dahrendorf).

2. Das umgreifende Literaturverständnis soll der Didaktik wie dem literarischen Unterricht die unmittelbare Nachbarschaft zu dem radikal sich wandelnden Literaturbegriff der Autoren und der jüngsten Literaturwissenschaft (Strukturalismus) aufzeigen.

3. Das umgreifende Literaturverständnis soll der neueren Literaturdidaktik dazu verhelfen, ihre primäre Frage, wie das Verstehen der Schüler im Umgang mit verschiedenartigen Texten methodisch und kontinuierlich auszubilden sei, neu zu formulieren. Diese primäre Frage aber führt die Didaktik, wie zu zeigen ist, heute vor die Alternativfrage: Literatur im

Unterricht als lernbaren Bestand oder als Kommunikationsprozeß darzustellen und zu begreifen. Wie ist dies zu verstehen?

Die Leistung der neuen Literaturdidaktik besteht gerade darin, daß sie den Bestand literarischer Formen für den Unterricht in einem in der Tradition nicht vorhandenen Ausmaß erweitert und – im Gegensatz zum unverbindlich-emotionalen Umgang mit Texten – an genau formulierte Lernziele und Lerneinheiten gebunden hat[2]. Dies ist ein Gewinn, denn Lernen und Lernziele lassen sich, wie in den Sachfächern, an einem schon zuvor ausgelegten Textbestand genauer, d. h. den literarischen Formen adäquater vorentwerfen und durchführen. Dementsprechend heißt es z. B. in den didaktischen Analysen: die Schüler sollen die Dreigliedrigkeit einer Märchenkomposition, das Symbol des Gestaltwandels, die Antithetik des Fabelaufbaus, den offenen Anfang und Schluß einer Kurzgeschichte, die Uhr als Dingsymbol fest-gestellter Zeit (z. B. in Borcherts Kurzgeschichte „Die Küchenuhr") usw. erkennen. Die Klarheit der Zielangabe verdeckt aber oft nur die Verlegenheit der Autoren zu sagen, auf welchem Weg das Verstehen der Schüler dorthin gelangen soll. Die Phasen des Verstehens bleiben in den didaktischen Analysen und methodischen Überlegungen merkwürdig allgemein, wenn man von den üblichen Techniken („Einstimmung", Markieren der Teile, Vergleich von Anfang und Ende, Weglassen oder Setzen von Titeln, Kontrastieren von Figuren, Dialogisieren von Szenen, Tafelskizzen u. dgl.) absieht. Das heißt aber, daß die Ausbildung und Differenzierung des Verstehens, die das Erkennen der vorentworfenen Ziele erst gewährleistet, bisher nicht ausdrücklich Gegenstand der didaktischen Theorie geworden ist. Dies ist kein Zufall. Denn das Problem der Entfaltung des Verstehens kann innerhalb der Theorie und Praxis der neuen Didaktik – sobald es sich als schwierig oder unlösbar zeigt – sofort übersprungen werden, insofern die vorentworfenen Lernziele durch *direktes Lehren* (Aufzeigen der Phänomene am Textbestand durch den Lehrer) immer noch erreicht werden können. Die Verlegenheit, das Verstehen in *unmittelbarer Kommunikation* mit den Texten und *in* der „Textur" selbst auszubilden, kann durch den jederzeit möglichen Überstieg vom *Lernen als Verstehen* zum direkten Lehren als dem Aufweis der Erkenntnisziele am Text (Bestand) beseitigt werden. Der dazugehörige Apparat elementarer Kategorien der Textexplikation liegt bereit und kann bei vorsichtigem Gebrauch ohne Schwierigkeiten in den Unterrichtsprozeß eingeführt werden. Daß dieser Vorgang einer elementaren Kategorisierung des literarischen Unterrichts auf einer späteren Stufe (Sekundarstufe I und II) notwendig ist, soll nicht bezweifelt werden, denn die Entfaltung des Verstehens erweist sich ohne gleichzeitige Ent-

faltung der begrifflichen Artikulation als sehr begrenzt. Die hier zu beschreibende Verlegenheit der Literaturdidaktik ist aber darin zu suchen, daß sie das Problem der Entfaltung des Verstehens überhaupt zu verstellen droht, insofern sie durch den jederzeit möglichen direkten Zugriff auf den von ihr ausgelegten Textbestand die *primäre* Kommunikation und die daraus hervorgehenden Primäraussagen der Schüler verdeckt. Ohne diese Differenzierung der Primäraussagen können weder die literarische Kommunikation noch das Verstehen in ihr von der Basis her ausgebildet werden. So kann z. B. die Signifikanz des Symbols des Gestaltwandels in einem Märchen (z. B. Die sieben Raben) den Schülern der Grundschule direkt vermittelt werden: Gestaltwandel heißt hier die Verwandlung des Menschen zum Tier und bedeutet Ausschluß aus der menschlichen Gemeinschaft. Das Bild des Gestaltwandels ist ein Zeichen, das der Erzähler gesetzt hat, um die Entfernung der sieben Brüder von der menschlichen Gemeinschaft (im Glasberg) zu verdeutlichen (direkte Lehre). Die hier vermittelte Bedeutung (Signifikanz) eines sprachlichen Zeichens (Signifikanten) kann aber den Schülern auch im Verlaufe eines Verstehensprozesses selbst erscheinen, dann nämlich, wenn der Bezug dieses einen Zeichens zu anderen Zeichen (Gang der Schwester zum Glasberg, Öffnung des Glasbergs durch das Opfern des Fingers, der Finger als Schlüssel zur Erlösung, die im Gegenzeichen der Rückverwandlung der Brüder zu Menschen vollzogen wird – zweiter Gestaltwandel) einsichtig wird[3]. *Erscheint die Signifikanz eines Zeichens aus der Relation zu anderen vor ihm stehenden und nach ihm folgenden Zeichen (Verweisungszusammenhang der Signifikanten untereinander), so ist das Lernen als Entfaltung des Verstehens in der Textur selbst erfolgt.* Das Verstehen der Signifikantenbezüge (Zeichenrelationen) bringt die semantische Nachricht eines Textes, dessen Bedeutung (Signifikanz) aus der Anordnung der konstitutiven Textelemente selbst hervor. Diese Signifikanz braucht zunächst nicht direkt gelehrt, wohl aber muß sie im Verlaufe des Erschließungsprozesses entdeckt und artikuliert werden (Differenzierung der Primäraussagen).
So können z. B. in I. Bachmanns bekanntem Gedicht „Reklame"[4] die Zeilen:

Wohin aber gehen wir
ohne sorge sei ohne sorge
wenn es dunkel und wenn es kalt wird
sei ohne sorge
aber
mit musik

was sollen wir tun
heiter und mit musik
und denken
heiter
angesichts eines Endes
mit musik
und wohin tragen wir
am besten
unsre Fragen und den Schauer aller Jahre
in die Traumwäscherei ohne sorge sei ohne sorge
was aber geschieht
am besten
wenn Totenstille

eintritt

in einer achten Klasse durchaus adäquat expliziert werden als Darstellung des Reklamebetriebs und kann dessen Funktion der Überredung durch das Mittel permanenter Wiederholung („ohne sorge sei ohne sorge") erläutert werden. Das Gedicht ist dann Objekt (Bestand), an dem eine Teilfunktion der Reklame erörtert wird (direkte Vermittlung). Seine Signifikanz erhält es jedoch erst im Prozeß des Sprechens, der zwei elementare, im täglichen Sprachgebrauch zusammengehörende Signifikanten, die Redefigur der Frage und Antwort trennt (anstatt aufeinander bezieht). Die Trennung zweier zusammengehörender Redefiguren ist hier ein signifikantes Zeichen, insofern dadurch die Ebene der Frage und die Ebene der Antwort bewußt voneinander getrennt werden (Montagetechnik). Die Fragen des Sprechers fragen, aber die Antworten der Reklame fallen zwischen (Zeilenanordnung!) ihnen hindurch. Erst die Einsicht in diese Nichtkorrespondenz der normalerweise zusammengehörenden sprachlichen Zeichen (Frage – Antwort) bringt das Verstehen in Gang und erschließt so mit der Textur deren Bedeutung (Verstehen).
So kann z. B. an Trakls Gedicht „Rondel":

Verflossen ist das Gold der Tage,
Des Abends braun und blaue Farben:
Des Hirten sanfte Flöten starben
Des Abends blau und braune Farben
Verflossen ist das Gold der Tage.

die der musikalischen Fuge nahestehende Rondoform (musikalisches Ritornell), bei der die Anfangs- und Schlußzeilen sowie die Binnenzeilen auf bestimmte Weise miteinander korrespondieren (Reimschema a b b b a), *direkt* aufgezeigt werden. Aber Trakls Gedicht stellt die Rondoform weder dar, noch ahmt sie diese „lautmalerisch" nach. Es ist selbst eine „musique des significations", die den Verstehensprozeß im Prozeß des Hörens ausbildet, insofern es den Lesenden in seine Drehbewegung (wohltönender Singsang) hineinnimmt. Es führt ihn derart aus der Schlußzeile nahtlos in die gleichlautende Anfangszeile zurück und von dieser durch die korrespondierenden Binnenzeilen hindurch bis zum „Schluß-Anfang". Erst die in dieser direkten Kommunikation vollzogene endlose Drehbewegung (daher der Titel: Rondel) vermag das Verstehen so zu differenzieren, daß es die Erfahrung des wohltönenden Singsangs aus der Korrespondenz der Bauelemente selbst aufdeckt (Vokalismus – alle volltönenden Stammsilben erhalten eine Hebung – raffiniert modulierte Monotonie: abends – braun – blau – Farben – Technik der wörtlichen Wiederholung: Zeile 1 und 5, 2 und 4). Die rhythmische Kreisbewegung dreht sich um eine „Mittelachse" (3. Zeile). Das Gedicht „kann" daher „vorwärts und rückwärts gelesen werden, ohne seine Bedeutung zu ändern" (Schülerantwort – 6. Schuljahr). Der hier hermeneutisch vollzogene Kommunikationsmodus bildet das Verstehen bis zum Erkennen der Textur, d. h. des Baugefüges aus [5]. Insofern sind – unter dem Aspekt der Differenzierung des Verstehens – hermeneutisches und strukturales Verfahren nicht unbedingt, wie gerne behauptet, gegensätzlich. Beide Verfahren sind, wie später zu zeigen sein wird, strukturiert und vermögen das Verstehen daher phasenweise auszubilden.

Die genannten Beispiele sind noch keine Demonstration von Verstehensprozessen, wohl aber können sie die Didaktik auf drei entscheidende Fakten aufmerksam machen:

1. Alles *direkte* Lernen ist in eine elementare Verstehensstruktur eingebettet, die um so verborgener bleiben kann, je mehr sich das Lernen auf einen im voraus ausgelegten Bestand konzentriert.
2. Alles Verstehen im Umgang mit Texten ist an den Begriff der Kommunikation gebunden, der sich in den verschiedenen Modi der Kommunikation zeigt und von ihnen her phasenweise aufgeschlüsselt werden kann (vgl. 3. Kap.).
3. Die literarische Kommunikation ist selbst strukturiert, d. h. sie ist abhängig von der Struktur der Texte selbst, die sich wiederum aus der bestimmten Anordnung und Spannung der sprachlichen Zeichen (Zeichensystem) konstituiert und daher *systematisch* erschlossen werden kann.

Will man den hier noch sehr simplifizierten Begriff der Struktur als „Anordnung und Spannung der sie konstituierenden Elemente" [6] oder sprachlichen Zeichen weiter differenzieren, so ist es unumgänglich, den in der

strukturalen Linguistik und Literaturwissenschaft verwendeten Begriff der „Signifikant-Signifikat-Relationen"[7] einzuführen, d. h. den doppelten Aspekt, unter dem nach Saussure jedes sprachliche Zeichen betrachtet werden kann: a) als das Bezeichnende (le signifiant) und b) als das von ihm Bezeichnete (le signifié)[8].
Dieser doppelte Aspekt des sprachlichen Zeichens stiftet nicht nur die Beziehung zwischen Bezeichnendem und Bezeichnetem, Bedeutendem und Bedeutetem (Signifikant-Signifikat-Relation), sondern erlaubt dem Lesenden, vom Zeichen auf das Bezeichnete zu *schließen* und in einer Kombination mehrerer sprachlicher Zeichen (Text) den Verweisungszusammenhang der Zeichen untereinander zu *er-schließen*. Der Erschließungsprozeß von Texten ist also an das jeweilige sprachliche Zeichengefüge gebunden, das das Verstehen auszubilden vermag, insofern „auslösende Signale oder Stimuli mit einer Reaktion, einer Bedeutung assoziativ verbunden (werden)"[9]. Die Herkunft dieser Zeichendefinition ist bekannt. Sie beruht auf der These Saussures, nach der die „besondere Natur" der Sprache darin zu suchen ist, daß die Sprache „ein System von Zeichen, die Ideen ausdrücken, und insofern der Schrift, dem Taubstummenalphabet, symbolischen Riten, Höflichkeitsformen, militärischen Signalen usw. usw. vergleichbar (ist)"[10]. Weil die Sprache derart eine „soziale Einrichtung" (institution social) ist, ist ihre Erforschung und Darstellung Teil einer allgemeinen Semiologie (griechisch: sēmeîon): „eine Wissenschaft, welche das Leben der Zeichen im Rahmen des sozialen Lebens untersucht"[11]. Die Konsequenzen und Modifikationen einer solchen Auffassung innerhalb der Linguistik und Literaturwissenschaft, der Ethnologie als einer „strukturalen Anthropologie" können heute bis ins Detail rekonstruiert werden. Als Zeichenlehre verstanden, erlaubt diese Auffassung, Texte auf verschiedenen Ebenen zu beschreiben[12], das sprachliche Zeichen unter verschiedenen Perspektiven zu klassifizieren (seiner symbolischen, paradigmatischen und syntagmatischen Beziehung)[13]. Entscheidend bleibt dabei das erschließende Verhalten vor den Texten selbst: „Der Semiologe sieht das Zeichen sich im Feld des Bedeutens bewegen, er zählt seine Wertigkeiten auf, zeichnet ihre Konstellationen nach"[14].
Für die didaktische Theorie als eine Darstellung der methodischen Ausbildung des Verstehens im Umgang mit Texten ist die hier skizzierte Zeichendefinition der Sprache und der sprachlichen Gebilde bedeutsam, weil sie von ihr her zuerst den literarischen Kommunikationsprozeß, dann die in ihm enthaltenen Modi der Kommunikation (Verstehensprozesse im Unterricht) und schließlich ein radikal gewandeltes Literaturverständnis neu bestimmen kann. Die Vorstellung von der doppelten Natur der Sprache als *Zeichen-* und *Zeige*system erlaubt es, den Prozeß der litera-

rischen Kommunikation aus formalen Einheiten und auf verschiedenen Ebenen aufzubauen. Versteht man Sprache als „Totalität gesendeter und empfangener Zeichen" [15], so kann die sprachliche Kommunikation zunächst in dem bekannten Raster von Sprecher → Nachricht → Hörer dargestellt werden. So unverbindlich das Raster im ersten Augenblick erscheint, weil es weder über den Modus der Kommunikation noch über die örtliche und zeitliche Position des Sprechers und Hörers, noch über den Austausch der Rollen von Sprecher und Hörer Auskunft gibt, so erlaubt es gerade dadurch, den Kommunikationsprozeß auf drei Ebenen zu beschreiben:

1. Innerhalb der Informationstheorie als einer Theorie der Zeichenübertragung, die das sprachliche Zeichen seiner Bedeutung entkleidet („Übertragung bedeutungsloser Zeichen" [16]) und so den Informationswert der Nachricht aus deren Menge bestimmt. Sie erfüllt gerade unter dem Aspekt der Meßbarkeit „das Bedürfnis der Kommunikation in optimaler Weise" [17].

2. Kommunikation als soziale Funktion, welche Nachrichten und Informationen zu einem finalen Zweck (z. B. der praktischen Verständigung, Lehre und Unterweisung, Verhalten usw.) übermittelt und so das Sprechen und Schreiben zu einem transitiven, auf Objekte gerichteten Akt macht. Diese „praktische Transitivität der Sprache" (Barthes) ermöglicht die Definition des Kommunikationsprozesses als eines Instruments zum vielfältigen Transport von Nachrichten, d. h. als eines Mittels des „transitiven Menschen" [18], der demonstriert (lehrt, erklärt) oder protestiert, d. h. hervorkommt und Zeugnis ablegt von sich selbst. Der Kommunikationsprozeß bewegt sich daher vorwiegend auf der Ebene der Denotation, die von der Linguistik als „langage premier, courant et objectif" [19] bezeichnet wird und daher „geläufige", im gesellschaftlichen Kontext „beständige", sofort begreifbare (und deshalb oft auch abgenützte) Grundbedeutungen voraussetzt.

3. Die Ebene der *literarischen Kommunikation*, die dadurch gekennzeichnet werden kann, daß sie sowohl final als nichtfinal, transitiv und nichttransitiv, d. h. denotativ und konnotativ zugleich ist. Versteht man den Begriff der Konnotation nicht im Gegensatz zur Denotation als „langage second et parasite, supporté par le langage premier" [20], also als eine „parasitäre" Sprechweise, die sich gleichsam auf dem Rücken der zweckgerichteten Rede aufbaut (und so von dieser getragen und ertragen werden muß), sondern als eine notwendig-indirekte Sprechweise, welche die gemünzte Standardbedeutung der Denotation verweigert, um überhaupt erst neue, nicht konformistische Bedeutung hervorzubringen, dann ist auch die literarische Sprache (und mit ihr die literarische Kommunikation) in

einer doppelten Funktion zu begreifen: a) als Aufbrechen und Zerbrechen gängiger Bedeutungsmünzen und der mit ihnen verbundenen Sprechschemata, b) als das Hervorbringen neuer Bedeutung durch eine von den verflachten Sprechschemata abweichende Sprechweise [21].
Literatur entsteht, so gesehen, aus der Spannung von gängiger Denotation und bedeutender Konnotation, d. h. aus dem Prozeß der Bedeutungsverweigerung und Bedeutungsvertiefung inmitten der sozialen Kommunikation und oft selbst gegen sie. Dieser Spannungsprozeß zwingt das literarische Sprechen, wie Brecht am deutlichsten aufgezeigt hat, den Weg der „Verfremdung" zu gehen, d. h. das schon Bekannte, mit standardisierter Bedeutung Versehene „auffällig" und „ungewöhnlich" zu machen – allerdings mit dem entscheidenden Zusatz: „das Selbstverständliche wird in gewisser Weise unverständlich gemacht, das geschieht aber nur, um es dann um so verständlicher zu machen" [22].
Diese aus dem „Gestus des Zeigens" (Brecht), d. h. einer Zeichentheorie begründete sprachliche Transformation von der Denotation zur Konnotationsebene macht verstehbar, daß nicht nur Brechts Theater heute ein „privilegiertes semiologisches Objekt" [23] darstellt, sondern literarische Sprache überhaupt. Die „gezielten Abweichungen" sind daher „auch, aber nicht in erster Linie, im Sinn schmückender Zutat zu verstehen. Die angereicherten oder verkürzten, aufgelösten, fremd zusammengefügten Strukturen literarischer Sprache füllen das Reservoir unerprobter Denk- und Anschauungsmodelle, aus dem der allgemeine Erkenntnisprozeß unablässig schöpft" [24]. Der Satz könnte als Ausgangsbasis für eine konsequente Ableitung aller literarischen Transformations-, d. h. Verfremdungstechniken der Moderne stehen, seien sie in den als ausdrücklich „poetisch" erklärten literarischen Gattungen oder in den als „Zwecksprache" denunzierten publizistischen Formen zu Hause. Entscheidend (und für eine an den eingangs erwähnten Dualismen sich orientierende Literaturdidaktik noch befremdlich) ist die Einsicht, daß, aus der Perspektive des Verstehensprozesses (nicht der literarischen Wertung!) gesehen, z. B. die Zeile des Trakl-Gedichts: „Des Abends blaue Taube brachte nicht Versöhnung", auf derselben Ebene zu erschließen ist wie der „vulgäre" Werbeslogan „Pack den Tiger in den Tank". Denn die metaphorische Bedeutung der „blauen Taube" als Zeichen der hier nicht eintretenden Versöhnung (Friede) kommt, wie der metaphorische Verweis vom Tiger als Trieb- und Treibkraft (anstelle des Treibstoffs Benzin), durch die überraschende und daher Erkenntnis auslösende Transformation von Bedeutungen aus der Denotations- in die Konnotationsebene zustande. Ebenso offensichtlich sind die hier den Bildkonnotationen (Taube – Tiger) zugehörigen Klangkonnotationen (bl*au*e T*au*be, *T*iger – *T*ank), so daß die

sogenannte „ästhetische Qualität", die nach herkömmlicher Auffassung das „Poetische" vom „Außerpoetischen" trennen soll, *formal* keine signifikante Rolle spielt. Signifikant allerdings bleibt im Werbeslogan die offensichtliche Unterordnung der Konnotationen unter die eindeutige Verkaufsabsicht, wie dies R. Barthes exemplarisch am Bild der Panzani-Reklame demonstriert hat[25]. Die Konnotationen fügen sich dort zu einer Hierarchie verschiedener Zeichen, die wiederum von der Intentionalität (Aussageabsicht) bestimmt werden. Diese Aussageabsicht aber kann – wie Brecht in seiner Theorie der Verfremdung bestätigt – auch alle Konnotationen eines poetischen Textes regieren, weil der Grad der Abweichung von der Normalität auch in der literarischen Sprache *gezielt* ist: „was und wie dies etwa zu verfremden ist, hängt ab von der Auslegung, die dem Gesamtgeschehnis gegeben werden soll"[26]. Sofern die poetische Transformation von der Denotations- zur Konnotationsebene in der zeitgenössischen Literatur, vor allem in deren appellativen Formen (z. B. der gesellschaftskritischen Lyrik[27]), wie noch zu zeigen ist, in zunehmendem Maße eine erkenntniskritische Funktion erhält, muß die Literaturdidaktik den beanspruchten Gegensatz von „poetisch" und „nichtpoetisch" zugunsten eines umgreifenden Literaturverständnisses aufgeben. Damit wird allerdings nicht gesagt, daß alle poetischen Transformationstechniken aus einem Vorgang *bewußten* Aussagens abzuleiten sind, der die Konnotationen im Dienste der neu zu gewinnenden Denotation (Bedeutung) einsetzt.

Im Gegenteil ist auch der umgekehrte Vorgang zu beobachten: Die einen Text beherrschenden Konnotationen sind so bestimmend, daß die Denotationen nur noch den Charakter bloßer „Versatzstücke" erhalten, so z. B. in einzelnen Märchen, in denen die auf der denotativen Ebene liegenden sprachlichen Elemente der Handlung, Szene und Rede von wenigen Konnotationen, allerdings von hoher Signifikanz, regiert werden[28]. Die Konnotationsebene, d. h. die Ebene der Verschlüsselung, wird dann im Lesen nicht verlassen, die Verfremdung bleibt unaufgehoben. Der Text läßt dann, wie z. B. in Kafkas Parabeln sichtbar, mehrere Leseweisen zu, die seine vielschichtige Signifikanz überhaupt erst zum Vorschein bringen. Dies aber bedeutet ein Doppeltes:

1. Die Signifikanz literarischer Texte kann von der Didaktik weder vom Maßstab des Sprachlich-Korrekten noch des explizit in den Texten Gesagten (Inhalt) beurteilt werden, weil die Signifikanz des Textes oft an wenige, aber bedeutungsreiche Zeichen gebunden ist. Die verbalisierte Bedeutung ist daher kein Maßstab für den Reichtum eines Textes.
2. Der Vorgang des Verstehens innerhalb der literarischen Kommunikation läßt sich von der Basis her primär als Akt des lesenden Erschließens

eines Zeichengefüges darstellen, erklären und daher auch im Unterricht methodisch steuern, wie später zu zeigen ist.
Die literarische Kommunikation ist von hier aus gesehen final und nichtfinal *zugleich*. Indem sie sich im Medium schriftlich fixierter Zeichen vollzieht, die wie schon Dilthey sagt, „von außen sinnlich gegeben" sein müssen, kann das Verstehen sich nur insofern ausbilden, als es immer wieder zu ihnen „zurückkehrt"[29]. Das Verstehen, das sich von der Textur her leiten läßt, besitzt – im Gegensatz zum progressiven, informativen Lesen – eine *Regressionstendenz*, d. h. die Struktur des Zirkels. Erst innerhalb dieser Zirkelstruktur kann auch die Struktur des Textes überhaupt erscheinen. Die hermeneutisch vollzogene Kommunikation bildet daher auch die Verstehensbasis für strukturale Verfahren im Unterricht aus, wie später zu zeigen ist.
Die hier skizzierte dritte Ebene sprachlicher Kommunikation, die literarische, erlaubt der Literaturwissenschaft und Literaturdidaktik, den Kommunikationsprozeß unter einem dreifachen Aspekt zu untersuchen. Vom Text als dem zentralen Vermittler ausgehend, kann sie:
1. die Autor-Text-Relation (z. B. unter der Perspektive einer Produktionsästhetik, Literatursoziologie usw.),
2. die Text-Rezipienten-Relation unter der Perspektive der Rezeptionsmodi,
3. den Text in seiner Relation zu sich selbst (Struktur) und anderen Texten betrachten.
Die genannten Aspekte können zwar jeweils einzeln betrachtet werden, erweisen sich aber bei genauem Zusehen nur als die dreifache, abstrahierte Auffächerung eines in der Wirklichkeit unauflösbar zusammengehörenden und auf verschiedenen Ebenen in verschiedenen Brechungen sich vollziehenden Kommunikationsprozesses. Denn schon der erste Aspekt, die Autor-Text-Relation, zeigt sich nicht nur als Vorgang einer isolierten Produktion des Textes, sondern wiederum primär als Kommunikation, insofern der Produktion des Werkes die Kommunikation, dem Sprechen das Hören vorausgeht, wie dies die Äußerungen der Autoren zeigen. In welchem Bezugssystem (z. B. ontologisch, soziologisch, psychologisch) man diese Äußerungen auch interpretieren mag, das Faktum einer vorausgehenden, das Sprechen selbst bedingenden Kommunikation kann nicht übersehen werden. Ob diese vorausgehende Kommunikation metaphorisch als „ununterbrochene Nachricht, die aus Stille sich bildet" (Rilke) erscheint, ob der Autor sich als „Kurier" und Träger von Zeichen versteht („Es ist uns wie Kurieren heut zumut, mit einem Zeichen, aber ohne Kunde" – Piontek), ob der Autor den Prozeß der Produktion als „Vermessung" (Celan) oder als einen Vorgang der „Navigation" (Enzensber-

ger) bezeichnet, ob das Schreiben selbst als ein Setzen von „trigonometrischen Punkten" verstanden wird, als Setzen von „Bojen, die in einer unbekannten Fläche den Kurs markieren"[30] (Eich), der Produktionsprozeß selbst bleibt in eine umgreifende geschichtlich-gesellschaftliche Kommunikationsstruktur eingebettet, in welcher der Autor die Kommunikationsebene nach der ihm erscheinenden Notwendigkeit wählt:

...
In mir streiten sich
die Begeisterung über den blühenden Apfelbaum
und das Entsetzen über die Reden des Anstreichers.
Aber nur das zweite
drängt mich zum Schreibtisch.
                                    Brecht[31]

Literarische Kommunikation setzt daher auf der Ebene des Schreibens und, wie zu zeigen, auf der Ebene des Lesens die Selektion eines Kommunikationsmodus voraus, der von der auszusendenden Nachricht bestimmt ist: „man muß wissen, worüber man schreiben will – über Schmetterlinge oder über das Los der Juden. Und wenn man das weiß, dann bleibt immer noch zu entscheiden, wie man darüber schreiben will"[32].

Rede- und Schreibweise („lexie"), Leseweise („lexique" bzw. „lecture")

Was hier für den ersten Aspekt gesagt wurde, gilt in erhöhtem Maße auch für den zweiten Aspekt (Text-Rezipienten-Relation), insofern die Rezeption literarischer Texte nicht nur als passives Aufnehmen ausgesendeter Zeichen, sondern aktiv als ein Vorgang des lesenden Erschließens von Zeichen verstanden werden muß. Insofern ist jede literarische Rezeption *Prozeß* und auf der Ebene der Neuinterpretation (geschichtlich bedeutender Werke) Ereignis, das gerade durch den Akt der Auslegung geschichtliche Folgen haben kann. Für die Literaturdidaktik ist der Prozeß der Rezeption zweifellos der eigentliche Gegenstandsbereich, insofern er ihr Einblick gewährt in die Modi literarischer Kommunikation und – primär – ihr den Vorgang des lesenden Erschließens, der das Verstehen auf der Basis eines sprachlichen Zeichengefüges ausbildet, durchsichtig macht. *Jede Textlehre ist daher im Bereich der Didaktik zugleich auch Rezeptionslehre.* Weil das lesende Subjekt sich selbst in den Kommunikationsprozeß einbringen muß, ist die Leseweise von Texten nicht allein von der Textstruktur her bestimmt, sondern auch von dem sozialen Kontext der Schüler, dem Wissen, das sie im Leseprozeß mobilisieren können. Die

Leseweise ist abhängig von der kontinuierlichen Entfaltung des Verstehens, die wiederum darüber entscheidet, auf welcher Ebene der Text im Unterricht erschlossen werden kann. Will die neuere Didaktik daher, nach ihren eigenen Worten, das Verstehen „strukturkonform" (Bauer), d. h. in unmittelbarem Kommunikationsprozeß ausbilden, dann kann sie zu dessen Erhellung auf zwei in der strukturalen Textexplikation gebrauchte Begriffe nicht verzichten:
1. den Begriff der *Leseweise* („lexique" bzw. „lecture"), der
2. dem Begriff der „lexie", der *literarischen Redeweise,* entsprechen muß [33].

Versteht man unter dem Begriff der „Lexie" die sich aus der Anordnung der sprachlichen Zeichen ergebende literarische Darstellungstechnik, dann kann die Leseweise so definiert werden: „sie erfaßt einen Ausschnitt der symbolischen Anlage (der Sprache), die ihrerseits einer Gesamtheit von Praktiken und Techniken entspricht" [34]. Die hier gegebene Definition der Leseweise ist für die Didaktik in einem doppelten Sinne wichtig:
1. Sie zeigt, daß jede Leseweise begrenzt ist, insofern sie nur „*einen* Ausschnitt" aus der Anordnung der sprachlichen Zeichen erfassen kann. Der Begriff der Leseweise meint also *eine Ebene* im Erschließungsprozeß, der andere mögliche Ebenen der Erschließung und damit die Totalität der ausgegebenen und empfangenen Nachrichten verborgen bleiben müssen. Die Ursache hierfür ist einmal in der verschiedenen Natur der sprachlichen Zeichen, zum andern in dem „unterschiedlichen", d. h. jeweils eingebrachten Wissen des Lesenden („praktisches, nationales, kulturelles, ästhetisches Wissen" [35]) zu suchen. Die jeweilige Leseweise ist daher von dem Vorverständnis des Lesenden wesentlich mitbestimmt. Nimmt man jedoch dieses Vorverständnis nicht als determiniert an, ist es nicht durch den sozialen Status und damit verbundene Wertungen für immer begrenzt oder durch traditionelle ästhetische Normen blockiert, so sind mit variierendem Vorverständnis auch variierende Leseweisen ein und desselben Textes möglich, wie R. Barthes gezeigt hat. „Ein und dieselbe Redeweise (lexie) mobilisiert unterschiedliche Leseweisen (lexiques)" [36]. Nimmt man die Lesekompetenz nicht grundsätzlich als fixiert an, so folgt daraus: „In einem einzigen Menschen finden sich also ein Pluralismus und eine Koexistenz von Leseweisen" [37].
2. Damit ist aber die Leseweise nicht, wie gerne behauptet, der beliebigen Subjektivität des einzelnen ausgeliefert. „Indes variieren die Lesungen bzw. die Betrachtungsweisen nicht willkürlich" [38]. Insofern Haltungen und Verhaltensweisen des einzelnen mit der „symbolischen Anlage der Sprache" korrespondieren und daher von ihr gesteuert werden, bleibt „jede Leseweise, so tief sie auch ist, codiert" [39]. Versteht man den Begriff

„Kode" hier nicht paradigmatisch als die Gesamtheit der Regeln der Sprache und der die Regeln regierenden Gesetze, sondern im Zusammenhang einer konkret vorliegenden Darstellungstechnik als das erkennbare *Baugesetz*, das die sprachlichen Zeichen zu einer *aktuellen* Kombination (Struktur) fügt, dann ist auch jede Leseweise eine Aktualisierung, d. h. Vergegenwärtigung einer Schreibweise, die es dem Autor erlaubt, „sich einzig durch das Bewußtsein des Lesers hindurch... als etwas Wesentliches" zu empfinden [40]. Natürlich kann auch die so aktualisierte Bedeutung eines Textes noch einmal „kodiert" werden, indem man die sprachlichen Zeichen aus dem Gesamtsystem der Sprache zu klassifizieren versucht. Eine solche paradigmatische Betrachtungsweise dürfte aber im literarischen Unterricht nur dann fruchtbar sein, wenn sie mit einer linguistisch orientierten Sprachbetrachtung zusammenarbeitet. Im Augenblick kann die didaktische Theorie als eine Lehre von der methodischen Ausbildung des Verstehens im Umgang mit literarischen Texten nur die syntagmatische Bedeutung sprachlicher Zeichen erarbeiten, d. h. den Wert und die Position des Zeichens aus den vor ihm stehenden und nach ihm folgenden Zeichen bestimmen. Von hier aus wird auch verstehbar, daß die Kommunikationsmodi im Unterricht aus der jeweiligen „Lexie", d. h. der konkret vorliegenden Darstellungstechnik des Textes abzuleiten sind.

Daß der Kommunikationsprozeß auch für den vorhin genannten dritten Aspekt (der direkten Beschreibung des Textes als einer aus Invarianten gebildeten Struktur) noch zutrifft, braucht nicht besonders betont zu werden. Nimmt man an, daß auch die „reine" Strukturbeschreibung durch Interdependenz, d. h. eine vorausgehende Auswahl von Kategorien und Erkenntnisdeterminanten durch den Beschreibenden selbst zustande kommt, dann ist die „Kommunikation" gerade hier am kompliziertesten zu fassen, weil sie sich selbst nicht mehr *direkt* zu erkennen gibt.

Nach dem bisher Gesagten lassen sich der literarische Kommunikationsprozeß und die an ihm direkt mitwirkenden Elemente simplifizierend so darstellen: siehe S. 81.

Das nebenstehende Schema der literarischen Kommunikation fungiert nur als Verständnisskizze für die unmittelbare Dependenz des Lesenden von der Textstruktur und bildet daher für die didaktische Theorie den Ausgangspunkt für die im Schema nur angedeuteten, später näher zu erläuternden Modi der literarischen Kommunikation im Unterricht.

Im jetzigen Zusammenhang erlaubt das Schema eine weitere für die neuere Literaturdidaktik notwendige Entideologisierung, insofern die eingangs erwähnten Bestandsvorstellungen von Literatur als „Bildungsgut" oder Literatur als „in sich ruhendes, autonomes Kunstwerk", welche der traditionellen und neueren Didaktik als Leitmodelle dienten, aus ihm

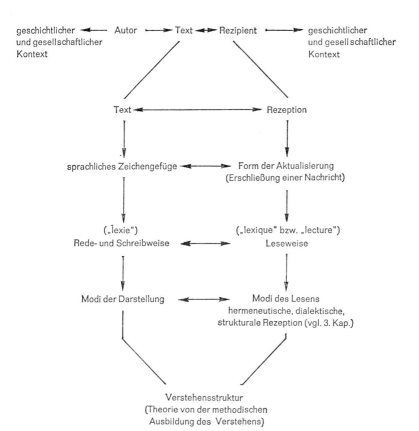

historisch erklärt werden können. Daß die Bestandsvorstellungen von Literatur (und damit selbst die Vorstellung von literarischen Texten als „Strukturen") aus dem vorgetragenen Kommunikationsschema nicht ausscheren können, sondern in ihm enthalten sind, ergibt sich aus dem zuvor definierten Begriff der Leseweise. Die Pauschaldefinitionen von Literatur in Literaturwissenschaft und Literaturdidaktik müssen selbst als Resultat spezifischer akademischer Leseweisen aufgefaßt werden, allerdings solcher Leseweisen, die sich ihrer primären Kommunikationsart nicht mehr bewußt sind. Die Bestandsvorstellungen entstehen daher durch die Trennung von primärer Kommunikation und den durch diese Kommunikation hervorgebrachten Resultaten – ein Vorgang der Entfremdung, der durch die Verabsolutierung der Ergebnisse und das gleichzeitig damit verbundene Vergessen einer immer relativen Leseweise zu erklären ist. Die Bestandsvorstellungen von Literatur entstehen durch Vergessen, d. h. das langsame Verdrängen relativer Leseweisen, so daß deren Ergebnisse als Bestand „rein" heraustreten, wobei es für den Verdrängungsprozeß gleichgültig ist, ob der Bestand vorwiegend unter semantischen Kategorien (als literarische Inhalte, Gehalte) oder formal (als literarische Formen) geordnet wird. Der so erhaltene Literaturbestand kann daher unter immer neuen Aspekten gruppiert und ausgestellt werden: als „Gesamtheit des Schrifttums der Menschheit", als „Welt-, europäische, Nationalliteratur", als „Volks- und Hochliteratur", als „Bildungs-, Kultur-, Lesegut", als „Jugend-, Unterhaltungs- und eigentliche Literatur", als „Dichtung und Prosa", „eigengesetzliches Sprachkunstwerk" und „Zweckprosa" usw. usw. Alle diese und andere Bestandsvorstellungen von Literatur sind „museal", weil sie, wie J. P. Sartre gezeigt hat, den appellierenden, d. h. kommunikativen Charakter des jeweiligen Textes von den aus ihm sich ergebenden Interpretationsresultaten amputieren und damit die ursprüngliche Appellfunktion (Signalfunktion) des literarischen Werkes selbst aufheben: „Da das Schaffen (des Autors) seine Erfüllung nur im Lesen finden kann, da der Künstler die Sorge, das, was er begonnen hat, zu vollenden, einem anderen überlassen muß, da er sich einzig durch das Bewußtsein des Lesers hindurch seinem Werk gegenüber als etwas Wesentliches begreifen kann, ist jedes Werk ein Appell... Der Autor schreibt also, um sich an die Freiheit der Leser zu wenden, und er beansprucht diese Freiheit, um sein Werk existieren zu lassen" [41]. Die in Sartres Zitat enthaltene Kommunikationsvorstellung entspricht in ihrer Dreiheit von schreibendem Autor, appellierendem Werk und angesprochenem Leser dem oben dargestellten literarischen Kommunikationsschema. Indem nun diese *primäre* Dependenz von Werk und Rezipient durch bestehende akademische Leseweisen aufgehoben wird, können auch die vermittelten Nachrichten (messages – Botschaften), die der Lesende aus den sprachlichen Zeichen kombiniert, katalogisiert und in verschiedene Klassifikationssysteme eingebracht werden. Die sich aus dem Kommunikationsprozeß ablösenden Literaturbestände bilden einen „Friedhof toter Botschaften": „Friedhöfe sind... friedliche Plätzchen; keines aber ist freundlicher als eine Bibliothek. Die Toten sind da: sie haben nur geschrieben... Rimbaud ist tot... die lästigen Personen sind verschwunden, übrig bleiben nur die kleinen Särge, die man auf Wandregale stellt wie Urnen in einer Urnenhalle... ihre allzu glaubhaften, allzu lebendigen, allzu bedrückenden Bücher gehen hinüber, sie regen immer weniger auf und werden immer

schöner; nach einem kurzen Aufenthalt im Fegefeuer werden sie den irrealen Himmel mit neuen Werten bevölkern ... Von Schriftstellern, die beharrlich weiterleben, verlangt man nur, daß sie nicht zuviel Staub aufwirbeln und möglichst jetzt schon den Toten gleichen, die sie einmal sein werden" [42]. Der als Erfahrungstatsache überall zu beobachtende, hier von Sartre ironisch kommentierte Umschlag von Literatur als Kommunikation zu Literatur als Bestand kann aus dem Phänomen abgesunkener und daher sich selbst nicht mehr reflektierender Leseweisen erklärt werden. Daß solche Leseweisen vorhanden waren, zeigt der jeder Bestandsvorstellung zugehörige Auslegungshorizont und die in ihm zugelassenen Auslegungsschemata. Indem Auslegungshorizont und Auslegungsschemata von wissenschaftlichen Schulen und Richtungen beansprucht, gebraucht und eingeübt werden, vermögen sie für einen bestimmten historischen Zeitraum Geltung zu beanspruchen. Sie täuschen aber gerade dadurch über den Sachverhalt hinweg, daß Auslegungshorizont und Auslegungsschemata auf Leseweisen beruhen, die sich aus einem Akt primärer Kommunikation mit den Texten selbst konstituiert haben. Insofern können die hinter den Bestandsvorstellungen sich verbergenden Leseweisen rekonstruiert werden.
Im folgenden werden zwei Leseweisen rekonstruiert, die für die Vorstellung von Literatur als „Bildungsgut" (traditionelle Literaturdidaktik) und Literatur als „eigengesetzliches Kunstwerk" (neuere Literaturdidaktik) verbindlich geworden sind. Dabei wird zu zeigen sein, daß beide, obwohl heute als unversöhnliche Gegensätze erscheinend, nur die extreme Position und Gegenposition eines gemeinsamen Zugriffs auf Literatur darstellen.

Verflachte Leseschemata im Unterricht

Erster historischer Rekurs: Literatur als „Bildungs-, Kultur- und Lesegut"

Jede Didaktik, die sich der Literatur unter der Vorstellung eines im Unterricht zu tradierenden Bildungsbestands nähert, bewegt sich im Horizont der vorwiegend historisierenden Literaturwissenschaft des 19. Jahrhunderts, ob sie diese Herkunft weiß oder nicht. Das schon früher entwickelte Merkmal ausdrücklicher Traditionsbezogenheit (vgl. 1. Kap., Modell 1 und 2) gehört dieser Literaturwissenschaft zu. Auch sie betrachtet Literatur als „Gut", braucht jedoch – im Gegensatz zur traditionellen Literaturdidaktik – die inzwischen eingetretenen geschichtlichen Erfahrungen vom Zusammenbruch bestimmter Bildungstraditionen nicht zu bewältigen, weil sie sich selbst in einem ungebrochenen Traditionszusammenhang weiß, in der ihr die Rede von Literatur, Dichtung und Sprache als „Gut" von den schreibenden Autoren selbst überliefert wird. Das Bewußtsein, in solch einem lebendigen Traditionszusammenhang zu stehen, bringt die volle Bedeutung der heute abgeflachten „Gut"-Vorstellung von Literatur erst zutage. In diesem Bewußtsein können die Autoren der deutschen Klassik und Romantik, die sich in der dialogischen Bezogenheit zu großen, früheren Vorbildern entdecken, Sprache und Literatur aus der direkten Kommunikation als „Gut" begreifen. In diesem Sinne kann z. B. Goethe „Poesie ein Gemeingut der Menschheit" nennen, Schiller den Begriff „Gut" für die Sprache verwenden: „das köstlichste Gut der deutschen Sprache, die alles ausdrückt, das Tiefste und Flüchtigste, den Geist, die Seele, die voller Sinn ist"[43]. In demselben Sinn nennt Hölderlin etwa zu gleicher Zeit (1800) „der Güter Gefährlichstes die Sprache, dem Menschen gegeben... damit er zeuge, was er sei, geerbt zu haben, gelernt von ihr"[44]. Der von den Autoren verwendete Begriff des „Gutes" bezieht sich bezeichnenderweise nicht auf Literatur als Bestand, sondern auf die Sprache, „die alles ausdrückt" und daher Dichtung erst ermöglicht. Insofern ist diese Vorstellung eines aus der Tradition überlieferten Gutes noch wesentlich unakademisch, weil sie Sprache *kommunikativ* begreift als das, was Sprechen und Schreiben provoziert. Die Vorstellung von Literatur als „Bildungsgut" ist ihnen fremd. Deshalb kann Hölderlin Sprache nicht sekundär als gesicherten Bestand bezeichnen, sondern primär als Gefahr. Sie ist „der Güter Gefährlichstes". In diesem Sinne hat auch Heidegger dieselbe Textstelle Hölderlins erläutert: „Damit aber Geschichte möglich sei, ist dem Menschen die Sprache gegeben. Sie ist ein Gut des Menschen... In welchem Sinne ist nun aber dieses Gefährlichste ein Gut für den Menschen? ... Sie steht dafür gut, d. h.: sie leistet Gewähr, daß der Mensch als geschichtlicher sein kann. Die Sprache ist nicht ein verfügbares Werkzeug, sondern dasjenige Ereignis, das über die höchsten Möglichkeiten des Menschseins verfügt"[45]. Heideggers Deutung des Begriffs „Gut" zeigt den doppelten Wortsinn auf. „Gut" ist hier nicht zuerst „das verfügbare Werkzeug", das Sprach-, Literatur-, Dichtungsgut, das von einer instrumental denkenden Pädagogik zur Bildung eingesetzt werden kann, sondern „Ereignis", das dem Menschen ermöglicht, geschichtlich zu existieren, d. h. seinen Ort in der gewesenen und neu ankommenden Geschichte zu bestimmen. Es ist daher kein Zufall, daß W. v. Humboldt, der Sprache etwa zu gleichen Zeit gleichermaßen als „der Güter höchstes" bezeichnet, vor der damals sich bereits abzeichnenden Hinwendung zur Sprache als Bestand warnt. Sprache ist primär „energeia", „Ereignis", und „kann nicht wie ein Naturkörper zerlegt werden... Nichts, was sich auf sie bezieht, kann mit anatomischer, sondern nur mit physiologischer Behandlung verglichen werden, nichts in ihr ist statisch, alles dynamisch"[46]. Indem Sprache von allen Autoren derart noch als „Ereignis", „Prozeß", „Wirkung" erfahren und beschrieben wird, bleibt die Vorstellung von Literatur als „Gut" noch dem primären Kommunikationsvorgang zugehörig. Von hier aus wird einsichtig, daß der von der traditionellen Literaturdidaktik angesetzte Zusammenhang von Literatur als Bildungsgut erst aus der sich ab 1840 ausbildenden „Allgemeinen Literaturwissenschaft" abgeleitet werden kann, die den allgemeinsten und damit zugleich unwesentlichsten Literaturbegriff definiert: als „Inbegriff aller in Sprache und Schrift niedergelegten Geisteswerke des deutschen Volkes. Von dieser Gesamtheit bildet die deutsche Nationalliteratur nur einen Teil. Sie hat es nicht mit allen Geisteserzeugnissen unseres Volkes zu tun, am wenigsten mit der sogenannten gelehrten oder wissenschaftlichen Literatur, sie umfaßt vielmehr diejenigen literarischen Kunstwerke, die ein eigentümlich deutsches Gepräge tragen... die Geschichte dieser Literatur stellt den Entwicklungs-

gang der geistigen Bildung dieses Volkes dar" [47]. Das Zitat zeigt den inzwischen eingetretenen Bedeutungswandel von Literatur als „Gut" auf doppelte Weise:
1. Das früher in direkter Kommunikation als „Gut" erfahrene Wesen der Literatur verwandelt sich „zum Inbegriff aller in Sprache und Literatur niedergelegten Geisteswerke" und wird derart zum *Bildungsbestand.* Die Vorstellung von Literatur als Summe der Werke kann weder veranschaulicht noch aus dem Prozeß eines geschichtlich vermittelten Dialogs erklärt werden. Dieser verschwindet in der Abstraktion des „Inbegriffs", der alles Schrifttum umfassen soll. Eine direkte Ableitung der Vorstellung von Literatur als Bildungsbestand aus der Tradition Schillers, Goethes und Humboldts ist nicht möglich, sie ist eher bei einem vorwiegend historisch ausgerichteten Gelehrtentum zu suchen. Ihr Ursprung dürfte daher bei J. Grimm zu finden sein, der als erster solche Abstraktionen versucht: „Ein Volk ist der Inbegriff von Menschen, welche dieselbe Sprache reden" [48]. Die Verbindung von „Inbegriff" des Volkes und „Inbegriff" der Literatur ist jedoch keine unverbindliche Analogiebildung. Ihr innerer Zusammenhang wird darin sichtbar, daß sowohl Grimm wie die nachfolgende positivistische Literaturwissenschaft das Literaturverständnis an die beiden gemeinsame Vorstellung vom „deutschen Volke" binden. Ist das Volk „Inbegriff von Menschen, welche dieselbe Sprache reden", dann ist auch Literatur „Inbegriff aller in Sprache und Schrift niedergelegten Geisteswerke des deutschen Volkes".
2. Indem derart Literatur und Sprache aus der größeren Einheit des deutschen Volkes begründet werden, wandelt sich die ursprüngliche Bedeutung von „Poesie als Gemeingut der Menschheit", wie sie noch Goethe gedacht hat, zur Vorstellung eines allein vom Volke getragenen „Gutes", wie sie in der vorwissenschaftlichen „Kategorie des Volkstümlichen" (Klafki) vor allem in die traditionelle Literaturdidaktik Eingang gefunden hat, und dort verbirgt sie sich bis heute hartnäckig. So ist die Vorstellung von Literatur als „Inbegriff aller Geisteswerke" in Wahrheit nicht an der Literatur selbst orientiert, sondern aus der Lieblingsvorstellung der Germanistik des 19. Jahrhunderts, nämlich der Einheit von Volk und Dichtung entsprungen, die sich von der angeblich unauflöslichen Verbundenheit von Volk und Literatur inspirieren läßt, um daraus „die Einheit des deutschen Wesens in Sprache, Mythos, Recht und Sitte darzutun" [49]. Diesen dem literarischen Werk selbst fremden Ansatz der traditionellen Literaturwissenschaft hat E. Lämmert [50] nachgewiesen und bis ins Detail hinein verfolgt. Die Konsequenz dieser Zwangsverbindung von Wissenschaft, Volk und Literatur besteht darin, daß „Dichtung, soweit sie nur ursprünglicher Schöpferkraft entsprang, die tiefsten, ja eigentlichen Wahrheiten über das deutsche Wesen aussagen muß" [51]. Damit wird aber nicht nur Literatur zum Bestand beliebter Zugriffe, sondern mehr noch: der umgreifende Kommunikationsprozeß, der Literatur als Dialog über „Volk" und „Nation" hinaus begreift, geht verloren. Goethes Auffassung von Literatur als „Weltliteratur" hat in einem solchen akademischen Gefüge keinen Platz mehr. Seine 1828 ausgesprochene Deutung der Aufgabe der Literatur kann hier nicht mehr verstanden werden: „Wenn wir eine europäische, ja eine allgemeine Weltliteratur zu verkünden gewagt haben, so heißt dies nicht, daß die verschiedenen Nationen voneinander und ihren Erzeugnissen Kenntnis nehmen, denn in diesem Sinne existiert sie schon lange, setzt sich fort und erneuert sich mehr oder weniger. Nein! hier ist vielmehr davon die Rede, daß die lebenden und strebenden Literatoren einander kennenlernen und durch Neigung und Gemeinsinn sich veranlaßt finden, *gesellschaftlich* zu wirken" [52].

Das hier noch enthaltene kommunikative Literaturverständnis vermeidet die fatale Trennung von Dichtung und Literatur, Dichter und Schriftsteller. Es begreift die Rolle der Literatur als Gespräch der „lebenden und strebenden Literatoren", die sich gerade dadurch verbunden wissen, daß sie „gesellschaftlich ... wirken". Die gesellschaftliche Bedeutung der Literatur, wie immer sie im einzelnen zu definieren wäre, kann jedoch in der Vorstellung von Literatur als „Inbegriff der Geisteswerke des deutschen Volkes" nicht mehr verstanden werden. Die mit mythischen Elementen aufgeladene Vorstellung des Volkes muß den positiven Begriff der Gesellschaft als einer rational begründbaren, in Dialog und Diskussion sich erneuernden Gemeinschaft geradezu zerstören. Die Bedeutung des Zusammenspiels von Literatur und Gesellschaft zur Bildung eines rational begründbaren Wirklichkeitsbewußtseins wird in der akademischen Mythologisierung von Volk und Literatur aufgehoben. Daß diese Aufhebung zugleich die kritische Verantwortung der Literatur gegenüber der Gesellschaft zugunsten einer angeblich „tieferen volkstümlichen Einheit" beseitigt, braucht nicht besonders betont zu werden. Die Literatur, die sich dem Volke zu stellen hat, kann, gemäß der akademischen Fixierung, von der Literaturdidaktik auch zum Dienst am Volke berufen werden, und dies wiederum nicht allein im literarischen Unterricht der Volksschule, wie die Geschichte des Deutschunterrichts zeigt.

Faßt man das aus dem Kluge-Zitat abgeleitete Verhältnis von Literatur und Volk zusammen, so wird ein erster unmittelbarer Zusammenhang mit den früher analysierten Modellen der traditionellen Literaturdidaktik sichtbar.

1. Die dort zugrundeliegenden Elemente des Volkstümlichen, der Ausschluß des gesellschaftlichen Aspekts, ihre Traditionsbezogenheit auf die Literatur als „Gut" haben in dem hier aufgezeigten akademischen Literaturverständnis ihren historischen Ort. Indem sie diese Tradition heute erneuern, pflegen sie, bewußt oder nicht, ein Literaturverständnis weiter, das zur Bildung eines adäquaten Wirklichkeitsbewußtseins ungeeignet ist.

2. Das aus dem Kluge-Zitat abgeleitete Verständnis von Literatur als „Inbegriff aller in Sprache und Schrift niedergelegten Geisteswerke" eines Volkes erlaubt auch den Nachweis, daß die Vorstellung von Literatur als Bildungsgut in ihm selbst angelegt ist und aus ihm historisch verstehen läßt. Das Zitat nennt diesen Zusammenhang von Literatur und Bildung selbst. Ist Literatur „Inbegriff" der „niedergelegten Geisteswerke des deutschen Volkes", dann kann auch die Geschichte der Literatur, wie am Ende logisch gefolgert wird, als „Entwicklungsgang der geistigen Bildung des deutschen Volkes" dargestellt und vermittelt werden. Der hier angesetzte Zusammenhang von Literatur und Bildung ist offensichtlich. Er enthüllt zugleich aber auch den primitiven Mechanismus einer abgeflachten (didaktischen) Leseweise. Ist Literatur einmal als niedergelegte „Geisteswerke des deutschen Volkes" bestimmt, dann kann auch umgekehrt an den „abgelegten Werken" die „geistige Bildung" des Volkes *abgelesen* werden. Ist aber Bildung aus dem Literaturgut ablesbar geworden, dann kann auch schließlich die Literaturdidaktik, nach Eliminierung der nationalen Elemente, nach 1945 Literatur konsequent als *Lesegut* deklarieren. Die damit verbundene abgeflachte Leseweise läßt sich daher in der Endphase eines nicht mehr bewußten Auslegungshorizonts auf dreifache Weise definieren:

a) als Nach-Lesen eines überlieferten Bildungsbestandes,
b) als Ab-Lesen des *Bildungsstandes* aus dem überlieferten „Bildungsgut",
c) als Ab-Lesen des Bildungsprozesses durch die direkte Wirkung des „Lesegutes" auf die Schüler („Bildungswirksamkeit" – Modell 1, 1. Kap.).

Es ist offensichtlich, daß sich die Literaturdidaktik, die solche Leseschemata verwaltet, selbst vom Prozeß des lesenden Erschließens literarischer Strukturen ausschließt. Die primäre literarische Kommunikation muß zugunsten eines Bildungsbesitzes verschwinden, den Brecht schon 1927 aus dem „Besitzkomplex", „Besitzfimmel", „Besitzorgiasmus", der „durch Schulen und Universitäten genährt" wurde [53], erklärt.

Zweiter historischer Rekurs: Literatur als Bestand autonomer Kunstwerke
Das Werk als „Gefüge" und „Struktur"

Die folgende Rückblende will die spezifische Leseweise und den damit verbundenen Auslegungshorizont der neuen Literaturdidaktik (1966—1970) rekonstituieren, um ihren begrenzten Kommunikationsmodus im Umgang mit literarischen Texten zugunsten eines umgreifenden Literaturverständnisses zu erweitern. Die Begrenztheit ihres Kommunikationsmodus ist in der früher skizzierten (vgl. 1. Kap.) Herkunft aus der Schule der werkimmanenten Interpretation zu suchen, deren eindimensionaler Auslegungshorizont (Autonomie des Kunstwerks) und eindimensionales Leseschema (vom Ergriffensein zum Begreifen) den literarischen Unterricht in die Zwangsjacke der Dualismen von fiktionaler und nicht-fiktionaler Literatur getrieben haben. Zwei fragwürdig gewordene Einsichten bestimmen auch den Rahmen der bisher erkennbaren didaktischen Entwürfe:
1. Die Einsicht, daß aus dem zuvor dargestellten akademisch verhärteten Begriff der Literatur „im weiteren Sinne ein engerer Bezirk abzusondern" [54] sei. Diese Absonderung soll gegenüber den inzwischen sichtbar gewordenen werkfremden Zugriffen auf Literatur dazu dienen, der Literaturwissenschaft ihren „eigentlichen Forschungsgegenstand" in den Blick zu bringen: „Das besondere Vermögen solcher literarischen Sprache, eine Gegenständlichkeit eigener Art hervorzurufen, und den Gefügecharakter der Sprache, durch den alles im Werk Hervorgerufene zu einer Einheit wird" [55]. Indem die Literaturwissenschaft innerhalb des ihr vorgegebenen riesigen Bestandes an „Schrifttum" ihren Blick auf den „Gefügecharakter" des Werkes verengt, glaubt sie zu erkennen, daß „die schöne Literatur der eigentliche Gegenstand der Literaturwissenschaft ist und daß dieser Gegenstand von hinreichender Eigenart gegenüber allen anderen Texten ist" [56]. Der inzwischen zurückgelegte Weg, den die Literaturwissenschaft unter dem Einfluß dieses Ansatzes gegangen ist, ist — wie ihre unbestreitbaren Erfolge — bekannt [57]. Er führt sie von der Zurückweisung fachfremder Ansprüche an literarische Werke zu dem Standort, „daß alle Wissenschaft von der Dichtung in der ‚schönen' Literatur einen Gegenstandsbezirk eigener Art als Kernbezirk besitzt, dessen Erforschung ihre eigenste und innerste Aufgabe ist. Tatsächlich hat in den letzten Jahrzehnten von neuem die Erforschung des eigentümlich Dichterischen eingesetzt. Die Poetik ist wieder gleichberechtigt neben die Literaturgeschichte getreten" [58]. Diese vor allem von W. Kayser und E. Staiger, trotz größter Differenzierung der Standpunkte [59], gemeinsam eingeleitete „Wende" der Literaturwissenschaft hat zur intensiven Erforschung der dichterischen Gattungen, der literarischen Arten und Formen geführt, die es der Literaturwissenschaft heute erlauben, von der Sache selbst her, d. h. aus dem jedem Werk zugehörigen Baugefüge auch seine Bedeutsamkeit zu erkennen. Die Verengung auf das Baugefüge, die sich derart zugleich als Vertiefung des Verstehens zeigte, hat aber zugleich zu einer ahistorischen Betrachtung von Literatur

geführt, die das jeweils zu erläuternde Werk aus dem Zusammenhang seiner Epoche löste. Der geschichtliche Ort und damit auch die geschichtliche Bedeutsamkeit des Werkes für den einzelnen, die Gesellschaft, die Epoche drohen dabei verlorenzugehen. Diese Gefahr ist heute längst erkannt, wie dies neuere Arbeiten zeigen. Die Frage, ob die Literaturwissenschaft heute „Geistesgeschichte oder Interpretation" betreiben soll[60], verrät das gegenwärtig überall sichtbare Unbehagen an der Forschung als einer vorwiegend ahistorisch interpretierenden Wissenschaft, die die geschichtliche und gesellschaftliche Dimension der Literatur verdrängt. „Die Literaturwissenschaft droht wurzellos zu werden, wenn sie ... nicht doch in der Literaturgeschichte ihre Kernzone anerkennt. Eine zu starke Absonderung von den historischen Disziplinen müßte in der Tat zu einem leeren Formalismus führen"[61]. Die Warnung vor einem möglichen „leeren Formalismus" ist allerdings selbst unfruchtbar, denn sie überspringt die Einsicht, daß es für die Literaturwissenschaft heute keinen direkten Rückweg in die Literaturgeschichte mehr gibt. „Die Literaturgeschichte kann sich nur auf die Ebene der literarischen Funktionen (Produktion, Kommunikation, Konsumtion) begeben, nie aber auf die der Individuen, die diese Funktion ausgeübt haben"[62]. Insofern muß der Fehler der Schule der werkimmanenten Interpretation nicht in ihrer Bindung an das Werkgefüge gesucht werden, wohl aber in der Tatsache, daß sie die geschichtliche Dimension in der Struktur der Texte selbst nicht ausreichend nachweisen kann. Dieser Mangel aber ist, wie noch zu zeigen sein wird, in ihrer eindimensionalen Leseweise der Texte selbst zu suchen.

2. Die zweite Einsicht, die allen neuen didaktischen Entwürfen zugrundeliegt, besteht darin, daß poetische Strukturen, literarische Arten und Formen immer nur auf dem Weg der werkimmanenten Interpretation zu erhellen und derart auch begrifflich darzustellen sind. „Werkimmanent" heißt: der Interpret ist auf ein in der ersten Begegnung mit dem Werk noch nicht begrifflich faßbares Vorverständnis des Ganzen angewiesen, von dem er her – im Kreise des Werkes bleibend – wesentliche Einzelheiten erkennt und benennt. Indem er diese Einzelheiten von ihm zuerst erfahrenen Ganzen zuordnet und die Zuordnung aus dem Ganzen zu begründen vermag, bekommt er zugleich die „Struktur", das Baugefüge des Werkes in den Blick. Das Baugefüge ist jene auch begrifflich faßbare Einheit des Werkes, die „das Einzelne aus dem Ganzen, das Ganze wiederum aus dem Einzelnen" (Dilthey, Staiger) erklärt. Die „Strenge" dieses Verfahrens besteht darin, daß es sich die Kategorien, die den Nachweis eines zusammenstimmenden Werkgefüges ermöglichen, nicht von außen vorgeben läßt, sondern sie dem später zu erläuternden „Zirkel" des Verstehens, wie ihn vor allem M. Heidegger aufgezeigt hat[63], entnimmt. (Diese Strenge ist allerdings, aus der Praxis der Interpretation betrachtet, eine „Illusion", da sie mit jedem Nachweis eines Werkgefüges auch schon geschichtliche Vorkenntnisse mit ins Spiel bringt, ob sie dies will oder nicht[64].) Indem derart die Methode der Interpretation die im Werk selbst liegende Ordnung aus der Zuordnung des Einzelnen zum Ganzen begründet, kann sie mit Recht vom „Gefügecharakter des Werkes" sprechen. Daher zeigen sich Werkgefüge und werkimmanente Interpretation so unauflöslich miteinander verbunden, daß behauptet werden kann: erst die Kenntnis eines solchen Verfahrens bringt auch die zu erhellende Gattung auf bestimmte Weise zum Vorschein. Dies ist auch historisch nachweisbar. Erst das mit der Wiederaufdeckung des hermeneutischen Prinzips verbundene Verfahren der Interpretation, wie es von Staiger in „Die Zeit als Einbildungskraft des Dichters" (1939), „Meisterwerke deutscher Sprache" (1943) geübt wurde,

hat zur Fixierung des Gattungsgefüges in „Grundbegriffe der Poetik" (1946) geführt. Die danach veröffentlichte „Kunst der Interpretation" (1955) ist nur der Abschluß eines Forschungsweges, der von der Interpretation zur Erfassung von Werkstrukturen und zur Erfassung der drei Gattungen führte und von hier zur grundsätzlichen Besinnung auf das methodische Verfahren im Umgang mit Dichtung zurückleitet.
Die beiden eben skizzierten Einsichten der werkimmanenten Schule bilden die heute einhellig übernommenen Grundlagen der neuen Didaktik des literarischen Unterrichts.
1. Sie zeigen sich in dem zweiteiligen Aufbau der neuen Lesewerke nach „Sachprosa" und Dichtungsgattungen, weil letztere „Grundtypen, Entfaltungen und Formen sind, wie der Mensch Welt sieht und gestaltet. Sie sind Grundordnungen, innerhalb deren Dichtung in der Geschichte sich konkretisiert. Indem sich nun das neue Lesebuch in Formen und Sachprosa teilen läßt, kann der Schüler die Welt der Sprache und des Schrifttums als etwas *Gesetzhaftes* und Literatur als ordnende Mächte erkennen" [65]. Der unmittelbare Zusammenhang von literaturwissenschaftlicher Strukturforschung und didaktischer Überlegung ist offensichtlich. Er besteht, hier wie dort, in der Betonung der „Eigengesetzlichkeit" (Helmers, Gerth – Kayser), des „Gesetzhaften" (Bauer – Staiger) der Dichtung als einer Literaturwissenschaft und Didaktik gemeinsamen Sachlichkeit: „Ein modernes Arbeitsbuch für den Literaturunterricht, wie er hier angestrebt wurde, kann nur nach *sachgemäßen Gesichtspunkten* aufgebaut sein. Die sachgemäßen Gesichtspunkte der Literatur und der Dichtung sind die *literarischen Gattungen und Arten*" [66].
2. Die zweite Übernahme der genannten literaturwissenschaftlichen Einsichten zeigt sich auch in den methodischen Konsequenzen der neuen Didaktik. Ihr immer wieder ausdrücklich ausgesprochenes Ziel ist es, „das Erkennen der literarisch-dichterischen Strukturen" anzustreben „mit dem Ziel, die Schüler zum Verstehen der dichterisch-einmaligen Aussagen fähig zu machen" [67]. Oder: „Der literarische Unterricht muß also die Fähigkeit, Literatur zu verstehen, zu deuten, auch methodisch absichern ... Wir sollten zu einem didaktischen Grundsatz erheben, daß das Erarbeiten von Gestaltelementen wie von selber in das Gewebe eines Textes (Text heißt ja eigentlich Gewebe) führt und damit zur Sinnmitte, zur gestaltenden Absicht, von der das Einzelne wie das Ganze verstanden werden kann" [68]. Es ist wiederum offensichtlich, daß sich in solchen neueren didaktischen Zielsetzungen (bis in die Formulierung hinein) die Methode der werkimmanenten Interpretation zu Wort meldet: „das Ganze aus dem Einzelnen, das Einzelne wiederum aus dem Ganzen verstehen". Letztes Ziel einer solchen von der Sache her denkenden Didaktik wäre es daher mit Recht: „seine (des Schülers) sehr verschwommenen und oft mit mystifizierenden Vorurteilen aufgeladenen Vorstellungen vom Dichter einmal (zu) bereinigen" [69]. „Bereinigen" heißt aber auch umgekehrt: den Schülern ein Literaturverständnis zu vermitteln, das sich von literarischen Werken selbst her entfalten läßt und derart weder von popularisierten noch von akademisch verhärteten Fixierungen von Literatur und Kunst bestimmt ist. Kann die neue Didaktik dies durch die Bindung des literarischen Unterrichts an poetische Strukturen leisten?
Den neuen didaktischen Zielsetzungen wäre nichts hinzuzufügen, wenn die Literaturdidaktik dabei eine bisher nicht bedachte, aber ihr konkret drohende Gefahr, die schon in den literaturwissenschaftlichen Grundlagen angelegt ist, nicht übersähe. Diese ist in ihrer zentralen Vorstellung vom literarischen Werk als Gefüge

zu suchen. Welches Literaturverständnis liegt diesem Begriff von Dichtung zugrunde? Kann er überhaupt didaktische Bedeutsamkeit erreichen, wenn Didaktik heißt: das Verstehen der Schüler im unmittelbaren Umgang mit Literatur zu entfalten und derart auch ein adäquates Wirklichkeitsbewußtsein zu bilden? Adäquat heißt wiederum: ein solches Literaturverständnis zu gewinnen, das sich nicht außerhalb der zu begreifenden geschichtlichen und gesellschaftlichen Wirklichkeit stellt, sondern umgekehrt zu ihrer Erhellung einen entscheidenden Beitrag leisten kann. Gerade hierzu jedoch ist eine bestimmte, mißverstandene Gefüge-Vorstellung von literarischen Werken ungeeignet, insofern sie, anstatt in ein kommunikatives Literaturverständnis einzumünden, zu einer akademischen Fixierung erstarrt. Die Vorstellung vom Werk als Gefüge ist dann eine akademische Fixierung, wenn sie sich zur oft zu hörenden Auffassung von der „Autonomie des Kunstwerks" steigert. Autonomie heißt: Kunstwerke seien „in sich ruhende", in der selbstgeschaffenen Gesetzlichkeit geborgene und derart zugleich auch sich selbst genügende Gebilde, die, einer Vorstellung G. Benns folgend, in ihrer Reinheit abgeschlossen (fertig, vollendet) und so erst der Nachwelt „hinterlassungsfähig" sind. Diese Vorstellung eines autonomen, „hinterlassungsfähigen" und derart erst in den Kanon der großen Kunstwerke aufzunehmenden Werkes ist nicht weniger akademisch, d. h. museal bestimmt als die zuvor gehörte Auffassung von Literatur als „Bildungsgut". Denn sie geht von zwei bisher unbewiesenen Voraussetzungen aus:
a) daß das autonome Kunstwerk der Zeit entzogen sei und
b) in der in sich ruhenden Autonomie erst seine letzte, von der lebendig sich vollziehenden Geschichte nicht mehr bestrittene Gültigkeit erlange.
Auf solche ahistorischen Voraussetzungen von Kunstwerken weisen drei Grundbegriffe der werkimmanenten Schule hin. Sie betont in dem Gefüge eines Werkes „das Eigengesetzliche" und meint damit eine den eigentümlichen Gesetzen der Ästhetik gehorchende Weise des künstlerischen Gestaltens, nach der sich das Werk zum erkennbaren Bau fügt. Das künstlerische Hervorbringen als das zum abgeschlossenen und erkennbaren Bau sich fügende Werk läßt die Strukturforschung immer wieder den „Gefügecharakter" (Kayser) als das wesentliche Kennzeichen von Kunst überhaupt betonen. Der *Fugencharakter* des Werks gilt daher als der eigentliche Ausweis des Kunstwerks überhaupt. So definiert vor allem auch H. Friedrich, dessen Buch „Die Struktur der modernen Lyrik" (1956) der werkimmanenten Schule neue Anregungen gegeben hat, den Begriff der Struktur als „eines Grundgefüges, das mit auffallender Beharrlichkeit in den wechselvollen Erscheinungen der modernen Lyrik wiederkehrt"[70]. Da dieses „Grundgefüge" (Friedrich), „der Gefügecharakter" (Kayser), „das Werkgefüge" (Staiger) zunächst an der „Komposition" erkennbar sind, ist der Begriff der „Gestalt" der zweite Grundbegriff der literaturwissenschaftlichen Strukturforschung. Denn die Gestalt des Kunstwerks ist, wie O. Walzel zuerst erkannt hat, die umgreifende Ordnung, in die sich die in vielfachen Variationen erscheinenden Kategorien der Textbeschreibung einbringen lassen: der Begriff des Stils als „der Einheit in der Mannigfaltigkeit" (Staiger), als der „Einheit der Formung" (Kayser) und der des Gefüges, der sowohl auf die Dichtung als auch die Malerei und Architektur zutrifft: „Dichtung hat wie Malerei oder auch Architektur die Aufgabe, innerhalb fester Grenzen eine Reihe von Wirkungen auf das Gefühl unterzubringen. Raumkunst ist in diesem Sinne nicht bloß Architektur, auch Malerei und Poesie"[71]. Die so gesehene „Gestalt" des Kunstwerkes als eine klar erkennbare Architektonik deutet das „Dichtwerk" wie ein Bauwerk, d. h.

vorwiegend statisch als Gegenstand, als Gebilde, als zu betrachtendes, in sich ruhendes Objekt. „Durchaus wird dabei das Werk der Dichtkunst wie ein ruhendes Nebeneinander von Formelementen betrachtet" [72]. Wie das Bauwerk ist daher auch für die Strukturforschung die Gestalt (das zur Gestalt Gefügte) des Werkes das zuerst *Erscheinende*, das Aufleuchtende, aus dem sich die verborgene „Struktur" („die Idee in der Erscheinung") ablesen läßt. Sie manifestiert sich als *Einheit* des schöngefügten Kunstgebildes. Der dritte Grundbegriff der Strukturforschung ist daher der der „Einheit", „Ganzheit", des „beseelten Organismus", der alles Einzelne durchwaltet, zusammenfügt und hält. Darauf weisen auch die methodischen Anweisungen (Staigers) hin: „das Ganze aus dem Einzelnen, das Einzelne wiederum aus dem Ganzen verstehen". Am deutlichsten hat daher Staiger die Vorstellung eines in sich ruhenden, autonomen Kunstwerks entwickelt. Sie liegt für ihn in der *Einstimmigkeit* des Ganzen begründet, so daß es geradezu die vornehmste Aufgabe des Interpreten ist, das *Zusammenstimmen* der Teile zum Ganzen nachzuweisen. Indem der Interpret so verfährt, weist er zugleich auch seine *Übereinstimmung* mit dem Kunstwerk nach: „Ich habe mein Gefühl geprüft und den Nachweis erbracht, daß es *stimmt*" [73]. Diese doppelte Einstimmigkeit, die sich im Kunstwerk und in der Übereinstimmung des Interpreten mit ihm zeigt, ist für Staiger letztes Kriterium der Reinheit und Vollkommenheit (Autonomie) des Werkes überhaupt: „Je reiner, je vollkommener, je einstimmiger eine Dichtung ist, desto eher wird sie uns Zugang gewähren" [74]. „Kunstgebilde sind vollkommen, wenn sie stilistisch einstimmig sind" [75]. Es ist daher kein Zufall, daß das gesamte Dichtungsverständnis der Strukturforschung vorwiegend an der Lyrik gewonnen ist und daher mit dem Begriff der „Sonanz", d. h. eines tönenden, wohl-lautenden, zusammenstimmenden Sprachgebildes identisch ist. Genauer noch: daß dieses Dichtungsverständnis vorwiegend an den sogenannten „Dinggedichten" gewonnen wird, die schon von ihrem besonderen Gegenstand her (z. B. Lampe, Schale, Brunnen, Dom usw.), die Definition des Kunstwerkes als eines autonomen, in sich ruhenden Gebildes zulassen: Dichtung ist, wie Staiger in „Die Kunst der Interpretation" am Beispiel des Mörike-Gedichts „Auf eine Lampe" [76] entwickelt, „das plastische Kunstgebilde" [77], das „in sich ruhende" und damit „in ihm selbst selige" Werk.

> Wie reizend alles! Lachend, und ein sanfter Geist
> des Ernstes doch ergossen um die ganze Form —
> ein Kunstgebild der echten Art. Wer achtet sein?
> Was aber schön ist, selig scheint es in ihm selbst.

Ist es Zufall, daß das hier entwickelte Dichtungsverständnis als eines autonomen, sich selbst genügenden Werkes von vielen Interpreten immer wieder an solchen statischen, in sich ruhenden „Dinggedichten", z. B. C. F. Meyers „Der römische Brunnen" und später an Rilkes „Römische Fontäne" erneut gefaßt wird?

> Und jede nimmt und gibt zugleich
> und strömt und ruht.

Das unauflösliche Ineinander von Strömen und Ruhen des römischen Brunnens als eines Kunstgebildes ist auch Gleichnis des Kunstwerks. Ist es Zufall, daß das

Dichterische bei Staiger, Kayser und vor allem Heidegger geradezu mit dem Liedhaften, dem Gesang als einer in sich selbst bewegten und zugleich ruhenden Wirklichkeit identisch ist? Ist es Zufall, daß der Dichter derart in der deutschen Literatur vorwiegend als der Sänger [78] erscheint, der „um nichts" singt, d. h. um des Gesanges selbst willen existiert? Ist das Lyrische, da es nach Staiger „der letzte erreichbare Grund alles Dichterischen" ist, das Sprechen „sunder warumbe" [79], also mit dem Wesen des Dichtens identisch? Ist es tatsächlich so, daß „der Künstler sich auf den Standpunkt (stellt), alle Dichtung sei Sprachkunstwerk" und daher autonom?

Es ist hier nicht der Ort, die sich langsam vollziehende Ablösung der Literaturwissenschaft von der Schule der werkimmanenten Interpretation darzustellen. Diese Ablösung ist um so schwieriger, als das große Verdienst dieser Schule darin besteht, „viele von uns zu lehren, Dichtung als Kunst sehr viel besser zu verstehen, als es uns vorher möglich gewesen war" [80]. Gerade dieses Verdienstes wegen aber darf die neue, von dieser Schule unmittelbar bedingte Literaturdidaktik nicht übersehen, daß ihr Auslegungshorizont von literarischen Texten dadurch ahistorisch und asoziologisch zu werden droht; mehr noch: daß das von ihr übernommene Leseschema von Texten im Unterricht noch wesentlich *eindimensional* ist.

Eindimensional heißt: der Kommunikationsmodus und die von ihm abhängige Leseweise vollziehen sich innerhalb *einer* Dimension, die durch die Kategorie der *Sonanz* konstituiert wird und in der Staigerschen Terminologie als „Stimmigkeit" erscheint. Da der Kommunikationsmodus den Lesenden vom „Ergriffensein zum Begreifen", vom undeutlichen „Vor-Gefühl" (Staiger) zur Einsicht in „das Ganze" führt, vollzieht sich die Entfaltung des Verstehens in den Phasen von Ein-Stimmung, Zu-Stimmung, Überein-Stimmung, die „nachweist, wie alles zum Ganzen und wie das Ganze zum Einzelnen *stimmt*". Die so hermeneutisch vollzogene literarische Kommunikation basiert auf dem Prozeß der Differenzierung eines „gestimmten Verstehens" (Heidegger), wie später deutlicher zu zeigen ist. Der Kommunikationsradius ist daher auch durch die Kategorie der Sonanz begrenzt:

Die hier skizzierte Leseweise ist im Hinblick auf die Ausbildung des Verstehens in einem doppelten Sinne begrenzt:

1. Da die literarische Kommunikation auf der Basis der Einfühlung des Rezipienten zustande kommt, führt sie zur Identifikation des Lesenden mit dem Gelesenen und läßt innerhalb des Identifikationsradius keine Kritik zu. Das Verstehen bleibt ergriffenes Verstehen und kann sich daher nicht so ausbilden, daß es in den Kommunikationsprozeß aktiv *einzugreifen* vermag. Der Rezipient bleibt, so subtil er sich im Kommunikationsprozeß auch immer verhalten mag, ausdrücklich *Empfänger*, d. h. reagierend. Als Empfänger aber bleiben ihm daher andere dialektische Formen der Kommunikation, wie sie die „Moderne" entwickelt, weitgehend verschlossen. Der Rezipient kann in diesem Kommunikationsmodus zwar sprechen, aber er kann nicht *widersprechen*. Die für die Aus-

bildung des Verstehens als Ausbildung eines adäquaten Wirklichkeitsbewußtseins entscheidende Kategorie des Widerspruchs vermag daher in diesem Kommunikationsmodus keinen primären Rang zu erhalten, wie noch zu zeigen ist. Der Rezipient kann sich die angesetzte „Eigengesetzlichkeit" des Kunstwerks nur hörend, d. h. „gehorsam" zueignen. Die von Brecht schon 1936 geübte „Kritik der Einfühlung" trifft auf diesen Kommunikationsmodus uneingeschränkt zu: „Die ... Künste stehen vor der Aufgabe, eine neue Form der Übermittlung des Kunstwerks an den Zuschauer auszugestalten. Sie müssen ihr Monopol auf die keinen Widerspruch und keine Kritik duldende Führung des Zuschauers aufgeben und Darstellungen des gesellschaftlichen Zusammenlebens der Menschen anstreben, die dem Zuschauer eine kritische, eventuell widersprechende Haltung sowohl den dargestellten Vorgängen als auch der Darstellung gegenüber ermöglichen, ja *organisieren*". „Damit fallen die Vorteile der Einfühlungstechnik, jedoch fällt mit der Einfühlungstechnik keineswegs die Kunst" [81]. Der vorletzte Satz zeigt das radikal gewandelte Literaturverständnis als einen neuen gesellschaftlichen Kommunikationsmodus an. Dieser läßt über das Ergriffensein das Eingreifen zu, fordert es geradezu heraus.

2. Daraus ergibt sich: Die auf der Kategorie der Sonanz aufbauende Leseweise ist an einer *strukturierten* literarischen Kommunikation, die sich aus einem bestimmten Kode sprachlicher Zeichen formiert und so „Nachrichten" übermittelt, nicht primär interessiert. Indem sie das vollkommene Kunstwerk aus der „Ein-Stimmigkeit" (Staiger) definiert, ist auch jedes sprachliche Zeichen in ihm zuerst ein Laut-Zeichen, in dem „Musik und Bedeutung" (Staiger) austauschbar sind. Die Tendenz des Lesenden, die Beziehungen zwischen Laut und Zeichen in eins zu setzen, erklärt, warum im Gefolge der werkimmanenten Schule die Signifikanz von Lauten auf in sich ruhende „symbolische" Valeurs reduziert werden kann. Indem derart Sprechen und Sprache vorwiegend als „Lauten" und „Verlauten" (also innerhalb der Kategorie der Sonanz) definiert werden, kann der hörende Rezipient die Signifikanz (das Bedeutete) wiederum nur aus der bewegten Polyphonie der Signifikanten (Laut-Zeichen) bestimmen. Er bestimmt diese, indem er ihnen einen „symbolischen", d. h. nicht direkt fixierbaren Sinn zuweist. Da aber das symbolische Zeichen sich niemals auf ein „einfaches Zeichen" reduzieren läßt, wie R. Barthes gezeigt hat, wird auch in der symbolischen Leseweise „die Form ... unablässig von der Macht und Bewegung des Gehalts überströmt" [82]. Das heißt aber nichts Geringeres, als daß der Lesende das Symbol auf einen nicht mehr weiter definierbaren archaischen „Urgrund" beziehen muß, aus dem Sprechen „sunder warumbe" (Staiger) „entspringt". Das Verstehen ist daher so beschaffen, daß es mit der punktuellen Erfassung *eines* Symbolzeichens dieses sofort auf das Ganze beziehen muß. Das symbolische Verstehen ist daher immer punktuell und total zugleich, insofern sich im Einzelnen das Ganze, im Symbol die Tiefe aller Bedeutung ausspricht. „Das Symbolbewußtsein sieht das Zeichen in seiner Tiefendimension, man könnte fast sagen: in seiner geologischen Dimension, da das Symbol in seinen Augen durch die Übereinanderlagerung von Bedeutendem und Bedeutetem konstituiert wird" [83]. Deshalb ist die durch das Symbol aus der „Tiefe" vermittelte Nachricht für den Lesenden nicht direkt kodifizierbar, die vielschichtige Zeichenrelation außerhalb des Symbolfeldes bleibt ihm verborgen. Deshalb kann gesagt werden, daß die symbolische Leseweise „viel weniger eine (kodifizierte) Kommunikationsform ist als ein (affektives) Instrument der Teilhabe" [84]. Die neue Literaturdidaktik, welche diese aus der werkimmanenten Schule sich ergebende literarische

Kommunikationsform übernimmt, kann daher – zumindest in der Theorie – keine mehrschichtige Leseweise von Texten im Unterricht entwickeln, wenn sie dies auch in der Praxis schon übt. Der Leseprozeß, der die mehrschichtige sprachliche Zeichenrelation eines Textes nur auf der „symbolischen" Ebene erschließt, mündet in eine *Bedeutungslehre* ein. Der Leseprozeß ist eindimensional: d. h. er springt sofort vom Einzelnen zum Ganzen, von den Punkten zur Summe ihrer Bedeutung. Das Bedeutende, die Signifikant-Signifikat-Relationen, die andere Dimensionen eines Textes erschließen, bleiben dieser Leseweise weitgehend fremd.

Darstellungstechnik, Leseweise, Leseebene
Beispiel: G. Eich, Inventur (drei Leseebenen)

Die historischen Rückblenden bestätigen, daß der jeweilige Modus der literarischen Kommunikation, wie er dem Unterricht von den Literaturdidaktiken vorentworfen wird, sich schon immer in einem von Literaturwissenschaft und Pädagogik aufgeschlüsselten Auslegungshorizont bewegt. Dieser bestimmt Selektion und Zugriff auf literarische Texte, indem er sie durch bestimmte, innerhalb des Auslegungshorizonts zugelassene Leseweisen erschließt. Diese Leseweisen wiederum können zu Leseschemata verflachen und so den Radius der literarischen Kommunikation (und damit das Verstehen) auf ein Minimum einschränken, z. B. durch eine vorausgehende Textauswahl, welche die „Richtigkeit" der Leseschemata nachträglich bestätigen muß, wie dies z. B. für die symbolische Lesart (der einseitig hermeneutisch vollzogenen Kommunikation) gezeigt wurde. Deshalb muß die eingangs gestellte Frage nach einem umgreifenden Literaturverständnis, das den Kommunikationsradius außerhalb der Dualismen („eigengesetzliches Kunstwerk" – „Zweckprosa") und *innerhalb* der Struktur der Texte erweitert, neu gestellt und an einem Beispiel neu beantwortet werden. Die Antwort ergibt sich aus der Vertiefung (Differenzierung) des eingangs entwickelten Kommunikationsschemas, das auf der Zweiheit von Darstellungstechnik (Lexie) und korrespondierender Leseweise („lecture") beruht, wobei die Leseweise ein und desselben Rezipienten in ein und demselben Text verschiedene Leseebenen erreichen kann. Bevor dies an einem Text demonstriert wird, sollen die genannten Begriffe kurz rekapituliert werden:
1. Darstellungstechnik (Lexie) meint die bestimmte Anordnung der sprachlichen Zeichen und die sich aus dieser Anordnung ergebenden Relationen der Zeichen (Signifikant-Signifikat-Relation) in einem Text, der eben durch diese Signalrelation den literarischen Kommunikationsprozeß auslöst und in Gang hält.

2. Leseweise meint den Modus der Rezeption, d. h. die spezifische Aufnahme und Kombination der sprachlichen Zeichen im Bewußtsein des Lesenden, die es ihm erst erlaubt, sein Verstehen auszubilden, zu differenzieren und zu kontrollieren. Jede Leseweise ist daher, so „flach" oder „hoch" sie sein mag, von der jeweiligen Darstellungstechnik des Textes gesteuert.
3. Daraus ergibt sich der Begriff der Leseebene, die immer nur „einen Ausschnitt aus der symbolischen Anlage der Sprache" [85] freilegt, insofern sie von der hier noch zu definierenden Bedeutung der sprachlichen Zeichen (syntagmatisch, paradigmatisch, symbolisch) abhängig ist. Indem der Lesende, je nach der Signifikanz der sprachlichen Zeichen, den Text auf verschiedenen Ebenen erschließt, vermag er dessen Struktur zu rekonstituieren. Die Operation des Freilegens von Textebenen und der Rekonstitution der Ebenen zur „Struktur" ist als eine Operation, d. h. ein Vorgang des lesenden Erschließens zu betrachten. Die doppelte didaktische Bedeutsamkeit des lesenden Erschließens ist darin zu suchen, daß es:
a) das elementare Verstehen der Schüler im Prozeß der literarischen Kommunikation selbst ausbildet,
b) die Signifikanz eines Textes von der Operation des Lesenden in der „Textur" selbst abhängig macht und sogenannte „Inhalte", „Gehalte" erst über die Funktion der sprachlichen Zeichen erschließt.
Insofern das lesende Erschließen die verschiedenen Textebenen langsam rekonstruiert, vermag es auch die gesellschaftliche und geschichtliche Bedeutung eines Textes *in* und *aus* der Darstellungstechnik selbst zu entdecken und nicht durch nachträgliche Rückschlüsse auf einen außerliterarischen Kontext („Arbeitswelt", „Industrie", „Revolution", „Krieg", „Natur" usw.) herzustellen. Für den Prozeß des lesenden Erschließens wird das sogenannte „Außerliterarische" („Welt") erst im Prozeß der Kommunikation signifikant, wie zu zeigen ist.

Inventur

Dies ist meine Mütze,
dies ist mein Mantel,
hier mein Rasierzeug
im Beutel aus Leinen.

Konservenbüchse:
Mein Teller, mein Becher,
ich hab in das Weißblech
den Namen geritzt.

Geritzt hier mit diesem
kostbaren Nagel,
den vor begehrlichen
Augen ich berge.

Im Brotbeutel sind
ein Paar wollene Socken
und einiges, was ich
niemand verrate,

so dient es als Kissen
nachts meinem Kopf.
Die Pappe hier liegt
zwischen mir und der Erde.

Die Bleistiftmine
lieb ich am meisten:
Tags schreibt sie mir Verse,
die nachts ich erdacht.

Dies ist mein Notizbuch,
dies ist meine Zeltbahn,
dies ist mein Handtuch,
dies ist mein Zwirn.
                    Günter Eich [86]

Der vorliegende Text muß den Lesenden, je nach den Erwartungsnormen, die sich aus dem Umgang mit traditionellen oder modernen Gedichten gebildet haben, „enttäuschen" oder „überraschen". Die „Enttäuschung" entspricht dem offensichtlichen Mangel an Konnotationen (Klang, Rhythmus, Reim, Metaphorik usw.), dem gewählten „Gegenstandsbereich" (Inventur); die „Überraschung" mag der ausgesprochenen Vorherrschaft der Denotationsebene entsprechen, die sich hier in der Klarheit einer völlig verdinglichten (Mütze, Mantel, Rasierzeug usw.) und damit sofort verfügbaren Wirklichkeit zeigt. „Enttäuschung" und „Überraschung" sind aber, vom Rezeptionsmodus her gesehen, nicht entscheidend, denn sie zeigen nur zwei Seiten ein und desselben Sachverhalts auf: daß sich die literarische Kommunikation hier durch die Abweichung von bestehenden Normen konstituiert, wobei die Differenz zur hermeneutischen Kommunikation am größten erscheint, da die Sprechweise des Gedichts die beliebte Technik der Einfühlung von sich her verweigert. Dieser normabweichende

Kommunikationsmodus funktioniert das Verstehen von Beginn an um zu einer mehr analytischen Rezeption – anstatt sofort synthetisch vom „Einzelnen zum Ganzen" zu springen, wie es bei traditionellen Gedichten möglich ist. Dies um so mehr, als der Lesende nicht sicher sein kann, daß die offensichtlich hinweisende Sprechart („dies ist", „dies ist") auch ihn einbezieht. Die in Eichs Lyrik beliebten appellativen Wendungen („Denke daran, daß der Mensch des Menschen Feind ist", „Betrachtet die Fingerspitzen! Wenn sie sich schwarz färben, ist es zu spät"), die durch Warnsignale direkte Kommunikation mit dem Lesenden herstellen, fehlen hier – es sei denn, der Lesende setze der ersten Strophe ein mitzudenkendes „sieh" voran: „Sieh: Dies ist meine Mütze, dies ist mein Mantel". Dieser, wie später zu zeigen ist, bereits *signifikante* normabweichende Kommunikationsmodus, der die Leseweise auf bestimmte Art steuert, ist in der Darstellungstechnik (Lexie) selbst zu suchen. Die Lexie konstituiert sich hier aus einem selbst auftretenden Sprecher („ich") und den von ihm benannten Objekten, ist also durch die bekannte Subjekt-Objekt-Relation charakterisiert, die sowohl dem Sprechenden wie dem Betrachtenden Distanz gewährt. Das Sprechen erweist sich so zunächst als ein *praktischer,* auf der Denotationsebene liegender, transitiver Akt des Benennens. Dieser wird von der ersten bis zur letzten Zeile konsequent durchgehalten:

Dies ist meine Mütze,
dies ist...........
.... usw.
dies ist mein Zwirn.

Damit ist eine erste Leseebene erreicht, die durch das Verstehen der in der Subjekt-Objekt-Relation ausgesendeten Signale und deren Anordnung erschlossen werden kann.

Erste Leseebene: Das dominierende Signal innerhalb der Subjekt-Objekt-Relation ist der wiederkehrende *Gestus des Zeigens:* „Dies ist meine Mütze" usw. Der Zeigegestus bestimmt sich durch die grammatische Funktion der Demonstrativpronomen als eines hinweisenden Signals: der Sprechende tritt zurück – die Objekte treten hervor. Daß dieser Zeigegestus überall den Sprechenden verbirgt, die Objekte dagegen signalisiert, zeigt sich darin, daß das Demonstrativpronomen auch dort noch mitgedacht wird, wo es nicht ausdrücklich erscheint:

(Diese) Konservenbüchse:
(dient mir als) Mein Teller, mein Becher

Das achtmal wiederholte direkte „dies", das auch durch das abgeschwächte „die" („die Pappe", „Die Bleistiftmine") oder durch „hier" („hier mein Rasierzeug") modifiziert wird, weist allen Strophen die Funktion eines ausdrücklichen „demonstrare" zu. Das demonstrare signalisiert derart eine Verbindung zwischen dem sprechenden Subjekt und dem von ihm benannten Objekten, die zumindest zweideutig ist. Denn das demonstrare kann einmal – wie z. B. oft in der Lyrik Brechts – lehrhaft sein (dies ist *eine* Mütze), wobei das Lehren einen primären Charakter besitzt: es benennt die Objekte im Sinne des „Namengebens" und stiftet so die Beziehung zwischen einem Zeichen und einem Bezeichnenden (Signifikant-Signifikat-Relation). Dieser primäre Akt des Benennens trifft hier auf den Zeigegestus nicht zu, denn das demonstrare ist durch das überall erscheinende Possessivpronomen (meine Mütze, mein Mantel, mein Rasierzeug, mein Teller, mein Becher) entscheidend markiert. Das Possessivpronomen signalisiert ein Besitzverhältnis (Anspruch des Sprechers auf die Objekte), so daß der gesamte Zeigegestus auf die Bezeichnung eines schon Bezeichneten reduziert wird; der Akt des Sprechens wird zum Wiederholen, das Wiederholen der Bezeichnung erweist sich als Zählen der Objekte. Das Zählen wiederum ist – im Gegensatz zum Erzählen, das von und über Objekte berichtet – dadurch bestimmt, daß es sowohl die Summe der Objekte aus einer Reihe ermittelt als auch die Objekte dem Besitzer zuordnet, wie dies hier eindeutig sichtbar ist:

Der hinter der zweiten Funktion der Zuordnung sich verbergende sprachliche Distributionsmechanismus, der nur auf der Opposition von mein/dein funktionieren kann und daher die Anwesenheit anderer voraussetzt, wird hier nur einmal und bezeichnenderweise indirekt signalisiert: „mit diesem kostbaren Nagel, den vor *begehrlichen Augen* ich *berge*". Dieses indirekte Zeichen, das auf die Anwesenheit anderer verweist, eröffnet eine zweite „mitmenschliche" Dimension, die nur auf der zweiten Leseebene erschlossen werden kann. In den dominierenden Zeigegestus der ersten Leseebene einbezogen, bleibt das Signal kaum vernehmbar. Der Sprechende scheint die benannten Objekte sich selbst (monologisch) zuzuordnen. Trotzdem wird das monologische demonstrare noch an einer zweiten Stelle verdächtig. Denn das Aufzählen und Zuordnen arbeitet normalerweise mit fixierten Größen und eindeutig bestimmten Funktionen der Objekte. Dies aber ist an einer Stelle nicht der Fall:

Konservenbüchse:
Mein Teller, mein Becher

Indem hier ein Ding anstelle von zweien steht und so eine Ersatzfunktion übernimmt, wird eine Not (in doppelten Sinne des Wortes) signalisiert, die hier, wie später zu zeigen ist, auch durch die Form des Sprechens unterstützt wird. Da aber das Sprechen wieder in den dominierenden Zeigegestus zurückfällt, kann auch dieses Signal überhört werden.
Der hier sichtbare Zeigegestus mit seiner doppelten Funktion der Reihung und Zuordnung kann schließlich mühelos auf das sprachliche Registrationsschema der Inventur (wie schon im Titel signalisiert wird) zurückgeführt werden. Das Inventurschema registriert den vorhandenen Bestand und spiegelt ihn in Form einer Liste wider. Dieses Inventurschema ist auch hier, in der graphischen Anordnung, noch deutlich erkennbar. Der Zeigegestus ordnet die genannten Signifikate entweder dem Satzanfang (Mitte des Gedichts) oder dem Satzende (Anfang und Ende des Gedichts) zu, so daß die so entstandene Reihe als Liste horizontal oder vertikal gelesen werden kann:

Dies ist meine Mütze mein Mantel mein Rasierzeug meine Konservenbüchse	oder: Dies sind meine Mütze, Mantel, Rasierzeug, Konservenbüchse (Teller, Becher), Brotbeutel, Nagel usw.

Entscheidend ist: der Text kann (zumal er dies ausdrücklich signalisiert) auf das Inventurschema reduziert werden, wobei gerade die zuvor beschriebenen, vom Zeigegestus leicht abweichenden Signale und die persönlichen Wertungen (z. B. „Die Bleistiftmine lieb ich am meisten") herausfallen und damit eine wesentliche andere Dimension des Textes verdrängt wird. Von der Notwendigkeit des Inventurschemas (Bestandsaufnahme) her gesehen, erscheint jedoch diese Amputation geradezu konsequent und wird auch in der Signifikat-Reihung selbst durchgeführt. Denn erst das reduzierte Inventurschema erlaubt dem Lesenden einen letzten Schritt des Verstehens: er vermag die im Akt des Sprechens demonstrierten Objekte (Signifikate) als *paradigmatische* Zeichen zu erkennen. Paradigmatisch heißt: sie stehen in direkter Beziehung zu einem „Kode", aus dem sie abrufbar und klassifizierbar sind:

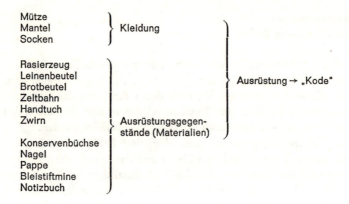

Wie immer man den hier angedeuteten „Kode" näher bestimmen mag, als Teilbereich eines „militärischen" oder „modischen" Systems, die entscheidende Funktion der paradigmatischen Zeichen besteht *hier* geradezu darin, nicht dessen Vollständigkeit und Reichtum widerzuspiegeln, sondern dessen Armut, d. h. das Fehlen vieler anderer Signifikate, die erst den Begriff der Vollständigkeit erfüllen würden. Nicht die Fülle, sondern die Not machen daher hier das Inventurschema poetisch signifikant. Die Signifikanz der wenigen aufgezählten Signifikate besteht also in deren Verweis auf eine völlig auf sich zurückgeworfene (von Kultur und Luxus abgetrennte) menschliche Existenz. Da der so gelesene Text gerade durch die paradigmatischen Zeichen keinen direkten Verweis auf eine *bestimmte* Situation zuläßt, bleibt der Zeigegestus bis zum Ende signalisierend. Er signalisiert Not (Isolation), ohne deren Ort und Ursache (denkbar wäre vieles: Schiffbruch, Einkerkerung, Gefangenschaft usw.) preiszugeben. Die Hinweise der paradigmatischen Zeichen, die mit den Signifikaten identisch sind, bleiben daher trotz ihrer direkten Benennungsfunktion *indirekt*. Sie lassen dem Lesenden Rückschlüsse auf einen Kode, aber keine Aufschlüsse über die Situation des Sprechenden zu. Obwohl denotativ, bleibt der Text „verschlüsselt".

Zweite Leseebene: Der gelesene Text läßt eine weitere Leseweise zu, sobald die literarische Kommunikation eine andere, über das Paradigma hinausgehende Zeichenfunktion des Textes erfaßt. Diese wird in der syntagmatischen, d. h. *aktuellen* Bedeutung einiger Signale sichtbar, sofern deren Relationen in der Reihenfolge ihres Auftauchens erkannt werden. Solche Signale wurden bereits in winzigen Abweichungen vom Zeigegestus und in der Amputation der persönlichen Kommentare des Sprechenden bei der Reduktion des Textes auf das Inventurschema sichtbar.

Ordnet man diese Signale in der Reihenfolge ihres Auftauchens und nimmt man sie als mögliche persönliche Nachrichten des Sprechenden, dann erhält der Lesende insgesamt fünf Nachrichten:

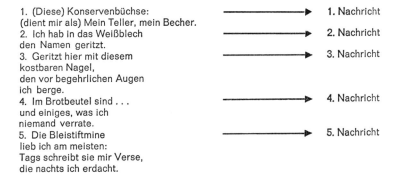

Zu diesen fünf „Nachrichten" (Signalen) des Sprechenden treten noch andere, nicht unmittelbar erkennbare „Nachrichten" hinzu, die in der *Sprechweise* beruhen. Befragt man die Signale auf das hin, was sie über den Sprechenden selbst verraten, so erhält man (in der genannten Reihenfolge vorgehend) folgende aktuelle Hinweise:

1. Nachricht: Die schon bekannte Notsituation des Sprechenden, die darin besteht, daß ein Objekt zwei Funktionen erfüllen muß (die Konservenbüchse wird zugleich als Teller und Becher verwendet), wobei als völlig „selbstverständlich" erscheint, daß die Konservenbüchse selbst ursprünglich weder zur ersten noch zur zweiten Funktion (essen – trinken) bestimmt war. Ihres Inhaltes entleert, wird sie in einer konsumierenden Gesellschaft weggeworfen. Hier dagegen bleibt sie Gefäß und signalisiert damit über ihre Mehrzweckefunktion hinaus einen aktuellen *Wert*. Von hier aus ergibt sich eine direkte Relation zur zweiten Nachricht.

2. Nachricht: Der Sprechende hat in das Weißblech der Büchse seinen Namen geritzt. Die Nachricht ist überraschend, weil sie einen rituellen Akt der Besitzergreifung (einritzen: der Besitzer hinterläßt seinen Namen, ein Zeichen, und ist so im Ding anwesend) darstellt, der in keinem Verhältnis zum „Wert" des Objektes steht und es eben dadurch aus seiner Nichtigkeit und Anonymität als Massenware befreit. Das so aufgewertete Objekt erhält eine doppelte aktuelle Signalfunktion: die Kennzeichnung erlaubt seine Identifikation (Zugehörigkeit zum Besitzer) und weist zugleich auf einen aktuellen Kontext hin: den nicht selbstver-

ständlichen Besitz bei anderen. Von hier aus ergibt sich wiederum eine direkte Relation zur dritten Nachricht.

3. Nachricht: Der Nagel, mit dem der rituelle Akt der Namensgebung vollzogen wurde, ist selbst so „kostbar" (erstes Adjektiv im Text!), daß er vor „begehrlichen Augen" geborgen werden muß, signalisiert also das Vorhandensein anderer Menschen in einer ähnlichen und doch differenzierten Situation, insofern diese noch ärmer sind als der Besitzer des Nagels. Der Nagel wird damit zu einem aktuellen *Zeichen* (nicht Symbol!), insofern er zeigt, daß selbst in einer offensichtlich für alle gleich geltenden Notsituation Besitz Differenzierung und damit Begehrlichkeit schafft. Wie die Konservenbüchse ist der Nagel jetzt überraschendes Signal des Besitzes und steht so als aktuelles Zeichen in direktem Gegensatz zur paradigmatischen Anordnung im Inventurschema (erste Leseebene), in dem die gleichen Zeichen „Armut" signalisieren. Hier ist der qualitative Unterschied zwischen syntagmatischer (aktueller) und paradigmatischer Zeichenfunktion im Text am deutlichsten. Es ist offensichtlich, daß die bisher ausgesendeten Nachrichten (1 bis 3) in direkter Relation zu anderen stehen. Sie verweisen den Lesenden mit ausreichender Deutlichkeit auf den historischen Kontext: Gefangensein, Gefangenschaft (1945). Die Imagination, die sich der Zeichen bemächtigt, kann diesen Kontext anhand der Signale deutlicher rekonstruieren als etwa anhand einer realistischen Schilderung oder eines Abbilds.

4. Nachricht: Die vierte (und, wie zu zeigen, auch die fünfte) Nachricht eröffnet, obwohl dieselbe Zeichensprache benutzend, eine neue, unerwartete Dimension. Sie konstituiert den Sprechenden, der sich bisher nur in bezug auf die Objekte, also „materiell" definierte, als Individuum, das mitten in der Öffentlichkeit der Not seine Intimität bewahrt: „im Brotbeutel sind ein Paar wollene Socken und *einiges,* was ich niemand verrate". Die Nachricht ist gerade durch ihren doppelten Zeichenverweis verräterisch. Sie gibt einen direkten Hinweis auf einen anwesenden Intimitätsbereich des einzelnen („was ich niemand verrate") und verweigert zugleich dessen inhaltliche („einiges") Bestimmung. Denkbar wäre gerade hier die inhaltliche Bestimmung über ein Symbol, z. B. wäre einsetzbar: im Brotbeutel sind noch ein Paar wollene Socken und ein Bild (Brief, Gedichtband, Kreuz, Muttergottesbild usw.), „was ich niemand verrate". Die Verweigerung der direkten inhaltlichen oder symbolischen Benennung ist hier von höchster Signifikanz. Sie zeigt den Sprechenden nur als indirekt Zeigenden, wogegen die Nennung eines Symbols oder Inhalts ihn unweigerlich klassifizieren müßte (z. B. als „Christ", „Humanist" etc.) und ihn derart gerade seiner Individualität (Intimität) berauben würde.

5. Die fünfte Nachricht kann als die persönlich-direkteste und daher zu-

gleich als die bewegendste aufgefaßt werden: „Die Bleistiftmine lieb ich am meisten: Tags schreibt sie mir Verse, die nachts ich erdacht". Als persönliche Nachricht signalisiert der Satz ein Doppeltes: der Superlativ „am meisten" enthält nicht nur eine Wertung, sondern stiftet einen direkten Rückverweis zu den zuvor genannten Zeichen. „Am meisten" heißt: mehr als die Konservenbüchse, den Nagel und das, „was ich niemand verrate". Der Superlativ verweist damit auf einen über der materiellen und intimen Ebene liegenden „höchsten" Wert, der durch die Bleistiftmine (also wiederum indirekt) vermittelt wird. Sie zeigt den hier Sprechenden nicht nur, wie auf der ersten Leseebene, als den Zählenden, sondern als „Erzählenden", d. h. Dichtenden, Erfindenden: „Tags schreibt sie mir Verse, die nachts ich erdacht". Die Bleistiftmine verweist daher auf eine Tiefendimension, die nur dem Schreibenden selbst zugänglich ist und die hier, bezeichnenderweise, inhaltlich wiederum nicht näher definiert ist, insofern das, *was* ersonnen und erdacht wird, nicht direkt mitteilbar ist, wie z. B. das praktische Benennen der Dinge innerhalb des Inventurschemas. Der Sprechende verweigert auch hier konsequent den Zugang zu Inhalten und bleibt indirekt signalisierend auf diese Tiefendimension bezogen. Gerade diese Indirektheit des Sprechens ist vielleicht das Bewegende des Textes, denn sie reduziert den Zeigenden selbst zum Zeiger eines Unzeigbaren, d. h. er bleibt Sender und Empfänger zugleich.
Die Leseweise auf der zweiten Leseebene kann durch die Erschließung der „syntagmatischen Zeichen" charakterisiert werden. Diese sind durch ihre aktuelle, im Zusammenhang des Kontextes ausgesendete Signifikanz (Nachrichten) gekennzeichnet. Drei Merkmale sind ihnen hier zu eigen:
1. Sie stiften Relationen untereinander und bestimmen sich aus deren Anordnung.
2. Die Anordnung ist hier hierarchisch strukturiert (Mantel – Konservenbüchse – Nagel – Bleistiftmine) und signalisiert eine Ordnung, die vom Zustand bis zur Tätigkeit, vom Zählen bis zum Erzählen (Nachricht geben) reicht. Die Zeichenordnung entsteht durch die Selektion des Schreibenden und verrät eine bestimmte persönliche „Lexie".
3. Je reduzierter die Zeichen sind (Abbreviaturen), desto höher kann ihre Signifikanz in Beziehung auf den „außerliterarischen Kontext" sein. Als Abbreviaturen gedacht, übernehmen sie die Funktion einer in traditionellen Gedichten wichtigen Konnotation: sie ersetzen durch ihr Zusammenspiel das klassische Symbol.

Dritte Leseebene: Diese wird sichtbar durch eine konsequente Kontrastierung der ersten und zweiten Leseebene, d. h. der paradigmatischen und syntagmatischen Relation in einem Text. Diese Leseweise ist *hier* möglich,

weil die Textstruktur so beschaffen ist, daß die aktuelle Artikulation (Sprechersituation) sich in einem paradigmatischen Schema (Inventur) vollzieht, genauer: sich auf dieses zurückbezieht und es dadurch auf aktuelle, überraschende Weise modifiziert. Denn, so zeigt das Ergebnis der ersten Leseweise, nicht die Vollständigkeit, die Fülle des Besitzes wird durch das Inventurschema zum Vorschein gebracht, sondern gerade dessen Mangel. Der Mangel, den der Sprechende artikuliert, kann (und soll hier) selbst als ein Zeichen betrachtet werden, das einen objektiven geschichtlichen Kontext und eine individuelle Lebensweise in ihm aufzeigt. Die konsequente Kontrastierung beider Leseebenen würde also zeigen, wie hier das Individuelle im Geschichtlichen, das Subjektive im Objektiven ruht, das Aktuelle nur durch den Bezug zum Paradigmatischen repräsentative Bedeutung erhält. Diese Kontrastierung der ersten mit der zweiten Leseebene könnte man als die eigentlich soziologische Leseweise bezeichnen, denn sie abstrahiert die Resultate der Leseweisen noch einmal zugunsten eines umgreifenden gesellschaftlichen Kontextes. Etwa so:
1. Alle im Text genannten Signifikate (Objekte: Mütze, Mantel, Brot-, Leinenbeutel, Zeltbahn, Socken, Zwirn, Konservenbüchse usw.) verweisen auf einen Kode, von dem der Sprechende selbst direkt abhängig ist und der so seine Lebensform *markiert*. Dieser Kode wird sichtbar in einer uniformierten Kleidung und Ausrüstung, und diese wiederum verweist auf ein normierendes System zurück, das alle in derselben Weise „einkleidet" und „ausrüstet" (Militär).
2. Der Sprechende deckt die normierende Macht des Kode selbst auf, indem er hier alle militärischen Symbole (z. B. nationale: der Adler, Runen, Kokarde etc.), alle militärischen Dekorationen, alle differenzierenden Formen und Farben, wie sie militärischen Systemen eigen sind, eliminiert. Dieses Auslassen ist selbst signifikant. Denn indem der Sprecher nur die Signifikate in einem System aufzählt, zählen diese nicht mehr innerhalb ihrer vormaligen militärischen Hierarchie: diese wird selbst eingeebnet (Niederlage 1945) und dadurch „entlarvt". Denn:
3. Indem hier nur die Signifikate (Objekte) und nur diese allein zählen, werden ihre reine „Materialität" (aus Leinen, Stoff, Wolle, Blech, Eisen, Pappe) und ihre daraus rührende Instrumentalität (kleiden, waschen, essen, trinken, schlafen) im primitiven Lebensvollzug sichtbar. Deshalb erhält keines der Signifikate ein bedeutungsdifferenzierendes Adjektiv. Von hier aus erklärt sich die notwendige Farb- und Symbollosigkeit der Signifikate. Sie haben – in allen militärischen Systemen der Welt – letztlich keinen Anspruch auf individuellen Ausdruck, weil sie die Lebensbedingungen und den Lebensvollzug der einzelnen von der Basis des Materials und der damit verbundenen Funktionalität prägen. Deshalb ist die

hier vom Sprechenden aufgedeckte reine Materialität der Signifikate auch notwendig ohne jede *Expressivität*, d. h. die Zeichen auf der paradigmatischen Ebene sind hier ausdruckslos wie der durch sie bezeichnete „Stoff". Nimmt man diesen völligen Mangel an Expressivität im Text als ein soziologisches Zeichen, dann wird ein signifikanter geschichtlicher Befund sichtbar: die Individualität des Sprechenden (und Schreibenden) beruht hier in einem genormten Lebensvollzug (waschen, rasieren, essen, trinken, schlafen), und dieser ist wiederum von dem Besitz der Stoffe (Materialität) abhängig. Dieser Befund ließe sich, gemäß der Leseebenen, so darstellen:

1. Individualität → aktuelle Zeichen: „schreiben", „erdenken"
2. genormter Lebensvollzug → paradigmatische Zeichen: waschen, rasieren, essen, schlafen
3. reine Materialität (Stoff) → paradigmatische Zeichen: Leinen, Wolle, Blech, Pappe

Der so gelesene Text würde auf der dritten Leseebene die Rekonstruktion eines geschichtlich-gesellschaftlichen Befunds ergeben. Das poetische Zeugnis würde so den Rang eines geschichtlichen Dokuments erhalten, das, wiederum im Zusammenhang mit anderen poetischen Texten des gleichen Zeitraums gelesen, den Modus vivendi der einzelnen und vielen in einer bestimmten geschichtlichen und gesellschaftlichen Dimension (1945) von innen her erschließt. Für die Darstellungstechnik, die Leseweise und damit für die Entfaltung des Verstehens ergibt sich daraus ein wichtiger Sachverhalt: wo in literarischen Texten die aktuellen (syntagmatischen) Zeichen zurückgenommen und auf Abbreviaturen (indirektes Sprechen) beschränkt werden, tritt die paradigmatische Beziehung des Sprechens zu einem geschichtlich-gesellschaftlichen Befund exemplarisch hervor, wie dies in allen großen Dichtungen dieses Jahrhunderts immer wieder beobachtet werden kann. Wo dagegen das Paradigma zurücktritt, tritt das Individuelle und damit Aktuelle hervor. Entscheidend bleibt jedoch: in jedem kritischen Text sind Paradigma und Aktualität auf eine bestimmte Weise aufeinander bezogen. Eine Trennung beider Ebenen ist nicht möglich. Denn das Paradigma ohne individuelle Artikulation bliebe selbst ein geschichtsloses Zeichen ohne Expressivität, wie umgekehrt die expressivste Artikulation eines Individuums ohne paradigmatischen Bezug der Geschichte entzogen und damit sich selbst fremd wäre.

In diesem Sachverhalt zeigt sich auch ein gewandelter Literaturbegriff. Literarische Werke gehorchen demnach nicht eigenen Gesetzen („die Eigengesetzlichkeit des Kunstwerks"), die neben oder über der geschichtlichen „Welt" existieren, sondern werden immer schon innerhalb einer geschichtlich-gesellschaftlichen Struktur *vermittelt*. Insofern können sie ihre vermittelnde gesellschaftliche Funktion in einem Akt primärer Kommunikation schon immer erfüllen, ohne einer ausdrücklichen didaktischen Lizenz (Vermittlung eines sogenannten Lebensbezugs – „Lebenshilfe") zu bedürfen. Die Dualismen der Didaktik (poetische – außerpoetische, fiktionale – nichtfiktionale Literatur) sind, von hier aus gesehen, ebenso überholt wie die heute in der Literaturwissenschaft diskutierten Alternativen von Literatur oder Geschichte, Poesie oder gesellschaftlicher Wirklichkeit. Aus dem Modus einer primären literarischen Kommunikation gedacht, verschwinden diese Dualismen zugunsten eines Pluralismus von Leseweisen und Leseebenen, wie dies die Analyse an einem Beispiel zu zeigen versuchte.

Wo immer man auch die hier aufgezeigten drei Leseebenen im literarischen Unterricht realisieren will, für die didaktische Theorie bleibt der beschriebene Akt des lesenden Erschließens verbindlich, weil er das elementare Verstehen der Schüler von der Basis her zu entfalten vermag. Sieht man von den später noch näher zu beschreibenden Modi literarischer Kommunikation ab, so kann die didaktische Bedeutsamkeit des lesenden Erschließens auf drei Charakteristika reduziert werden:

1. Lesen bezeichnet hier einen über das traditionelle gestimmte Verstehen hinausreichenden bewußten operativen Vorgang, eine Operation, die sich im Innern der Textstruktur vollzieht. Lesen heißt demnach primär: das Werk zunächst und allein nur mit sich selbst und zu sich selbst in Beziehung zu setzen, so daß es sich von sich selbst her zu erkennen geben kann. Insofern ist Lesen zugleich ein Er-lesen, d. h. ein progressiv fortschreitender Prozeß des Freilegens einer signifikanten Struktur, die sich aus den sprachlichen Zeichen und Relationen der Zeichen untereinander konstituiert. Daraus ergibt sich:

2. Im Akt des lesenden Erschließens wird die Nachricht oder Botschaft (message) des Textes vom Rezipienten nicht *total* empfangen (affektive Teilhabe, die einmal und für immer „verstanden" hat), sondern phasenweise, d. h. im progressiv-fortschreitenden Dechiffrieren der poetisch verschlüsselten Zeichen, die wiederum auf einer bestimmten Darstellungstechnik beruhen. Daher kann die Leseweise auf zumindest zwei Leseebenen operieren: der aktuellen und der paradigmatischen. Entdeckt der Lesende den Zusammenhang beider, so vermag er den Text gleichsam als geschichtlich-gesellschaftliches Dokument zu lesen. Welche Leseebene auch immer dem Verstehenshorizont der Schüler angemessen sein mag, die Schüler werden im lesenden Erschließen zumindest *eine* Bedeutung des Textes erfassen:

a) entweder seine aktuelle, gegenwartsbezogene Signifikanz oder
b) seine paradigmatische, d. h. exemplarische Signifikanz (z. B. als Dokument einer Epoche, Gattung, literarischen Bewegung, eines Stils usw.).
3. Der Akt des lesenden Erschließens bildet das elementare Verstehen der Schüler in Form einer *Zeichenlehre* aus, die aufgrund der verschiedenen Funktionen der Zeichen (vgl. 3. Kap.) und der Kombinationen der Zeichen untereinander in vielfacher Variation im Unterricht geübt werden kann. Insofern das Verstehen von sprachlichen Signalen ausgelöst und in Gang gehalten wird, kann das Zeichenverständnis von der primären Kommunikation und der Ausgangsbasis her methodisch entfaltet und differenziert werden. Das Verstehen wird von der primitiven Form des *Schließens* von einem Zeichen auf das korrespondierende oder nichtkorrespondierende (oppositionelle) Zeichen zum *Er-schließen* eines Zeichenzusammenhangs entwickelt (vgl. dazu das Beispiel für die Grundschule im 3. Kap.). Die so kontinuierlich ausgebildete Lesekompetenz (Fähigkeit des Erschließens eines sprachlichen Zeichengefüges) kann schließlich zur Beherrschung mehrerer Leseweisen erweitert werden. So kann z. B. in dem zuvor analysierten Text G. Eichs schon in einem siebten Schuljahr die erste Leseebene völlig erschlossen werden: der Gestus des Zeigens (demonstrare), das in ihm enthaltene Inventurschema und die daraus rührende aktuelle Signifikanz: die Not des Sprechenden. Die im Text enthaltene zweite Dimension (Individualität des Sprechenden als des Schreibenden außerhalb des Inventurschemas) kann von hier aus wenig später erschlossen werden. Entscheidend bleibt: der Verstehensprozeß kann aus den ausgesendeten elementaren Signalen eines Textes (Signaldominanten) zu differenzierteren Zeichen (Abbreviaturen, Chiffren usw.) hin entwickelt werden. Für den Lehrer bedeutet dies: die vorausgehende Analyse der zu erschließenden Textstruktur und des daraus sich ergebenden Kommunikationsmodus, in dem das Verstehen sich hier entfalten muß, zu erkennen. Der Akt des lesenden Erschließens vermag derart durchschaubar (wenn auch nicht völlig kontrollierbar) zu werden und, wenn er glückt, zu einer primären Kommunikation zu führen, in der sich die ausgesendete, komplexe Nachricht des Textes und der Lesende einander entgegenkommen, wie dies die Intention der schreibenden Autoren selbst ist: „Das Gedicht ist einsam. Es ist einsam und unterwegs. Wer es schreibt, bleibt ihm mitgegeben ... Das Gedicht will zu einem Andern, es braucht dieses Andere, es braucht ein Gegenüber. Es sucht es auf, es spricht sich ihm zu"[87] (Celan). „Der Autor schreibt also, um sich an die Freiheit der Leser zu wenden, und er beansprucht diese Freiheit, um sein Werk existieren zu lassen. Er beschränkt sich aber nicht darauf, sondern verlangt darüber hinaus ... daß sie seine schöpferische Freiheit anerkennen und daß sie ihrerseits wieder

diese Freiheit durch einen entsprechend umgekehrten Appell fordern. Hier kommt nun das andere dialektische Paradoxon des Lesens zum Vorschein: je mehr wir unsere eigene Freiheit empfinden, um so mehr erkennen wir die Freiheit des anderen an" [88] (Sartre).

Der gewandelte Literaturbegriff: Literatur als Eingriff und Angriff
Kommunikationsmodelle zeitgenössischer Autoren

Die zuvor entwickelte Ausgangsposition der Literaturdidaktik als einer Theorie von der methodischen und kontinuierlichen Entfaltung des Verstehens aus der primären Kommunikation mit literarischen Texten erlaubt einen letzten Schritt: die unmittelbare Entsprechung des Leseprozesses zu der von den schreibenden Autoren selbst beanspruchten Kommunikation aufzuzeigen und daraus für den Unterricht ein gewandeltes (umgreifendes) Literaturverständnis abzuleiten. Der Nachweis der Korrespondenz des zuvor entwickelten Akts des lesenden Erschließens mit dem von den Autoren selbst formulierten Kommunikationsbegriff soll auch die an den akademischen Dualismen dargestellte Entfremdung der didaktischen Theorie von der Literatur und dem konkreten gesellschaftlichen Status der Literatur, wie er von den Schreibenden selbst entworfen wird, verhindern – ein Sachverhalt, der gerade von den Autoren als Mangel konstatiert wird: „Produktion und Theorie der Literatur fallen auseinander. Die theoretischen Impulse, die der Literatur gerecht werden, stammen von Schriftstellern und Philosophen. Die Wissenschaft hängt schwerfällig zurück ... Das Versagen der Theorie hatte zur Folge, daß ein Teil der theoretischen Tätigkeit in die Praxis der Literatur überging, und zwar nicht nur eingeschlossen ins Werk selbst, sondern auch ausdrücklich und programmatisch" [89] (Heissenbüttel).
Im folgenden sollen einige solcher „programmatischen" Äußerungen der Autoren angeführt werden, um die unmittelbare Parallelität zu dem oben entworfenen didaktischen Kommunikationsmodell, bestehend aus Darstellungstechnik (Lexie), Leseweise („lecture"), Leseebene, zu zeigen. Denn: „der Vorgang des Schreibens schließt als dialektisches Korrelativ den Vorgang des Lesens ein, und diese beiden zusammenhängenden Akte verlangen zwei verschieden tätige Menschen. Die vereinte Anstrengung des Autors und des Lesers läßt das konkrete und imaginäre Objekt erstehen, das das Werk des Geistes ist. Kunst gibt es nur für und durch den anderen" [90] (Sartre). Oder: „Denn das literarische Objekt ist ein seltsamer Kreisel, der nur in der Bewegung existiert. Um es entstehen zu lassen, bedarf es eines konkreten Akts, der Lesen heißt, und es bleibt nur so lange

am Leben, wie dieses Lesen andauern kann" [91] (Sartre). Die hier eröffnete Perspektive der Autoren auf das Werk, das nicht *ist* (als Bestand), sondern erst im „konkreten Akt" des Lesens *„entsteht"* (als Prozeß), deutet bereits die unmittelbare Entsprechung zu der oben entworfenen didaktischen Perspektive auf den literarischen Kommunikationsprozeß (Text-Rezipienten-Bezug) an und ermöglicht es, den literarischen Kommunikationsprozeß selbst rational durchschaubar zu machen. Bevor dies an drei, von den schreibenden Autoren heute selbst entwickelten Kommunikationsmodi erläutert wird, muß sich die didaktische Theorie zwei geschichtliche Voraussetzungen vergegenwärtigen, die die rationale Durchdringung der literarischen Kommunikation ermöglicht haben:
1. Das Faktum der von den Autoren selbst aktiv vollzogenen Entmythologisierung des traditionellen Dichtungsbegriffs, nach dem Dichtung selbst als ein „Sich-in-Werk-setzen der Wahrheit", der Dichter selbst als „Sprachrohr" und „Vor-Läufer", „Weg- und Schrittmacher" der Geschichte, das dichterische Sprechen als „Diktat" in höherem Auftrag galt [92]. Dieser in der deutschen Literaturwissenschaft noch bis in die fünfziger Jahre hinein sich haltende Dichtungsbegriff ist nicht nur für die in der Literaturdidaktik gängig gewordene Zweiteilung von „zeitloser Dichtung" und „zeitbezogener Literatur" (poetische und außerpoetische Formen) verantwortlich, sondern auch für die zunehmende Entfremdung zwischen Literaturwissenschaft und den schreibenden Autoren, die sich als „heimliche Opposition gegen den Mythos der Inspiration" [93] (Enzensberger) verstehen und daher die mit dem traditionellen Dichtungsbegriff verbundenen Kategorien des „Vor-Rationalen", „Schöpferischen" destruieren: „Meine Absicht geht dahin, zu zeigen, daß sich keine einzige Stelle dieses Gedichts dem Zufall oder der Inspiration verdankt, daß es vielmehr, Vers für Vers, mit derselben Genauigkeit und Logik aufgebaut ist wie die einzelnen Sätze eines mathematischen Beweises" [94]. Die hartnäckige „Opposition gegen den Mythos der Inspiration" zieht eine doppelte Konsequenz nach sich:
a) Die unmittelbare Nähe und Nachbarschaft der Autoren zu den Wissenschaften und die damit verbundene Neudefinition der Funktion der Literatur als Mittel zur *Erkenntnis* der „Lebensbedingungen des Menschen": „Literatur und Wissenschaft sind vergleichbar in zwei grundsätzlichen Verhaltensweisen: a) sie erkennen als Beweis und Grund nicht mehr an Offenbarung, Mythos, Versenkung, höhere Einsicht usw., sondern allein die Erfahrung, die als prinzipiell jedermann zugänglich gedacht wird; b) sie versuchen, den Lebensraum und die Lebensbedingungen des Menschen sowie die Gesetze der Natur und Welt, in der er lebt, vorurteilsfrei soweit wie möglich zu erhellen..." [95] (Heissenbüttel).

b) Die zweite, aus der unmittelbaren Nachbarschaft von Literatur und Wissenschaft sich ergebende Konsequenz ist die radikale Ablehnung des gängigen dualistischen Literaturbegriffs, der, indem er „das Dichterische" als das eigentlich „Schöpferische" deklariert, zugleich auch den umgreifenden Begriff der Literatur denunzieren muß: „... mit dem Wort ‚Literat' ist die Abwertung beinah wirklich gelungen, und daß es bei uns heißt: das ist ja nichts als Literatur! Das ist ja literarisch! Man liebt hier mehr das ‚Dichterische' und ‚Schöpferische'..."[96] (Bachmann). „In allen Redensarten wie schöpferischer Prozeß, Erlebnis, künstlerischer Ausdruck schwingt dieses Pfäffische mit, dieses ‚noli me tangere', diese Abneigung gegen das Licht..."[97] (Brecht). Aus dieser Ablehnung erklärt sich schließlich ein drittes Faktum: die durchgängige Zurückweisung der Bezeichnung „Dichter" durch die Autoren selbst und die hartnäckige Betonung des Schreibens als eines rational durchschaubaren, nicht von der „Berufung" her bestimmten Prozesses. Wie Brecht sich konsequent als „Stückeschreiber" bezeichnet, so auch M. Frisch, der „nie das hehre Gefühl von Berufung kannte"[98], oder Fr. Dürrenmatt, der glaubt, „daß ich ein Arbeiter, ein Handwerker bin... Ich fasse Schriftstellerei streng als einen Beruf auf, als meinen Beruf". Dieser Schriftsteller „kann die Welt im besten Fall beunruhigen, im seltensten Fall beeinflussen –, verändern nie"[99]. In unmittelbarer Analogie dazu bezeichnen sich bekannte Lyriker als „Gedichteschreiber" oder als „Hersteller des Gedichts"[100]. „Das Material des Gedichteschreibers ist zunächst und zuletzt die Sprache"[101]. Oder G. Eich: „Ich schreibe Gedichte, um mich in der Wirklichkeit zu orientieren. Ich betrachte sie als trigonometrische Punkte oder als Bojen, die in einer unbekannten Fläche den Kurs markieren. Erst durch das Schreiben erlangen für mich die Dinge Wirklichkeit. Sie ist nicht meine Voraussetzung, sondern mein Ziel... Ich bin Schriftsteller, das ist nicht nur ein Beruf, sondern die Entscheidung, die Welt als Sprache zu sehen"[102]. Und P. Celan: „Aber – erlauben Sie mir diese Raffung des Gedachten und Erfahrenen – Handwerk ist, wie Sauberkeit überhaupt, Voraussetzung aller Dichtung... Nur wahre Hände schreiben wahre Gedichte. Ich sehe keinen prinzipiellen Unterschied zwischen Händedruck und Gedicht. Man komme uns hier nicht mit ‚poiein' und dergleichen"[103]. „Das Schreiben von Gedichten ist ein sachlicher Vorgang"[104] (Krolow). „Ich, der ich mich nicht auf Musen und Götter verlassen darf, muß mich auf meine Augen und Ohren berufen"[105] (Höllerer). „Offen bleibt, was ein Gedicht eigentlich ist... Das ist ein Titel, den nicht der Autor zu vergeben hat. Sollte er überhaupt vergeben werden? Mir liegt wenig daran, wie das Gebilde heißen soll"[106] (Enzensberger). „Die Vorstellung, daß Gedichte besonders edle oder schonungsbedürftige Gegenstände seien, ist schädlich. Sie ge-

hören nicht unter Glasstürze und Vitrinen" [107] (Enzensberger). „Es heißt immer, die Dinge lägen in der Luft. Ich glaube nicht, daß sie einfach in der Luft liegen, daß jeder sie greifen und in Besitz nehmen kann. Denn eine neue Erfahrung wird gemacht und nicht aus der Luft geholt" [108] (Bachmann). „Ohne Nachdenken, so kann man etwas übertreibend sagen, läßt sich heute literarisch kein Satz mehr bilden. Erst indem ich durch reflektierende Beobachtung und Zersetzung den Regelkodex der Grammatik und das Widerspiel seiner Beziehungen ins Licht des Zweifels ziehe, finde ich wieder Lust zur Sprache. Zwar ist der Drang zum unreflektierten Sprechen groß und das Heimweh danach fast unausrottbar, in Wirklichkeit gelingt es nicht mehr" [109] (Heissenbüttel).
2. Die Reihe der programmatischen Äußerungen der Autoren zur Entmythologisierung des traditionellen Dichtungsbegriffs ließe sich erweitern. Sie zeigen, daß der schöpferische Prozeß Gegenstand seiner selbst wird und derart die „Reflexion auf die technische Verfahrensweise" [110] (Heissenbüttel) innerhalb der literarischen Produktion zwanghaft nach sich zieht. Der so entstehende rationale Literaturbegriff der Autoren muß nicht nur die Dualismen von Dichtung und Literatur abbauen, sondern auch den Kommunikationsprozeß (Text-Rezipienten-Bezug) neu bestimmen. Hierin ist die zweite geschichtliche Voraussetzung der noch zu beschreibenden neuen Kommunikationsmodi zu suchen. Sie besteht in dem Sachverhalt, daß mit der rationalen Neufassung der Schreibweise (Lexie) zugleich auch die Leseweise, d. h. die Übermittlungsfunktion von den Autoren neu gedeutet wird, wie dies Brecht schon 1936 in seiner „Kritik der Einfühlung" forderte: „Die ... Künste stehen vor der Aufgabe, eine neue Form der Übermittlung des Kunstwerks an den Zuschauer auszugestalten. Sie müssen ihr Monopol auf die keinen Widerspruch und keine Kritik duldende Führung des Zuschauers aufgeben und Darstellungen des gesellschaftlichen Zusammenlebens der Menschen anstreben, die dem Zuschauer eine kritische, eventuell widersprechende Haltung sowohl den dargestellten Vorgängen als auch der Darstellung gegenüber ermöglichen, ja *organisieren*" [111]. Die hier von Brecht geforderte neue Organisation der „Übermittlungsfunktion", d. h. der Kommunikationsmodi (Leseweisen) durch eine von den Autoren selbst zu entwickelnde neue Schreibweise (Lexie) wird später ausführlich in der Darstellung des dialektischen Kommunikationsmodus zu erörtern sein (vgl. 3. Kap.). Im jetzigen Zusammenhang ist die neue Übermittlungsfunktion durch die Einführung der Kategorie des Widerspruchs entscheidend charakterisiert. Widerspruch heißt zunächst Absage an die bisherige Wegweisungsfunktion der Literatur („keine Kritik duldende Führung des Zuschauers") und zielt auf die damit verbundene Freisetzung des Lesenden zur kritischen Kommunika-

tion, wie dies in der Nachfolge Brechts von den meisten Autoren immer wieder betont wird: „Der Autor schreibt also, um sich an die Freiheit der Leser zu wenden, und er beansprucht diese Freiheit, um sein Werk existieren zu lassen" [112] (Sartre). „Schreiben heißt: einen Appell an den Leser richten, er möge der Enthüllung, die ich durch das Mittel der Sprache vorgenommen habe, zu objektiver Existenz verhelfen" [113] (Sartre). „Ausgehend von dieser wohlbekannten Welt, die der Autor belebt und mit seiner Freiheit durchdringt, hat der Leser seine konkrete Freiheit ins Werk zu setzen" [114] (Sartre). Insofern jetzt „Lesen... Schlußfolgerung, Einschalten, Ausschalten (ist)" [115], also wesentlich von der Aktivität des kritischen Bewußtseins des Lesenden mitbestimmt wird, wandelt sich auch die bekannte traditionelle Kommunikationsstruktur, die sich vorwiegend aus den Elementen des Erlebens, der Einfühlung und des nur gestimmten Verstehens konstituiert. Indem die traditionelle Kommunikationsstruktur durch die Schreibweise der Autoren selbst der Dialektik von Zu- und Widerspruch (An- und Einspruch) unterworfen wird, verlagert sich innerhalb des literarischen Kommunikationsfeldes die Bedeutung der Rezeption vom Erleben zum Erkennen, vom passiven Ergriffensein zum aktiven Begreifen, wie dies schon Musil so ausspricht: „Indem Dichtung Erlebnis vermittelt, vermittelt sie Erkenntnis" [116]. „Die Einfühlung ist nicht die einzige, der Kunst zur Verfügung stehende Quelle der Gefühle" [117] (Brecht). „Nun gibt es freilich viele, die es lieben, in der Dichtung ein Geheimnis zu sehen, aber man kann auch die Klarheit lieben, und vielleicht ist man in diesem Falle doch nicht ganz hoffnungslos von ihr ausgeschlossen... Und wozu stünden die Worte da, wenn nicht um einen Sinn auszudrücken. Auch die Sprache des Gedichts ist ja schließlich eine Sprache, also vor allem eine Mitteilung..." [118] (Musil). Weil derart selbst das lyrische Sprechen nicht mehr aus dem „fundamentalen Begriff der Stimmung" [119] (Staiger) verstanden werden kann, müssen die Autoren die traditionelle literarische Kommunikationsstruktur des Erlebens in Frage stellen: „Denn die wissenschaftliche Beurteilung neigt begreiflicherweise dazu, das Affektiv-Spielende im künstlerischen Schaffen auf Kosten des intellektuellen Autors zu überschätzen" [120]. „Nichts aber berechtigt zu der Annahme, daß die Begabung des Denkens und die eng mit der Kunst verwachsene des Sinnes, der Kontemplation zur sprachbildnerischen im Widerspruch stehe" [121] (Musil). Weil daher weder in der poetischen Produktion noch in der literarischen Kommunikation Denken und Reflexion voneinander zu trennen sind, weil beide „eine Geschwisterfunktion des Denkens" [122] (Musil) bilden, ist die von der traditionellen Didaktik errichtete Barriere zwischen Erleben und Erkennen hinfällig geworden. Wie zuvor die Dualismen von Dichtung und Literatur, Inspiration und Intellektualität, so werden jetzt von den Autoren auch die korrespondierenden Schein-Oppositionen von Erleben und Erkennen abgebaut. Es ist offensichtlich, daß mit dieser Entmythologisierung des Dichtungsbegriffs und der Rationalisierung der Kommunikationsstruktur zugleich auch die Reichweite des Kommunikationsfeldes in der gesellschaftlich-politischen Dimension vergrößert wird und so der Literatur von den Autoren selbst eine ausdrücklich didaktische Funktion zugesprochen werden kann: „Erst der neue Zweck macht die neue Kunst. Der neue Zweck heißt: Pädagogik" [123] (Brecht). „Sie (Literatur) muß sich zu einer Art Dichtung entwickeln, die episch und didaktisch zugleich ist. Diese Entwicklung vollzieht sich innerhalb einer Umwandlung des Begriffes Literatur, die nicht mehr nur als Mittel der Entspannung oder als Luxus erscheint, sondern in ihrer wesentlichen Rolle im Innern des gesellschaftlichen Gefüges und als methodische Erfahrung" [124] (Butor). Daß diese innergesellschaftliche, d. h. didaktische Funktion der Literatur auch eine politische Warn- und Protestfunktion impliziert, braucht nicht betont zu werden: „Es wird Ernst gemacht, die perfekt funktionierende Gesellschaft herzustellen. Wir haben keine Zeit mehr, ja zu sagen. Wenn unsere Arbeit nicht als Kritik verstanden werden kann, als Gegnerschaft und Widerstand, als unbequeme Frage und als Herausforderung der Macht, dann schreiben wir umsonst, dann sind wir positiv und schmücken das Schlachthaus mit Geranien. Die Chance, in das Nichts der gelenkten Sprache ein Wort zu setzen, wäre vertan" [125] (Eich).

Aus den beiden hier genannten geschichtlichen Voraussetzungen (Entmythologisierung des Dichtungsbegriffs und Destruktion des traditionellen dualistischen Literaturbegriffs durch die Autoren selbst) ergibt sich als letzte Konsequenz eine von der Literaturwissenschaft und Literaturdidaktik neu zu bedenkende literarische Kommunikationsstruktur. Diese ist, wiederum nach der Darstellung der Autoren, nicht eindimensional (Sprechen – Hören – Erleben), sondern zumindest dreidimensional, wie es die drei nachfolgenden Kommunikationsmodelle der Autoren selbst zeigen.

P. Celan: Der Text als Zu- und Anspruch (dialogische Kommunikation)

„Das moderne Gedicht kann, da es ja eine Erscheinungsform der Sprache und damit seinem Wesen nach dialogisch ist, eine Flaschenpost sein, aufgegeben in dem – gewiß nicht immer hoffnungsstarken – Glauben, sie könnte irgendwo und irgendwann an Land gespült werden – an Herzland vielleicht. Gedichte sind auch in dieser Weise unterwegs: sie halten auf etwas zu" [126].
„Das Gedicht ist einsam. Es ist einsam und unterwegs. Wer es schreibt, bleibt

ihm mitgegeben. Aber steht das Gedicht nicht gerade dadurch, also schon hier, in der Begegnung – *im Geheimnis der Begegnung?*
Das Gedicht will zu einem Andern, es braucht dieses Andere, es braucht ein Gegenüber. Es sucht es auf, es spricht sich ihm zu.
Jedes Ding, jeder Mensch ist dem Gedicht, das auf das Andere zuhält, eine Gestalt dieses Anderen... Das Gedicht wird – unter welchen Bedingungen! – zum Gedicht eines – immer noch – Wahrnehmenden, dem Erscheinenden Zugewandten, dieses Erscheinende Befragenden... es wird Gespräch – oft ist es verzweifeltes Gespräch...
Das absolute Gedicht – nein, das gibt es gewiß nicht, das kann es nicht geben! Aber es gibt wohl, mit jedem wirklichen Gedicht, es gibt, mit dem anspruchslosesten Gedicht, diese unabweisbare Frage, diesen unerhörten Anspruch"[127].

Beide Aussagen Celans sind nicht zuerst als poetologische Kommentare zur Struktur des zeitgenössischen Gedichts zu verstehen, sie wollen vielmehr auf den Kommunikationsprozeß selbst hinweisen. Da selbst das lyrische Gedicht, im Gegensatz zu der noch weithin vorherrschenden Auffassung, keine monologische Struktur besitzt, sondern „seinem Wesen nach dialogisch ist", muß der Kommunikationsprozeß auf drei Elemente zurückgeführt werden:
1. Auf einen isolierten und verborgenen Sprecher, der dem Gedicht „mitgegeben bleibt" und sich so auf das „Andere", „ein Gegenüber" bezieht.
2. Auf eine aufgegebene Nachricht, die hier in der Metapher der *Flaschenpost* erscheint und so signalisiert, daß das Sprechen selbst als Not-Zeichen zu verstehen ist.
3. Auf einen Empfänger, der die Nachricht erwartet, bedenkt und bewahrt („Herzland").
Die von Celan genannten drei Elemente bilden also ein Kommunikationsmodell:

Sprecher ─────────▶ Gedicht („Flaschenpost") ◀───────────▶ Hörer („das Andere")

Sender ─────────▶ Nachricht ◀───────────▶ Empfänger

Der zweite Teil der Aussage Celans verrät, daß das entworfene Kommunikationsmodell nicht „statisch", d. h. als jederzeit verfügbares, technisches Kommunikationsnetz verstanden werden will, sondern als Kommunikationsprozeß, der wiederum abhängig ist von der Weise der Begegnung („Geheimnis der Begegnung"), d. h. dem *Kommunikationsmodus* selbst. Da sowohl der Sprecher „mitgegeben bleibt" wie auch das Gedicht selbst kein Bestand („absolutes Gedicht") ist, kann auch der Vorgang des Hörens der Nachricht nicht auf eine bloße Rezeption von Inhalten („Sinn") reduziert werden. Im Gegenteil: indem sich das Gedicht dem Hörer „zuspricht" (vgl. oben), verwandelt es jeden Zuspruch sofort in einen „unerhörten Anspruch". Der Kommunikationsmodus, der sich derart aus den Elementen von Zu- und Anspruch konstituiert, besitzt demnach nicht allein die aus der Tradition bekannte Dimension des Ergriffenseins (Erlebens), sondern führt zur Befragung („unabweisbaren Frage"). Die literarische Rezeption kann daher, strenggenommen, nicht abgeschlossen werden. Sie bleibt, wie das Sprechen des Gedichts selbst, in die Dialogstruktur eingebettet und so dem jeweiligen Anspruch unterworfen.

H. M. Enzensberger: Der Text als Ein- und Widerspruch (dialektische Kommunikation)

Von hier aus ergibt sich ein unmittelbarer Zugang zu einem zweiten Kommunikationsmodell, wie es H. M. Enzensberger entwirft. Der literarische Kommunikationsmodus überschreitet die von Celan beschriebene *dialogische* Struktur von Zu- und Anspruch und erweitert sich zur *dialektischen* Struktur, die sich in den Formen von *Spruch* und *Widerspruch* vollzieht:

„Die Vorstellung, daß Gedichte besonders edle oder schonungsbedürftige Gegenstände seien, ist schädlich. Sie gehören nicht unter Glasstürze und Vitrinen. Wenn sie veraltet oder verschlissen sind, kann man sie wegwerfen und durch neue ersetzen, wie Kleidungsstücke...

Wenn es nach mir ginge – und soweit es nach mir geht –, ist es die Aufgabe des Gedichts, Sachverhalte vorzuzeigen, die mit anderen, bequemeren Mitteln nicht vorgezeigt werden können, zu deren Vorzeigung Bildschirme, Leitartikel, Industriemessen nicht genügen. Indem sie Sachverhalte vorzeigen, können Gedichte Sachverhalte ändern und neue hervorbringen. Gedichte sind also nicht Konsumgüter, sondern Produktionsmittel, mit deren Hilfe es dem Leser gelingen kann, Wahrheit zu produzieren. Da Gedichte endlich, beschränkt, kontingent sind, können mit ihrer Hilfe nur endliche, beschränkte, kontingente Wahrheiten produziert werden. Die Poesie ist daher ein Prozeß der Verständigung des Menschen mit und über ihn selbst, der nie zur Ruhe kommen kann.

Es nützt nichts, einen Sachverhalt vorzuzeigen, wenn keiner zusieht. Wahrheit kann nur produziert werden, wo mehr als ein Mensch zugegen ist. Deswegen müssen Gedichte an jemand gerichtet, für jemand geschrieben sein... Es gibt kein Sprechen, das ein absolutes Sprechen wäre"[128].

Es ist offensichtlich, daß Enzensbergers Kommentar – wie der vorausgegangene Celans – nicht auf eine neue Poetik zielt, sondern umgekehrt traditionelle Vorstellungen von der Poetik als einer „Sondersprache", die sich über die sogenannte „nicht-poetische Gebrauchssprache" erhebt, abbauen möchte.

Poetische Sprache ist „brauchbar", wenn die traditionelle Vorstellung vom monologischen Sprechen aufgegeben wird, wie dies hier in direkter

Opposition zu G. Benns bekannter Auffassung („Das moderne Gedicht, das absolute Gedicht ist ... das Gedicht an niemand gerichtet"[129]) formuliert wird: „... müssen Gedichte an jemand gerichtet, für jemand geschrieben sein". Insofern poetische Sprache an jemand gerichtet ist, ist sie *kommunikativ* und fordert so von sich her die Destruktion der museal gewordenen Vorstellung von der in sich ruhenden Autonomie des Kunstwerks (Gedichte „gehören nicht unter Glasstürze") und der damit verbundenen einseitigen ästhetischen Rezeption, die im Erleben und unverbindlichen Kunstgenuß enden muß („Gedichte sind also nicht Konsumgüter"). Im Gegenteil zeigt der zweite Abschnitt, daß poetisches Sprechen schon deshalb in eine Kommunikationsstruktur eingebettet ist, weil es mit der Zielgerichtetheit, der praktischen Transitivität der Gebrauchssprache auch deren Funktionalität teilt. Diese wird hier eindeutig bestimmt als „die Aufgabe ... Sachverhalte *vorzuzeigen* ... Sachverhalte (zu) *ändern* und neu *hervor(zu)bringen*". Die so gewonnene Funktionalität des poetischen Sprechens zieht sofort drei weitere, aus der praktischen Transitivität der Gebrauchssprache stammende Eigenschaften nach sich:
1. Die Zeigetechnik („Sachverhalte vorzuzeigen") der poetischen Sprache, d. h. deren Darstellungsfunktion, wie sie zuerst von Brecht in seiner Theorie „Über den Gestus"[130] entwickelt wurde und seitdem in vielfachen Ausformungen die zeitgenössische Lyrik beherrscht (vgl. dazu die Zeigetechnik in dem oben analysierten Gedicht G. Eichs: Inventur). Diese Zeigetechnik des poetischen Sprechens darf allerdings nicht verwechselt werden mit der Darstellungstechnik der publizistischen Formen, insofern sie, wie Enzensberger andeutet, deren bevorzugte Widerspiegelungstechnik (Abbildlichkeit) übersteigt: „... zu deren Vorzeigung Bildschirme, Leitartikel, Industriemessen nicht genügen".
2. Die Endlichkeit und Beschränktheit des poetischen Sprechens, so daß nur „endliche, beschränkte, kontingente Wahrheiten produziert werden".
3. Die neue Kommunikationsstruktur der poetischen Sprache: „die Poesie ist ... ein Prozeß der Verständigung des Menschen mit und über ihn selbst, der nie zur Ruhe kommen kann". Die hier gegebene Definition der Kommunikationsstruktur ist deswegen neu, weil sie die Rolle des Rezipienten *aktiv* definiert. Der Prozeß der Verständigung über den Menschen vollzieht sich zugleich *mit* und *gegen* ihn und kann daher „nie zur Ruhe kommen". Insofern also literarische Kommunikation nicht *ist,* sondern erst vom Lesenden *produziert wird,* ist der Prozeß der Verständigung wesentlicher als das dabei zu erreichende Einverständnis. Denn das Einverständnis des Rezipienten ist nur *ein* Moment in der Totalität des fortlaufenden Verständigungsprozesses und muß daher von der Intentionalität des poetischen Sprechens selbst wieder aufgehoben werden: „Sie

(Gedichte) können jeden Gestus annehmen außer einem einzigen: dem, nichts und niemanden zu meinen, Sprache an sich und selig in sich selbst zu sein"[131]. Enzensbergers Kommunikationsmodell ist daher wesentlich dialektisch:

H. Heissenbüttel: Zerlegung und Kombination von „Sprachteilen" („sprachaufschlüsselnde Methode")

Das zuletzt dargestellte dialektische Kommunikationsmodell eröffnet einen unmittelbaren Zugang zu einer dritten Weise der literarischen Kommunikation, die nicht nur von den zeitgenössischen Autoren, sondern auch von der strukturalen Literaturwissenschaft immer deutlicher in den Vordergrund gerückt wird. Sie kann als *operative Kommunikation* bezeichnet werden, insofern sie den Lesenden dazu zwingt, selbst aktiv in das Baugefüge eines Textes einzugreifen und in solchem Eingriff die für die jeweilige literarische Komposition konstitutiven sprachlichen Elemente freizulegen, ihren Relationszusammenhang zu erkennen und diesen zu einer durchschaubaren „Struktur" zu rekonstruieren. Die genannten Operationen des Zerlegens und Rekonstruierens müssen auf dem Hintergrund einer langen und einseitigen literarischen Erlebniskommunikation zunächst als extrem analytische Formen des Umgangs mit Literatur erscheinen und können daher, von den traditionellen Leseschemata aus gesehen, sofort als „nicht unmittelbar", d. h. „intellektuell" denunziert werden. Sieht man genauer zu, so ist der operative Kommunikationsmodus bereits in den zuvor beschriebenen Kommunikationsmodi der Autoren selbst angelegt. Wie der dialogische Kommunikationsmodus (vgl. oben) in den dialektischen einmündet, so kann auch die dialektische Kommunikation gerade aufgrund ihrer Betonung der Produktivität des Lesers im Rezeptionsvorgang folgerichtig zu einem ausdrücklich analytischen Umgang mit Texten führen. Gibt man das Vorurteil auf, daß Produktivität und analytisches Operieren in den Texten selbst miteinander unvereinbar sind, dann wird ein neuer und verbindlicher Kommunikationsmodus sichtbar. Seine didaktische Bedeutsamkeit ist gerade darin zu suchen, daß er das Verstehen einer komplexen poetischen Nachricht erst durch das Operieren (Zerlegen und Zusammensetzen) mit den Textelementen selbst ausbildet und so das beliebte intuitive Textverhältnis durch die Einsicht in die Organisation der Sprache ersetzt, wie dies H. Heissenbüttel so formuliert: „Wenn die überkommene Sprechweise sich entzog, galt es, sozusagen ins Innere der Sprache einzudringen, sie aufzubrechen und in ihren verborgensten Zusammenhängen zu befragen"[132]. Die so entstehende operative Kommunikationsform im Umgang mit literarischen Texten ist nicht als „intellektuell", „elitär" denunzierbar, sondern befindet sich in unmittelbarer Korrespondenz zu den schreibenden Autoren. Drei geschichtliche Voraussetzungen machen diesen Kommunikationsmodus notwendig:

1. „Ohne Nachdenken, so kann man etwas übertreibend sagen, läßt sich heute literarisch kein Satz mehr bilden. Erst indem ich durch reflektierende Beobachtung und Zersetzung den Regelkodex der Grammatik und das Widerspiel seiner Beziehungen ins Licht des Zweifels ziehe, finde ich wieder Lust zur Sprache. Zwar ist der Drang zum unreflektierten Sprechen groß und das Heimweh danach fast unausrottbar, in Wirklichkeit gelingt es nicht mehr"[133].

Der hier ausgesprochene Verweis des Autors auf die eigene Schreibweise (Lexie), die „durch die Kontrollkammer des reflektierenden Zweifels"[134] hindurchgeschleust werden muß, schafft eine weitere Voraussetzung: die Ablehnung einer literarischen Aussage, die allein durch „Intuition", „Offenbarung" usw. zustande gekommen ist.

2. „Literatur und Wissenschaft sind vergleichbar in zwei grundsätzlichen Verhaltensweisen:
a) sie erkennen als Beweis und Grund nicht mehr an Offenbarung, Mythos, Versenkung, höhere Einsicht usw., sondern allein die Erfahrung, die als prinzipiell jedermann zugänglich gedacht wird;
b) sie versuchen, den Lebensraum und die Lebensbedingungen des Menschen sowie die Gesetze der Natur und Welt, in der er lebt, vorurteilsfrei soweit wie möglich zu erhellen"[135].

Die aus solcher Ablehnung der nicht beweisbaren literarischen Schreibweise (Redeweise) entspringende Konsequenz wäre ein rationales, d. h. spracherschließendes Verhalten gegenüber Texten.

3. „Das Gelingen ist nicht von der besonderen Gabe (nicht vom Kuß der Muse) abhängig, sondern von einer Einstellung der Sprache ... gegenüber, die jeder einnehmen kann. Die Konsequenz der *sprachaufschlüsselnden*, sprachreproduzierenden, sprachweltverdoppelnden Methoden besteht darin, daß es nicht der vereinzelnden Subjektivität des gleichsam alle anderen Subjekte auf sich ziehenden Dichters bedarf, um Literatur zu machen, sondern daß die Methode etwas bereitstellt, das jeder benutzen kann, der in die Methode einspringt"[136].

Die drei genannten Voraussetzungen *dieser Schreibweise* verlangen daher von sich aus auch die Umgestaltung der Leseweise zu einem operativen, in die Sprachstruktur selbst eindringenden Akt. Die so entstehende

operative Kommunikation wird von Heissenbüttel selbst in Analogie zur Schreibweise als Akt „einer Vielzahl kombinatorischer Möglichkeiten" bezeichnet: „Sprachteile werden gesammelt, durchforscht, geordnet, übersichtlich gemacht, kombiniert..."[137].
Es ist offensichtlich, daß die hier von den Autoren selbst verzeichneten analytischen Operationen des Zerlegens, Ordnens und Kombinierens nicht Selbstzweck sind, sondern, wie Heissenbüttel vom Prozeß des Schreibens sagt, „im Versuch neuer und unbekannter Strukturierung"[138] bestehen. Der so geschaffene operative Kommunikationsmodus führt zum doppelten Eingriff: dem Eingriff des Rezipienten in die „Textur", der wiederum den Eingriff der „Textur" in das Bewußtsein des Lesenden ermöglicht und so über die Erkenntnis der Funktionalität des Textes zugleich auch seine komplexe Nachricht vermittelt. Hierin besteht auch die doppelte didaktische Bedeutsamkeit dieses operativen Kommunikationsmodus:
1. Er bildet im analytischen Verfahren des Zerlegens und Kombinierens sprachlicher Elemente das Verstehen der verschiedenartigen Funktionen literarischer Texte aus und erklärt so deren Leistung in einem geschichtlich-gesellschaftlichen Kontext.
2. Indem die Schüler diese Tätigkeit des Zerlegens und Kombinierens methodisch erlernen, werden sie überhaupt erst fähig, Strategien zu entwickeln, die sie zum *selbständigen* Umgang mit sprachlichen Strukturen befähigen.
Derart wird nicht nur ihre Verstehenskompetenz erweitert, sondern mit der Verstehenskompetenz auch die Fähigkeit, sich selbst im Umgang mit Sprache aktiv ins Spiel zu bringen und im Spiel zu bleiben. Die so erworbene Kompetenz befähigt den Lesenden nicht nur zum Umgang mit aktuellen Erscheinungen von Literatur und Sprache in einem konkreten gesellschaftlichen Kontext, sondern auch in der historischen Dimension. Denn die Kompetenz, in den sprachlichen Strukturen selbst zu operieren, erschließt auch die Leistung solcher Texte, deren Inhalte längst als „überholt" gelten.
Die hier anhand von drei Autoren aufgezeigten drei Weisen der literarischen Kommunikation sollen im folgenden Kapitel phasenweise differenziert und zu einer Theorie des Verstehens zusammengeschlossen werden, aus der die im Unterricht ablaufenden Lernprozesse erhellt werden können. Die genannten drei Kommunikationsmodelle zeigen den gewandelten, umgreifenden Literaturbegriff auf:
a) Literatur führt vom Ergriffensein zum Begreifen (1. Modell),
b) vom Begreifen zum Widerspruch (2. Modell),
c) vom Widerspruch zum Eingriff (3. Modell).
Die Kommunikationsmodi der Autoren zeigen also einen progressiven

Abbau der traditionellen literarischen Rezeption, d. h. den Wandel vom passiv-konsumierenden zum produktiven Lesen, bei dem sich die immer komplexer werdenden Nachrichten literarischer Texte in dem Maße erschließen, in dem das Bewußtsein der Subjekte ihnen kritisch entgegenkommt. Dazu bedarf es der Erlernung von Strategien und der Einübung in solche Leseweisen im Unterricht, die nicht zum Bildungsbesitz von Literatur führen, sondern in die Praxis des individuellen und gesellschaftlichen Lebensvollzuges verwandelt werden können, wie dies auch die neue Sprachpsychologie im Sinne J. Piagets fordert: „Die Struktur des sozialen Verhaltens wurzelt in der Struktur des operativen Denkens"[139]. Erst in dieser Praxis des Textumgangs gewinnt der literarische Unterricht, über die Vermittlung von Bedeutungen, Inhalten hinaus, einen gesellschaftlichen Stellenwert. Gelingt dies der Didaktik des literarischen Unterrichts nicht, dann träfe der Satz Brechts zu: „Wir haben folgenlose Bildungsinstitute, die sich ängstlich bemühen, eine Bildung zu vermitteln, welche keinerlei Folgen hat und von nichts die Folge ist."

Drittes Kapitel
Die methodische Ausbildung des Verstehens:
Drei Modi literarischer Kommunikation im Unterricht

Die Zirkelstruktur des lesenden Erschließens und seine Abgrenzung
gegenüber anderen Lesarten (informatives und emotionales Lesen)

Die in den ersten beiden Kapiteln dargestellte Problemkonstellation der
gegenwärtigen Literaturdidaktik (neue Lernziele, gewandelter Literaturbegriff und die sich aus ihm ergebenden Modi literarischer Kommunikation) stellt unausweichlich die zentrale Frage jeder didaktischen Theorie: wie kann das Verstehen literarischer Texte im Unterricht von der
Primarstufe an methodisch und kontinuierlich ausgebildet werden, um
die (zuletzt entwickelte) doppelte Kompetenz der Schüler zu erreichen:
a) das Erkennen literarischer Strukturen und ihrer Funktion im jeweiligen gesellschaftlich-geschichtlichen Kontext,
b) die Fähigkeit, in diesen Strukturen selbst zu operieren?
Die so gestellte Frage hat einen doppelten Aspekt:
1. Sie fragt zuerst nach wissenschaftlich begründeten Theorien, die es
dem Lehrer erlauben, die elementaren Verstehensprozesse (Lernstrukturen) aus der direkten literarischen Kommunikation im Unterricht zu
durchschauen, sie in Phasen zu zerlegen, so daß er selbst solche Prozesse
von den Gegenständen her auslösen und auf diese hin in Gang halten
kann. Die gestellte Frage ist – von der Vielfalt literarischer Erscheinungen
her gesehen – nicht von einer einzigen geschlossenen Verstehenstheorie
her lösbar, sondern primär aus den drei prinzipiellen Modi literarischer
Kommunikation zu beantworten. Denn die Modi der Begegnungen mit
literarischen Texten entscheiden darüber, ob der Text von sich her in
den Verstehenshorizont der Schüler gelangen kann, und damit auch, wie
tief der Grad einer adäquaten Texterschließung (Leseweise, Leseebene)
sein kann. Daraus ergibt sich unmittelbar der zweite Aspekt der gestellten
Frage:
2. Die Frage nach einem nach Lernzielen geordneten Curriculum der
literarischen Formen im Unterricht. Diese Frage erweist sich, bei genauem Zusehen, von größter Bedeutung für den methodischen Erfolg
(Effektivität) des literarischen Unterrichts.
Denn entscheiden die jeweils im Unterricht gewählten Modi der literarischen Kommunikation schon im voraus darüber, ob und wie die Texte

in den Verstehenshorizont der Schüler gelangen, dann kann auch das Curriculum literarischer Formen nicht, wie heute noch weitgehend üblich, einseitig nach literaturwissenschaftlichen Gesichtspunkten erstellt werden, z. B. durch eine rigorose Anordnung der Literatur nach Gattungen und Arten, die sich bemüht, den Bestand literarischer Formen fachwissenschaftlich zu katalogisieren und in ihren Lesewerken auszustellen. Im Gegenteil muß die Literaturdidaktik einsehen, daß sie ihre Gegenstände nicht allein mit Hilfe einer fragwürdig gewordenen Lehre von den Gattungen und Arten (im Sinne Staigers und Kaysers) in den Unterricht projizieren kann, ohne dabei zugleich die damit verbundenen Verstehensprozesse (Lernstrukturen), die in den jeweiligen Kommunikationsmodi angelegt sind, didaktisch aufzuschlüsseln. Dies aber bedeutet: ein *didaktisch* relevantes Curriculum literarischer Formen konstituiert sich nicht allein aus einem literaturwissenschaftlichen Arrangement des Textbestands, sondern primär aus den literarischen Kommunikationsmodi und den in ihnen enthaltenen Lernstrukturen, insofern diese darüber entscheiden, *wie* sich das Verstehen im Lernvorgang differenzieren läßt. Indem erst die jeweiligen Kommunikationsmodi die von der Literaturdidaktik bereitgestellten Textbestände unter den Kategorien elementarer und differenzierter Lernprozesse aufzuschlüsseln vermögen, bilden sie die Basis eines nach Lernzielen geordneten Curriculums literarischer Formen. Dieses Curriculum selbst wird daher, wie später zu zeigen sein wird, *hierarchisch* strukturiert sein, weil es elementare Lernprozesse den differenzierten vorausschalten muß. Damit ist keineswegs gesagt, daß elementare und differenzierte Lernprozesse mit den sogenannten „einfachen" oder „höheren" Formen der Literatur identisch sind. Im Gegenteil ist, wie die neuere Lernzielplanung der Literaturdidaktik nachweist, die Differenzierung des Verstehens im Unterricht entscheidend von der „Elementarisierung poetischer Strukturen"[1] (Bauer) abhängig, d. h. von der Fähigkeit, die konstitutiven Textelemente im Kommunikationsprozeß zu segmentieren und derart der Reflexion der Schüler zugänglich zu machen. Erst so können die heute noch weitgehend improvisierten und punktuellen Konfrontationen mit literarischen Texten im Unterricht, die zumeist schon in der Begegnungsphase steckenbleiben, überwunden und in eine kontinuierliche Differenzierung des Verstehens nach Paradigmen überführt werden.

Was den ersten Aspekt der zentralen Frage nach der methodischen und kontinuierlichen Ausbildung des Verstehens anbetrifft: die Beschreibung differenzierter literarischer Kommunikationsmodi im Unterricht, so kann hier auf eine hinlänglich gesicherte Ausgangsbasis zurückgegriffen werden. Alle literarischen Kommunikationsmodi ruhen in einem allgemeinen literarischen Kommunikationsmodell, wie es zuvor im zweiten Kapitel

entwickelt wurde[2]. Um den Stellenwert der noch zu beschreibenden differenzierten Kommunikationsmodi und ihren inneren Zusammenhang untereinander zu verstehen, ist hier eine kurze Zusammenfassung des allgemeinen Kommunikationsmodells notwendig. Drei Bedingungen konstituieren das Modell jeder literarischen Kommunikation:
1. Literarisches Sprechen ist dadurch gekennzeichnet, daß es final und nichtfinal *zugleich* ist. Mit der „praktischen Transitivität" (Barthes), d. h. der auf Objekte gerichteten und Objekte bezeichnenden natürlichen Sprache hat es die Denotationsebene (Bezeichnungsfunktion) gemeinsam, muß diese aber immer erneut durch Konnotationen (Abweichungen von der Denotationsebene) überschreiten[3]. Die so entstehenden Transformationen von der Denotations- zur Konnotationsebene sind keineswegs als ästhetische Supplemente (z. B. durch Metaphorik, Stilistik u. a.) zu verstehen, sondern erhalten ihren Sinn durch das Aufbrechen gängiger und damit der Reflexion entzogener Sprachschemata. Literarische Sprache kann daher nur darstellen, indem sie zugleich normativ wirkende „Standards", poetische wie nichtpoetische, deformiert. Die durch gezielte Deformation entstehende „verfremdende Abbildung ist eine solche, die den Gegenstand zwar erkennen, ihn aber doch zugleich fremd erscheinen läßt"[4]. Diese Fremdheit ist schon deshalb notwendig, weil sie die zumeist reibungslose Rezeption innerhalb gängiger ästhetischer und ethischer Normen durchbricht und Reflexion freisetzt. Diese durch Amplifikation oder Reduktion gebildete literarische Sprache ist von hoher Signifikanz. „Die angereicherten oder verkürzten, aufgelösten, fremd zusammengefügten Strukturen literarischer Sprache füllen das Reservoir unerprobter Denk- und Anschauungsmodelle, aus dem der allgemeine Erkenntnisprozeß unablässig schöpft"[5].
2. Weil literarisches Sprechen von sich her zugleich final und nichtfinal ist, verlangt jede literarische Kommunikation das Verfahren des lesenden Erschließens. Dieses Erschließen ist dadurch gekennzeichnet, daß der Lesende (Kommunizierende) die von der jeweiligen „Lexie" (Rede- und Schreibweise, Darstellungstechnik) eines literarischen Textes „ausgesendeten" Zeichen so kombiniert, daß sie eine der Lexie entsprechende Leseweise („lecture") ergeben. Die so entstehende Korrespondenz zwischen Text und Rezipient kann, wie die Interpretation eines Textes im vorausgehenden Kapitel zeigte[6], verschiedene Leseebenen erreichen. Jede Leseweise, so „flach" oder „tief" sie auch sein mag, bleibt jedoch „codiert" (Barthes), d. h. von der Lexie des Textes gesteuert.
3. Daraus ergibt sich, daß jeder literarische Kommunikationsmodus so beschaffen ist, daß alle *kontrollierbaren* Verstehensprozesse sich nur auf dem Weg vom Bau- zum Sinngefüge, vom Bezeichnenden zum Bezeich-

neten eines Textes, d. h. innerhalb der Signifikant-Signifikat-Relation ausbilden lassen.

Hierin aber ist die erste entscheidende *didaktische* Bedeutsamkeit der nachfolgenden literarischen Kommunikationsmodi zu suchen: alle Verstehensprozesse innerhalb der literarischen Kommunikationsmodi sind so fixiert, daß das Verfahren des lesenden Erschließens eine zunehmende *Zirkelstruktur* erhält. Zirkelstruktur heißt: das Lesen läßt sich von den dominierenden Signalen eines Textes so leiten, daß es mit den wahrgenommenen Zeichen zugleich deren Zeichenzusammenhang aufdeckt und erst so die komplexe Nachricht eines Textes erschließt. Da dieser Zeichenzusammenhang, aufgrund der doppelten Natur des sprachlichen Zeichens, zumindest zwei Ebenen aufweist (die optische und die akustische), vollzieht sich auch die Kombination der Zeichen im Rezeptionsvorgang *nicht einlinig-diskursiv*. Nimmt man zu diesem Sachverhalt das eben genannte Vermögen der literarischen Sprache hinzu, durch Metaphorik die reine Bezeichnungsebene zu verlassen, so wird einsichtig, daß jeder literarische Kommunikationsmodus im Bewußtsein des Lesenden einen komplexen Imaginationsraum provoziert, der sowohl das Hören (Laut) wie das Sehen (Bild) impliziert. Das lesende Erschließen ist demnach „horizontal" wie „vertikal" zugleich. Indem es den linear ablaufenden Sequenzen sprachlicher Zeichen folgt, nimmt es diese nicht einfach *wahr* (mechanische Registration der Zeichen), sondern *projiziert* sie in den Raum der Imagination, um dort erst das Zeichengefüge zu einer sinnvollen Nachricht zu kombinieren. Literarische Texte werden so zu „*Anschauungs*modellen" (Bierwisch), die wiederum auf der „Imagination des Zeichens" (Barthes) beruhen. „Das Zeichen ist nicht nur Objekt einer besonderen Erkenntnis, sondern auch Objekt einer Vision..." „Das Zeichen ist... eine anschauliche Idee"[7] (Barthes).

Von hier aus ist einsichtig, daß der Prozeß des lesenden Erschließens als Zentrum der literarischen Kommunikation von zwei extremen Leseweisen deutlich geschieden ist:

a) dem *informativen Lesen,* wie es z. B. in allen Sachfächern notwendig geübt und in zunehmendem Maße intensiviert werden muß,

b) dem *emotionalen Lesen,* das als dialektischer Gegenpol zum einseitig informativen Lesen gerade außerhalb der sachbezogenen Vermittlungsvorgänge (im privaten Bereich) eine wachsende, wenn auch fragwürdige Bedeutsamkeit erhält.

Beide Extremformen des Lesens sind, so paradox dies zunächst erscheinen mag, unmittelbar aufeinander bezogen, weil in ihnen der Text niemals als „Textur" (komplexes Zeichengefüge), wohl aber als Transportmittel zum Nachrichten- oder Emotionskonsum erscheint. Das informative Lesen ist dadurch gekennzeichnet, daß es eine wesentliche lineare Struktur besitzt. Linear heißt: unter dem Anspruch der Informationsaufnahme und der Integration der Information in einen vorhandenen oder noch zu erweiternden Wissensbestand stehend, *läuft* das Lesen formal dem Textzusammenhang nach, um aus diesem die einzelnen Fakten zu entnehmen („sinnaufnehmendes Lesen") und zu einer Faktenkonstellation zusammenzufügen. Das informative Lesen ist daher weder an der *Textstruktur* selbst noch an der Weise der *Nachrichtenrepräsentation* interessiert, wohl aber an der in ihm zum Vorschein kommenden *Faktenkonstellation*. Es kann daher, sofern es die Faktenkonstellation ausreichend erkannt hat, den Text selbst „diagonal" bewältigen und so auf den geschlossenen sprachlichen Zusammenhang verzichten. Die überall sichtbare Tendenz des informativen Lesens zur Reduktion auf Faktenkonstellationen liegt in der informativen Darstellung selbst begründet und zeigt sich in maniablen Kürzeln und Formeln, die wiederum der Ökonomie des Nachrichtentransports entsprechen. Innerhalb dieser Ökonomie ist das Vor- und Zurücklaufen des Lesens im Textzusammenhang zwar formal möglich, erreicht aber niemals die zirkulare Struktur des lesenden Erschließens: d. h. das Verweilen in der Textur selbst. In der notwendigen Ökonomie des Nachrichtentransports und in der Übersetzung der sprachlichen Mitteilung in eine vermeintlich „unabhängig" von ihr existierende Faktenkonstellation muß dem informativen Lesen das lesende Erschließen der sprachlichen Struktur, das Verweilen und Operieren in der Struktur selbst als unrationale Zeitverschwendung erscheinen.

In einer ähnlichen Weise, wenn auch aus anderen Gründen, kann auch das *emotionale Lesen* nicht zur Struktur eines Textes vorstoßen. Kennzeichen dieses Lesens ist, daß es als nicht ausdrückliches, d. h. „gestimmtes Verstehen" beginnt, jedoch das in der Stimmung ruhende Vorverständnis selbst nicht mehr zu differenzieren vermag. Während das informative Lesen von sich her ein Verweilen bei der Struktur des Textes nicht zuläßt, scheint das emotionale Lesen zu einem ausdrücklichen Verweilen in der „Textur" zu führen, doch trägt gerade dieses Verweilen passiven Charakter. Passiv heißt: der Lesende verfehlt im undeutlichen Gestimmtsein den Text und damit die Möglichkeit der Kontrolle des Textzusammenhangs. Die vom Text ausgesendeten Signaldominanten werden zu bloßen Stimuli (Stimulanten), die vom Bewußtsein des Rezipienten nicht mehr auf ihre komplexe Nachricht hin kombiniert werden. Die gestimmten Kommunikationsmodi haben daher die Tendenz, in die Totalkommunikation umzuschlagen, die den Leseprozeß schließlich selbst aufheben muß. Das das lesende Erschließen auszeichnende Charakteristikum, die Kompetenz des Rezipienten, in der „Textur" selbst zu operieren, verkümmert. Daher ist das in der Totalkommunikation erreichte „schweigende Einverständnis" äußerst fragwürdig, wenn man ihm nicht, wie in der Tradition der Erlebnispädagogik üblich, im voraus die Qualität einer einmaligen und absoluten „Erkenntnis" zubilligen will. Genau besehen, wäre eher zu fragen, ob der Begriff der Kommunikation in diesem Extremfall überhaupt noch anwendbar ist. Definiert man den Begriff der literarischen Kommunikation, nach dem hier eingenommenen Ansatz, als sprachlich kodierte Wechselbeziehung zwischen Darstellungsweise (Lexie) und Leseweise („lecture") von Texten, dann muß der Begriff der „totalen Kommunikation" sowohl unter dem Aspekt des Sprechers wie des Empfängers eliminiert werden. Denn indem der Kommunizierende das *Totum* beansprucht, hebt er zugleich die zugrundeliegende kommunikationsbedingende dialogische und dialektische Struktur auf und stellt sich außerhalb der Kategorien von Zu- und Anspruch, Spruch und Widerspruch. Die totale Kommunikation ist daher monologisch, d. h. ausgesprochen kommunikationsfeindlich.

Dieser Sachverhalt gilt allerdings nicht, wie gleich zu zeigen ist, für den Kommunikationsprozeß innerhalb des hermeneutischen Verstehens, das das Phänomen der Totalkommunikation als *vorübergehendes Moment* zuläßt, nicht um die Kommunikation abzubrechen, sondern, im Gegenteil, um sie auf einer differenzierteren Ebene fortzusetzen. Insofern daher das hermeneutische Verfahren gerade die emotional wirkenden Elemente innerhalb der literarischen Kommunikation zu differenzieren vermag, bildet es das erste Verstehenstheorem, aus dem sich andere Verfahren des Textumgangs (dialektische und strukturale Methoden) ableiten lassen. Seine zentrale didaktische Bedeutsamkeit erhält es dadurch, daß es gerade im Unterricht der Primarstufe die aus der ersten Begegnung mit literarischen Texten hervorgegangenen emotiven Primäraussagen der Schüler methodisch und kontinuierlich zu differenzieren vermag.

Erster Modus literarischer Kommunikation im Unterricht:
Lesendes Erschließen auf hermeneutischer Basis

Der Begriff der Hermeneutik und seine Ausformungen in der Theorie Diltheys, Heideggers und Staigers

Die didaktische Bedeutsamkeit der Hermeneutik als eines Theorems von der methodischen Ausbildung des Verstehens im Umgang mit Texten ergibt sich erst aus einer Analyse ihrer gegenwärtigen Position innerhalb der Methoden literaturwissenschaftlicher Textexplikation. Diese Position ist angesichts der in den letzten Jahren neu einsetzenden Methodenreflexion der Literaturwissenschaft sehr zwielichtig geworden. Das hermeneu-

tische Verfahren der Textexplikation sieht sich einer zunehmenden Zahl von Angriffen ausgesetzt, die bis zur völligen Denunziation der Hermeneutik führen können, insofern diese ein „subjektfreies Erkennen" und damit auch vom jeweiligen Interpreten unabhängige Ergebnisse generell nicht zulasse: „Die hermeneutische oder verstehende Methode verfolgt das Ideal, jedes einzelne Kunstwerk mit einem Minimum an allgemeinen Voraussetzungen zu betrachten und seine Struktur ganz aus ihm selbst zu entwickeln. Jedes Objekt ist dabei letztlich ein absolutes Unikum, unvergleichbar und jeder generalisierenden Aussage unzugänglich. Das bedeutet nicht nur, daß nicht auf präzise, vom einzelnen Forscher unabhängige Weise gesagt werden kann, wann die Analyse eines gegebenen Textes abgeschlossen ist und was sie zutage fördern kann oder muß, sondern vor allem aber auch, daß eine wirkliche Theorie der Struktur poetischer Texte überhaupt unmöglich ist"[8]. Zugleich aber wird gerade in der Auseinandersetzung mit den Vertretern eines „subjektfreien Erkennens" die Unersetzbarkeit des hermeneutischen Verstehens erneut demonstriert: „Der Interpret kann sich, gleichviel ob er es mit zeitgenössischen Objektivationen oder mit geschichtlichen Überlieferungen zu tun hat, von seiner hermeneutischen Ausgangslage nicht abstrakt lösen. Er kann den offenen Horizont der eigenen Lebenspraxis nicht einfach überspringen und den Traditionszusammenhang, durch den seine Subjektivität gebildet ist, nicht schlicht suspendieren, um in den subhistorischen Lebensstrom einzutauchen, der die genießende Identifikation aller mit allen erlaubt. Gleichwohl ist die Sachlichkeit des hermeneutischen Verstehens in dem Maße zu erreichen, als das verstehende Subjekt über die kommunikative Aneignung der fremden Objektivationen sich selbst in seinem eigenen Bildungsprozeß durchschauen lernt"[9].
Die hier zum Vorschein kommende paradoxe Situation, die mit dem offensichtlichen Mangel zugleich die Unersetzbarkeit des hermeneutischen Verfahrens als eines Kommunikationsprozesses zur Differenzierung des Verstehens bestätigt, ist historisch erklärbar. Die Erklärung ist in dem Sachverhalt zu suchen, daß das hermeneutische Verfahren der Textexplikation seit Diltheys und Heideggers Darstellungen innerhalb der Literaturwissenschaft nicht mehr ausreichend reflektiert wurde und der ihm zugrundeliegende Zirkelschluß des Verstehens daher weitgehend unstrukturiert blieb. Trotz der Vielzahl der auf hermeneutischer Basis vollzogenen Interpretationen in den fünfziger Jahren (und vielleicht gerade ihretwegen) blieb eine ausdrückliche Theoriebildung der Hermeneutik in der Literaturwissenschaft aus. Die im ersten Zitat erhobenen Vorwürfe gegen das hermeneutische Verfahren sind daher ausgesprochen gegen eine einzige – zuvor schon kritisch betrachtete [10] – Schule der Textinterpreta-

tion gerichtet: gegen die Schule der werkimmanenten Interpretation. Alle Angriffe des ersten Zitats sind auf diese gerichtet. Der Vorwurf, jeder einzelne Text würde als „absolutes Unikum" betrachtet, richtet sich mit Recht gegen die von Staiger propagierte „Autonomie des Kunstwerks", das „selig in ihm selbst" ruhe, gegen „das besondere Vermögen" jeden Werkes, „eine Gegenständlichkeit eigener Art" (Kayser) hervorzurufen, gegen die Überbetonung des „Individualstils" anstelle invarianter, epochaler Strukturen. Der Vorwurf nicht generalisierender Aussagen, die „vom Forscher unabhängig" sind, richtet sich gegen die von Staiger postulierte Voraussetzung des Verstehens, „daß jeder Gelehrte zugleich inniger Liebhaber sei" und „das Kriterium des Gefühls auch das Kriterium der Wissenschaftlichkeit sein (wird)"[11]. Es kann daher nicht übersehen werden, daß alle Angriffe gegen das hermeneutische Verfahren sich auf jene Schule der Textexplikation beziehen, die das hermeneutische Verfahren auf eine bestimmte Weise aus der Ontologie Heideggers rezipiert hat, ohne dabei weder die dort entworfene Zirkelstruktur des Verstehens neu zu reflektieren noch das darin enthaltene Dichtungsverständnis zu überprüfen. Da Kunst innerhalb der Ontologie Heideggers schon immer als „das Sich-ins-Werk-setzen der Wahrheit"[12] verstanden wird, trägt auch das von dort übernommene Verfahren der Auslegung von Texten im wesentlichen eine *theologische* Struktur, weshalb auch Dürrenmatt in der Auseinandersetzung mit Staiger den konsequenten Vorwurf erheben kann: die gegenwärtige Literaturwissenschaft sei „nicht mehr Wissenschaft, sondern eine Art Literaturtheologie"[13]. Der von der Schule der werkimmanenten Interpretation ungeprüft mitübernommene theologische Rahmen der Hermeneutik und die darin enthaltene „Dichtungsmetaphysik"[14] zeigen sich am deutlichsten in der den meisten Textexplikationen zugrundeliegenden „Botschaftsphilosophie", nach der die Rolle des großen Dichters als „Vor-gänger", „Vor-läufer" und dementsprechend als „Botschafter" (Sprecher und Sprachrohr) seiner Zeit festgelegt ist[15]. Textexplikation hat daher innerhalb der „Botschaftsphilosophie" einen ausgesprochen einengenden, theologischen Rahmen, insofern sie die Erläuterung des Textes auf die „Auslegung" der vom Dichter überbrachten „Botschaft" reduziert, den Begriff der „Botschaft" selbst dabei aber nicht als Mitteilung, sondern als vor-rationale, d. h. religiöse Nachricht versteht. Die so verstandene „Auslegung" der „Botschaft" muß nicht nur das Verstehen des Rezipienten in Richtung auf ein „Empfangen" (Empfängnis) manipulieren, sie muß auch das Sprechen des Autors und damit den literarischen Produktionsprozeß einer rationalen Analyse entziehen („offenbaren"). Indem derart die Auslegung des Textes von einem Dichtungsbegriff abhängig wird, der jedem poetischen Sprechen ein unmittelbares (ex-statisches), vorausgehendes „Sich-sagen-Lassen und kein Fragen"[16] unterstellt, wird der hermeneutische Zirkel wesentlich auf den spontanen Dreischritt von Hören – Sagen – Zusagen eingeschränkt, und dies zuerst auf der Ebene der poetischen Tätigkeit. Der die Stimme der Botschaft vernehmende (hörende) Autor wird zugleich zum *direkt* vermittelnden „Sprachrohr", wie dies vor allem in der lyrischen Dichtung postuliert wird: als Sprechen „sunder warumbe" (Staiger), als „Gesang", der aus „der Kunst der Übereinstimmung"[17] hervorgeht. Der Spontaneität dieser sich in unmittelbarer Nachbarschaft zur Musikalität vollziehenden Hermeneutik des dichterischen Schaffens entspricht schließlich auch die Definition des Kunstwerks innerhalb der Schule der werkimmanenten Interpretation: „Kunstgebilde sind vollkommen, wenn sie stilistisch einstimmig sind"[18]. Von dieser auf einer vorausgehenden Totalkommunikation (Übereinstimmung) ruhenden ontologischen Hermeneutik her gesehen, wird auch verstehbar, warum die sich im Rezipienten vollziehende Differenzierung des Verstehens von der Literaturwissenschaft bisher keiner weiteren Reflexion unterworfen werden konnte. Indem sie schon im Bereich des dichterischen Produktionsprozesses eine aus der Ontologie Heideggers übernommene punktuelle Totalkommunikation ansetzt, nach der das Totum im Subjekt, das Subjekt im Totum anwesend ist, muß sie auch die Textexplikation auf dieselbe unstrukturierte Weise erklären: „das Einzelne aus dem Ganzen, das Ganze wiederum aus dem Einzelnen"[19]. Die von der Schule der werkimmanenten Interpretation ungeprüft übernommene gleichstrukturierte Hermeneutik auf der Ebene des Produzenten wie Rezipienten beruht auf der *nur im theologischen Rahmen* sinnvollen punktuellen Totalkommunikation. Diese wiederum hat ihr Zentrum in der „Botschaftsphilosophie" und muß daher jede Hermeneutik aus der mythologischen „Botengangmetapher"[20] ableiten, wie dies M. Heidegger auf die Frage nach der Herkunft der Hermeneutik zuletzt so getan hat: „Aus all dem wird deutlich, daß das Hermeneutische nicht zuerst das Auslegen, sondern vordem schon das Bringen von Botschaft und Kunde bedeutet"[21]. Die hier sichtbar werdende theologische Herkunft (Hermeneutik von „Hermes", der Götterbote, der die Botschaft den Menschen überbringt) zeigt, daß das hermeneutische Verfahren sich selbst nicht primär als wissenschaftliche Methodenlehre versteht, weil ihre hierarchische Kommunikationsstruktur (Gott – Botschaft – Mensch) jeden säkularisierten, d. h. gesellschaftlichen Kommunikationsprozeß übersteigt. Von hier aus wird einsichtig, daß die theologisch orientierte Hermeneutik aufgrund ihrer besonderen Qualität an der prinzipiellen Unvergleichbarkeit ihrer Texte (als „Botschaften") festhalten muß. Diese sind als „Botschaften" tatsächlich „absolutes Unikum".

Die eben skizzierte Vorherrschaft der theologischen Hermeneutik innerhalb der Literaturwissenschaft erklärt die eingangs erwähnten Angriffe, verschärft sie und macht die Frage nach einer rational strukturierten, d. h. *literarischen* Hermeneutik notwendig. Diese wird dann sichtbar, wenn die Literaturwissenschaft auf die durch die ontologische Fragestellung Heideggers inzwischen verschüttete Schrift Diltheys: „Die Entstehung der Hermeneutik" (1900), zurückgreift, wie dies im folgenden unter *didaktischer* Perspektive getan wird. Der Rückgriff auf Dilthey dient keineswegs dazu, dessen Werk als Ganzes zu aktualisieren, wohl aber dazu, ein entmythologisiertes, literarisches Kommunikationsmodell freizulegen, das die elementaren Bedingungen, unter denen sich ein bestimmtes Verstehen im Umgang mit Texten ausbildet, zu zeigen vermag. Die didaktische Bedeutsamkeit von Diltheys Hermeneutik ist darin zu suchen, daß sie die Bedingungen der literarischen Kommunikation aus dem Prozeß „des Verstehens schriftlich fixierter Lebensäußerungen", der „Zeichen, die von außen sinnlich gegeben sind"[22], ableitet und so das *sprachliche Zeichengefüge selbst* (nicht die in ihm enthaltene „Botschaft") zum Ausgangspunkt des Verstehens macht. Der so gewonnene Ansatz erklärt die primäre Funktion der Hermeneutik als einer Verstehenslehre nicht theologisch (Hermes: der Götterbote), sondern real aus der ursprünglichen Funktion der „Herme" als eines Wegzeichens: „... ursprünglich ein wegweisender Stein, der aus einem Steinhaufen herausragte"[23]. Ist es die erste Funktion des Wegzeichens (Herme), den Wanderer in einer unbekannten Fläche zu orientieren, indem es ihn von Zeichen zu Zeichen leitet, dann kann auch in übertragenem Sinn die Funktion einer literarischen Hermeneutik definiert werden als *einer Zeichenlehre (Semiologie), die das Verstehen des Lesenden in einem schriftlich fixierten Zeichenzusammenhang steuert und auf dem Wege hält.* Als solche *Zeichenlehre* konzipiert erscheint die Hermeneutik in Ansätzen bei Dilthey: „Wir nennen den Vorgang, in welchem wir aus *Zeichen*, die von außen sinnlich gegeben sind, ein Inneres erkennen: Verstehen"[24]. „Das kunstmäßige Verstehen schriftlich fixierter Lebensäußerungen nennen wir Auslegung, Interpretation." „Die Kunstlehre des Verstehens schriftlich fixierter Lebensäußerungen nennen wir Hermeneutik"[25]. Die hier gegebenen Definitionen der Hermeneutik als einer Zeichenlehre enthält ein von der Literaturdidaktik bisher übersehenes Kommunikationsmodell, in dem wiederum ein doppelter Aspekt angelegt ist:

1. Die Aufmerksamkeit des Rezipienten richtet sich auf die „sinnlich gegebenen Zeichen"[26] (bzw. das Zeichengefüge), insofern diese „von außen gegeben" sind. Diese dem Rezipienten vorgegebenen Zeichenobjektivationen, die Dilthey im Sinne einer allgemeinen Semiologie zunächst positi-

vistisch als „Sinnestatsachen, in Gebärden, Lauten und Handlungen von außen gegeben"[27], definiert, haben den Charakter einer das Verstehen *provozierenden* Fremdheit. Sie sind „sinnlich gegebene fremde individuelle Lebensäußerungen", Nachrichten, die dem Rezipierenden „wie die eines Fremden" entgegentreten und daher zunächst als „fremdes Dasein" wahrgenommen werden[28].

2. Diese das Verstehen provozierende Fremdheit enthält daher von sich her bereits den zweiten Aspekt der hermeneutischen Kommunikation: „Wie kann eine Individualität eine ihr sinnlich gegebene fremde individuelle Lebensäußerung zu allgemeingültigem objektiven Verstehen sich bringen?"[29]. Die aus den verschiedensten Zeichenobjektivationen sich stellende Frage nach einem objektiven Verstehen beantwortet Dilthey so: „Die Bedingung, an welche diese Möglichkeit gebunden ist, liegt darin, daß in keiner fremden individuellen Lebensäußerung etwas auftreten kann, das nicht auch in der auffassenden Lebendigkeit enthalten wäre. Dieselben Funktionen und Bestandteile sind in allen Individualitäten, und nur durch die Grade ihrer Stärke unterscheiden sich die Anlagen der verschiedenen Menschen. Dieselbe äußere Welt spiegelt sich in ihren Vorstellungsbildern. In der Lebendigkeit muß also ein Vermögen enthalten sein. Die Verbindung usw., Verstärken, Vermindern – Transposition ist Transformation"[30]. Die hier formulierte Kommunikationsbedingung enthält die Entdeckung eines die fremden Zeichenobjektivationen wie den Rezipienten verbindenden gemeinsamen Kontextes. Dieser ist darin gegeben, daß die fremden Zeichenobjektivationen niemals so fremd bleiben, daß sie nicht von der „auffassenden Lebendigkeit" rezipiert und in Verstehen transformiert werden könnten. Da die „auffassende Lebendigkeit" in „allen Individualitäten" aus „denselben Funktionen und Bestandteilen" besteht, ist die vorausgehende Korrespondenz mit dem lebendigen Kontext („dieselbe äußere Welt") den isoliert erscheinenden fremden Zeichenobjektivation prinzipiell überlegen. Diese Korrespondenz zeigt sich in der Kompetenz („Vermögen") des Rezipienten, die von außen gegebenen Zeichenobjektivationen zu „verbinden", zu „verstärken", aber auch zu „vermindern", d. h. in der jeweiligen Aneignung die in ihnen enthaltenen Nachrichten zu sub- oder objektivieren. Insofern ist – auch hierin wird die Aktualität Diltheys sichtbar – keine auf Zeichen aufgebaute literarische Kommunikation mit dem technischen Modell objektiver Nachrichtenübertragung vergleichbar. Literarische Kommunikation ist schon deswegen „normabweichend", weil jeder Zeichentransport durch die wechselnde Aufnahmekompetenz der Empfänger zugleich auch eine Übersetzung in deren vielschichtigen Lebenshorizont darstellt: „Transposition ist Transformation".

Aus dem bisher von der Literaturdidaktik nicht genügend beachteten Sachverhalt, daß hermeneutische Kommunikation zugleich immer schon eine Transformation in den jeweiligen lebenspraktischen Bezug des Rezipienten darstellt, ergibt sich auch ihre entscheidende didaktische Bedeutsamkeit. Denn der Vorgang der Transformation von gegebenen Zeichenobjektivationen in den Lebensbezug des Rezipienten beginnt nicht im abstrakten Raum einer vom Subjektiven angeblich gereinigten wissenschaftlichen Analyse, sondern erhält gerade durch diese Transformation das wichtige Element der Selbstaufklärung des schon vorhandenen eigenen Verstehens. Erst indem der Rezipient durch den Akt der Transformation und der damit verbundenen Selbstkonfrontation sein eigenes Vorverständnis (Wissen) mobilisieren muß, kann sich „Verstehen" überhaupt ausbilden. Drei elementare Bedingungen konstituieren, nach Dilthey, diese Ausbildung des Verstehens:
1. „Unser Handeln setzt das Verstehen anderer Personen überall voraus; ein großer Teil menschlichen Glücks entspringt aus dem *Nach-Fühlen* fremder Seelenzustände, die ganze philologische und geschichtliche Wissenschaft ist auf die Voraussetzung gegründet, daß dieses Nachverständnis des Singulären zur Objektivität erhoben werden könne. Das hierauf aufgebaute historische Bewußtsein ermöglicht dem modernen Menschen, die ganze Vergangenheit gegenwärtig zu haben: über alle Schranken der eigenen Zeit blickt er hinaus in die vergangenen Kulturen, deren Kraft nimmt er in sich auf und genießt ihren Zauber nach: ein großer Zuwachs von Glück entspringt ihm hieraus. Und wenn die systematischen Geisteswissenschaften aus dieser objektiven Auffassung allgemeine gesetzliche Verhältnisse und umfassende Zusammenhänge ableiten, so bleiben doch die Vorgänge von Verständnis und Auslegung auch für sie die Grundlage. Daher sind diese Wissenschaften so gut wie die Geschichte in ihrer Sicherheit davon abhängig, ob das Verständnis des Singulären zur Allgemeingültigkeit erhoben werden kann. So tritt uns an der Pforte der Geisteswissenschaften ein Problem entgegen, das ihnen im Unterschiede von allem Naturerkennen eigen ist" [31].
Die vorliegende Textstelle zeigt einem ersten Blick zunächst nur die historische Perspektive, aus der Dilthey innerhalb des hermeneutischen Kommunikationsmodells das Problem des Verstehens angeht. Wollen die historischen Wissenschaften die in ihrem Feld aus der Vergangenheit überlieferten singulären Objektivationen (Zeugnisse, Zeichen, Texte) erkennen, so bleibt ihre gemeinsame „Grundlage" hierfür, „die Vorgänge von Verständnis und Auslegung" zu beachten. Verstehen und Auslegen von überlieferten Texten sind demnach „Vorgänge", die nicht voneinander getrennt werden können, weil das Problem der richtigen Auslegung von

Zeichenobjektivationen die Frage nach dem richtigen Verstehen voraussetzt (und nicht umgekehrt). Schon hier wird die didaktisch entscheidende Hierarchie des Verstehensprozesses deutlich. Alle Auslegung von „sinnlich vorgegebenen Zeichen" gründet sich auf das Verstehen; dieses jedoch entwickelt sich nicht aus sich selbst, sondern „entspringt" der Fähigkeit des Rezipienten zur Einfühlung in den sinnlich vorgegebenen Zeichenzusammenhang, die sich wiederum in ein „Nach-Fühlen fremder Seelenzustände" verwandelt. Dieses „Nach-Fühlen" ist zugleich die Vorstufe des Verstehens. Das „Nach-Fühlen" bildet, wie die Textstelle ausdrücklich sagt, die Voraussetzung dafür, daß es in ein „Nachverständnis" verwandelt und dieses selbst wiederum „zur Objektivität erhoben werden könne". Die Hierarchie des Verstehensprozesses ließe sich demnach, grob vereinfacht, so darstellen:

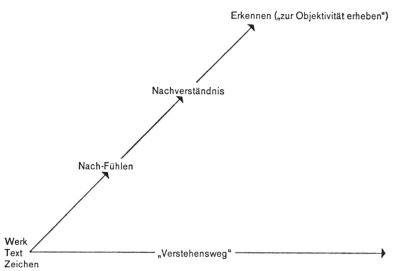

In dieser Rangordnung der zentralen Begriffe „Nach-Fühlen", „Nachverständnis", das wiederum „zur Objektivität erhoben" werden kann, deutet Dilthey die erste elementare Bedingung an, unter der sich das Verstehen im Kommunikationsprozeß ausbildet. Verstehen ist dadurch bedingt, daß es sich „erheben", d. h. den Weg vom Nach-Fühlen (der ersten Begegnung mit dem Text) über das Nachverstehen zum Erkennen zurücklegen kann. Das Verstehen differenziert sich, indem es die angegebenen drei „Wegstellen" durchläuft. Diese sind nichts anderes als die in der Kommunikationsabfolge erkennbaren und der Reflexion zugänglichen Phasen, die zeigen, „daß das Verständnis in der Linie des Geschehens fortgeht"[32]. Die erste Phase, das „Nach-Gefühl", ist demnach gesteuert von den sinnlich vorgegebenen Zeichenobjektivationen (Text), die, einmal vom Nach-Gefühl aufgefaßt, ihre historisch museale Dimension verlassen und so in die Subjektivität des Rezipienten einkehren. Diese Subjektivität der ersten Phase kann daher nicht durch den Hinweis auf die mangelnde Objektivität einfach übersprungen werden, wie dies Dilthey, dann Heidegger immer wieder betont haben[33]. Denn die Phase der „Einfühlung", der „Nach-bildung" enthält schon immer ein objektives Element: „das Innere" oder die „Struktur" des Textes selbst: „Erst durch einen Vorgang der Nach-bildung dessen, was so in einzelnen Zeichen in die Sinne fällt, ergänzen wir das Innere. Alles: Stoff, Struktur, individuellste Züge dieser Ergänzung müssen wir aus der eigenen Lebendigkeit übertragen"[34]. Indem so in der Phase der Einfühlung bereits das Objekt im Subjekt anwesend ist, ist auch der Prozeß der „Nach-bildung" weitgehend determiniert, die Übertragung der „eigenen Lebendigkeit" ist nicht beliebig, sondern dient dem Nachverstehen der „Struktur" des Textes, die in der zweiten Phase „objektiviert" wird. Insofern dieses Nachverständnis sich gemäß der Intention des vorgegebenen Zeichenzusammenhangs vollziehen muß, bildet es wiederum die Voraussetzung zur dritten Phase, in der das Verstehen „zur Objektivität erhoben" wird, d. h. zu einer „allgemeingültigen Erkenntnis", die sich aus dem Objekt selbst ableitet. Der Weg des Verstehens erreicht den Charakter einer wissenschaftlichen Aussage. Als solche ist sie zwar begründbar, aber niemals absolut. Denn die Differenzierung des Verstehens innerhalb der hermeneutischen Kommunikation ist, wie Dilthey selbst sagt, „eine unendliche Aufgabe"[35]. Nicht die meßbare Objektivität, wohl aber der Prozeß der *Objektivierung* ist das Ziel der hermeneutischen Kommunikation.

Diese erste elementare Grundbedingung des Verstehens als einer phasenweisen Differenzierung vom „Nach-gefühl" über „das Nachverstehen" zum Erkennen eines vorgegebenen Zeichengefüges ist gerade für die neuere Literaturdidaktik von entscheidender Bedeutung. Denn sie eliminiert die Lieblingsvorstellung des Erlebens von Literatur für immer aus dem literarischen Kommunikationsprozeß. Da das Verstehen literarischer Texte niemals hinter das bereits gesteuerte „Nach-gefühl" zurückgehen kann, kann auch die Einfühlung nicht zum originären, dem Subjekt selbst zugehörenden Erleben verwandelt werden, wie dies Dilthey ausdrücklich betont: „Das lyrische Gedicht ermöglicht so in der Aufeinanderfolge seiner Verse das Nacherleben eines Erlebniszusammenhangs: nicht des wirklichen..."[36]. Weil derart vom „Nacherleben" kein Weg zum originären Erleben führt, kann auch literarischer Unterricht niemals direkt vermittelte „Lebenshilfe" sein. Im Gegenteil besteht seine ausgezeichnete Be-

deutsamkeit darin, daß er das Verstehen des Subjekts nur indirekt, d. h. über „sinnlich gegebene fremde Lebensäußerungen" differenziert und so dem Subjekt schon immer mehr „mitteilt", als es von sich selbst her einbringen kann. Dies ergibt sich aus den ablaufenden drei Kommunikationsphasen. Indem die hermeneutische Kommunikation in der ersten Phase das Subjekt emotiv mobilisiert, schränkt es in der zweiten und dritten Phase das Emotive ein und relativiert damit den subjektiven Standort des Rezipienten.
2. Von hier aus läßt sich auch die zweite elementare Bedingung begreifen, unter der sich das Verstehen auf hermeneutischer Basis objektivieren läßt: „Wir nennen den Vorgang, in welchem wir aus Zeichen, die von außen sinnlich gegeben sind, ein Inneres erkennen: Verstehen... Dieses Verstehen reicht von dem Auffassen des kindlichen Lallens bis zu dem des Hamlet oder der Vernunftkritik. Aus Steinen, Marmor, musikalisch geformten Tönen, aus Gebärden, Worten und Schrift, aus Handlungen, wirtschaftlichen Ordnungen spricht derselbe menschliche Geist zu uns und bedarf der Auslegung. Und zwar muß der Vorgang des Verstehens überall, sofern er durch die gemeinsamen Bedingungen und Mittel dieser Erkenntnis bestimmt, gemeinsame Merkmale haben... Aber auch die angestrengteste Aufmerksamkeit kann nur dann zu einem kunstmäßigen Vorgang werden, in welchem ein kontrollierbarer Grad an Objektivität erreicht wird, wenn die Lebensäußerung fixiert ist und wir so immer wieder zu ihr zurückkehren können. Solches kunstmäßige Verstehen von dauernd fixierten Lebensäußerungen nennen wir Auslegung oder Interpretation... Darin liegt nun die unermeßliche Bedeutung der Literatur für unser Verständnis des geistigen Lebens und der Geschichte, daß in der Sprache allein das menschliche Innere seinen vollständigen, erschöpfenden und objektiv-verständlichen Ausdruck findet. Daher hat die Kunst des Verstehens ihren Mittelpunkt in der Auslegung oder Interpretation der in der Schrift enthaltenen Reste menschlichen Daseins" [37].
Die Textstelle ist deshalb wichtig, weil sie im Sinne einer allgemeinen Semiologie die Reichweite der Verstehensprozesse angibt: Gebärde (Gestus), Laute und Töne (gesprochene Sprache und Musik), Gestaltetes (Stein, Marmor – Plastik), Farbe und Form (Malerei) und Schrift bezeichnen Breite und Tiefe der Zeichenkombinationen, die das Verstehen bewältigen muß, wenn es zur „Auslegung" gelangen will. Das gemeinsame Kennzeichen aller genannten Zeichenobjektivationen ist ihr direkter oder indirekter Aufforderungscharakter, der „zu uns spricht" und daher „der Auslegung *bedarf*". Weil in diesem allgemeinen Sinne jedes Zeichengefüge ein appellierendes, die Auslegung provozierendes Element enthält, erreicht die Differenzierung des Verstehens gerade im Umgang mit sprach-

lichen Zeichen („dauernd fixierten Lebensäußerungen") „kunstmäßigen", d. h. methodisch nachprüfbaren Wert. Denn Verstehen kann nur dann einen „kontrollierbaren Grad von Objektivität" erreichen, „wenn die Lebensäußerung fixiert ist und wir so immer wieder zu ihr zurückkehren können". Die hier genannte zweite Grundbedingung der Ausbildung des Verstehens, die permanente Rückkehr zum schriftlich fixierten Zeichengefüge, ist deshalb von entscheidender didaktischer Bedeutsamkeit, weil sie nicht formalistisch als Registration und Kontrolle aufgenommener Informationen, sondern wiederum als Voraussetzung eines verstehensdifferenzierenden Prozesses begriffen werden muß. Denn indem das Verstehen die zuerst genannten Phasen (Nach-gefühl, Nachverstehen, Erkennen) nicht nur vor-, sondern auch *zurücklaufen* muß, erreicht es die dominierenden Signale, von denen her es in Gang gesetzt und gesteuert wurde (Progression). Erst diese „in der Linie des Geschehens" (Dilthey) zurücklaufende Bewegung (Inversion) gibt dem Verstehen die Möglichkeit zu einer differenzierten, den eigenen Ausgangspunkt überprüfenden und damit den linearen Kommunikationsablauf selbst korrigierenden *Operation*. Oder wie Dilthey selbst sagt: „Das Verstehen ist an sich eine dem Wirkungsablauf selber inverse Operation"[38]. Operation heißt jetzt: indem das Verstehen durch Progression und Inversion eine sich selbst objektivierende Zirkelstruktur erhält, wird es fähig, im Zeichengefüge selbst zu operieren. Es erreicht den schon früher skizzierten Charakter des lesenden Erschließens, das sich weder durch den „Wirkungsablauf" der Zeichensequenzen noch von der eigenen Subjektivität fortreißen läßt. Daher liegt, nach Dilthey, „die Hauptaufgabe" jedes hermeneutischen Verstehensprozesses auch darin, sich selbst „gegenüber dem beständigen Einbruch romantischer Willkür und skeptischer Subjektivität zu schützen"[39].
3. Aus dem aufgezeigten Zusammenspiel von Progression und Inversion kann auch die dritte Grundbedingung des hermeneutischen Verstehens abgeleitet werden. Da „das elementare Verstehen kein Schluß von einer Wirkung auf eine Ursache ist"[40], sondern sich selbst erschließend in einem vorgegebenen Zeichengefüge bewegt, kann die Differenzierung des Verstehens innerhalb der genannten ersten beiden Grundbedingungen nur dann zu einem Ende kommen, wenn es den Relationszusammenhang der Zeichen aufdeckt: „das so aufeinander Bezogene", das „auf eigene Art miteinander verbunden ist"[41]. Die „eigene Art" des Zeichengefüges, die Dilthey auch „Struktur" oder „Konstruktion" nennt[42], kann aber nur aufgedeckt werden, wenn dem sich differenzierenden Verstehen der letzte Schritt gelingt: die Zuordnung der einzelnen Zeichen zu einem Ganzen, welche Dilthey wiederum auf die kürzeste Formel gebracht hat: „Aus dem Einzelnen das Ganze, aus dem Ganzen wiederum das Einzelne"[43]. Diese

von der Schule der werkimmanenten Interpretation zumeist schlagwortartig übernommene Formel muß jedoch die Leistung der Zuordnung geradezu verschleiern, wenn sie im Sinne einer bloßen Addition der „Teile" bzw. Zeichen begriffen wird. Denn die Leistung der Zuordnung stellt unausweichlich das zentrale Problem der Semantik: die Entstehung von Bedeutung. Dieses Problem ist dadurch gekennzeichnet, daß jede Zuordnung die Beziehung des Zeichens zu dem von ihm Bezeichneten (Bedeutung) nicht überspringen kann, wie dies Dilthey so formuliert: „Das Verstehen beruht nun primär auf der in jedem Erlebnis, das als Verstehen charakterisiert ist, enthaltenen Beziehung des Ausdrucks und dem, was in ihm ausgedrückt ist"[44]. Auf diese in der jüngsten Linguistik entscheidende Beziehung zwischen Ausdruck und ausgedrücktem Sinn, „Bedeutendem" und „Bedeutetem", „Bezeichnung" und „Bezeichnetem" (Signifikant-Signifikat-Relation) antwortet Dilthey mit dem Hinweis, daß „alles Probieren im Verständnisvorgang die Worte zu einem Sinn und den Sinn der einzelnen Glieder eines Ganzen zu dessen Struktur zusammennehmen (muß). Gegeben ist die Folge der Worte. Jedes dieser Worte ist bestimmt – unbestimmt. Es enthält in sich eine Variabilität seiner Bedeutung. Die Mittel der syntaktischen Beziehung jener Worte zueinander sind ebenfalls in festen Grenzen mehrdeutig: so entsteht der Sinn, indem das Unbestimmte durch die Konstruktion bestimmt wird"[45]. Diltheys knapper Hinweis enthält für die zu klärende dritte Verstehensbedingung, die vom differenzierten Verstehen abschließend zu leistende Zuordnung der sprachlichen Zeichen zu einem Ganzen (Struktur), zwei für die Didaktik wichtige Aussagen:
a) Die aus der Relation zwischen einem Zeichen und dem von ihm Bezeichneten hervorgehende semantische Variabilität ist weder auf der Ebene der Wortfolge noch auf der Ebene der Syntax beliebig dehnbar, sondern nur „in festen Grenzen mehrdeutig".
b) Diese Mehrdeutigkeit selbst ist auflösbar, „indem das Unbestimmte durch die Konstruktion bestimmt wird", d. h. durch den Positionswert im vorgegebenen Zeichenzusammenhang „festgelegt" wird: „und ebenso ist der Kompositionswert der aus Sätzen bestehenden Glieder ... vom Ganzen aus festgelegt"[46].
Die von Dilthey hier angestrebte Auflösung der semantischen Unschärferelation ist deswegen entscheidend, weil sie die Differenzierung des Verstehens auch und gerade im hermeneutischen Kommunikationsprozeß bis in die Schlußphase hinein an die „Konstruktion", d. h. das Baugesetz (Lexie) des Textes bindet. Die vom Verstehen zuletzt zu leistende Zuordnung der Zeichen in das Zeichengefüge ist daher mit der schrittweisen Aufdeckung der Lexie, des Baugesetzes eines Textes, verbunden. Das sich kon-

trollierende und damit kontrollierbare Verstehen springt also nicht intuitiv vom Einzelnen zum Ganzen (und zurück), sondern kann sich allein innerhalb der vorgegebenen Zeichenrelation ausbilden. Es vollzieht die Leistung der Zuordnung, indem es vom Stellenwert des Zeichens zur Zeichenrelation und von dieser zur komplexen Nachricht des Textes gelangt. Die zuletzt genannte dritte Verstehensbedingung innerhalb des hermeneutischen Kommunikationsprozesses zeigt erneut eine gravierende Differenz zu der Methode der werkimmanenten Textinterpretation, wie sie E. Staiger entworfen hat. Dieser nennt zwar die dritte Verstehensbedingung („das Ganze aus dem Einzelnen, das Einzelne aus dem Ganzen zu verstehen"[47]), geht dabei aber nicht auf das darin enthaltene Problem der Semantik ein. Ebenso werden nirgendwo die für jede Textexplikation notwendigen ersten beiden Verstehensbedingungen genannt. Dies zeigt: die Schule der werkimmanenten Interpretation kümmert sich – oft zu ihrem eigenen Schaden – nicht um die elementare methodische Ausbildung des Verstehens, sondern setzt in jedem Lehr- und Lernprozeß ein bestimmtes Methodenbewußtsein voraus. Indem sie zumindest in der Theorie von der Phase der Einfühlung direkt zur Auslegung des Textganzen springt, klammert sie die didaktische Funktion innerhalb der literarischen Kommunikation, die phasenweise Ausbildung des Verstehens im sprachlichen Zeichengefüge, zumeist aus. Sie ist allein an der dritten Verstehensbedingung interessiert: „... nachzuweisen, wie alles im Ganzen und wie das Ganze zum Einzelnen stimmt... Daß dieser Nachweis möglich ist, begründet unsere Wissenschaft". „In der Vorerkenntnis des ersten Gefühls und dem Nachweis, daß es stimmt, erfüllt sich der hermeneutische Zirkel der Interpretation"[48]. Insofern Textexplikation hier vorwiegend Bestätigung der „Stimmigkeit" des Textes und Selbstbestätigung der Richtigkeit des Vorgefühls des Interpreten ist, muß die rationale Darstellung des Kommunikationsvorgangs, der ein Prozeß elementarer Verstehensbildung ist, verschüttet werden. In der Überbetonung des „Interpretierens" und der Vernachlässigung der Ausbildung des Verstehens hat die werkimmanente Schule selbst den bei Heidegger noch vorhandenen Vorrang der Verstehensbildung verschüttet. Im Paragraphen 32 von „Sein und Zeit", der den Titel „Verstehen und Auslegung" trägt, heißt es eindeutig: „Die Ausbildung des Verstehens nennen wir Auslegung. In ihr eignet sich das Verstehen sein Verstandenes verstehend zu. In der Auslegung wird das Verstehen nicht etwas anderes, sondern es selbst. Die Auslegung gründet existential im Verstehen, und nicht entsteht dieses durch jenes. Die Auslegung ist nicht die Kenntnisnahme des Verstandenen, sondern die Ausarbeitung der im Verstehen entworfenen Möglichkeiten"[49]. Die Textstelle zeigt den in der Literaturwissenschaft nicht mehr ausdrücklich reflektierten direkten Zusammenhang von Verstehen und Auslegung. Letztere wird – im Gegensatz zu den vorherrschenden Vorstellungen von Interpretation – als Prozeß des sich differenzierenden Vorverständnisses definiert, ist also *Teil einer Kommunikationsstruktur* und nicht Selbstzweck. Der Vorrang der Ausbildung des Verstehens vor der Auslegung begründet auch die didaktische Bedeutsamkeit des hermeneutischen Zirkels. Er ist im Unterricht nicht zuerst *Instrument zur Textexplikation*, sondern eine *Kommunikationsstruktur*. Diese ermöglicht es, elementares Verstehen überhaupt zu konstituieren, indem es das gesamte Verstehen des Rezipienten über ein Erschließen der in der Stimmung angelegten Möglichkeiten zum bestimmten Verstehen ausbildet. Wollte man daher rückblickend die verschiedenen Ausformungen des hermeneutischen Zirkels darstellen, so könne man sie in grob vereinfachender Weise in folgende Schemata pressen:

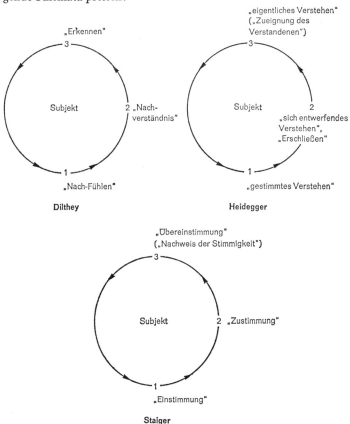

Es ist offensichtlich, daß die hier gegebene gefährliche Vereinfachung der Zirkelstruktur des Verstehens nur aus dem Zusammenhang der vorausgegangenen Darstellung des hermeneutischen Kommunikationsmodus gerechtfertigt werden kann. Die Schemata hätten ihren Sinn völlig verfehlt, wenn sie die Vorstellung eines Mechanismus erwecken würden, nach dem sich Verstehen überall automatisch, d. h. von selbst ausbilde. Im Gegenteil müssen die drei von Dilthey her entwickelten Grundbedingungen literarischer Kommunikation in jedem Schema mitgedacht werden:

1. Hermeneutisches Verstehen ist der Prozeß des lesenden Erschließens eines Zeichengefüges, der von der Phase der Einfühlung über das Nachverstehen zum Erkennen der komplexen Aussage von Texten führt (Progression).
2. Die Bewegung des Verstehens vollzieht sich durch eine progressive wie intensive Operation in den Texten selbst. Erst durch diese inverse, dem Wirkungsablauf entgegengesetzte Operation kann die Lexie, das Baugefüge des Textes, erkannt werden.
3. Die Bewegung des Verstehens kann nur dann zu einem *kontrollierbaren* Ergebnis kommen, wenn es die Aussagen über die Signifikanz eines Textes von der Einsicht in den Positionswert und Relationszusammenhang der sprachlichen Zeichen abhängig macht.

Den hier genannten Verstehensbedingungen entsprechend lassen sich die Vor- und Nachteile der hermeneutischen Kommunikation im literarischen Unterricht so zusammenfassen. *Vorteile:*

1. Die hermeneutische Ausbildung des Verstehens ist als Basis des literarischen Unterrichts in der Primar- und auch noch weithin in der Sekundarstufe unersetzlich. Das lesende Erschließen auf hermeneutischer Basis erlaubt dem Lehrer, die auf dieser Altersstufe gängigen emotionalen Primäraussagen der Schüler zu Texten langsam und methodisch zu differenzieren, insofern gerade die erste Phase der direkten Begegnung (Nach-gefühl) der entwicklungspsychologisch bedingten Tendenz zur Identifikation mit und der Spontanreaktion vor Texten entgegenkommt. Die aus der direkten Begegnung hervorgehenden emotionalen Primäraussagen, die in der Regel zu „sprachlichen Kettenbildungen"[50] führen, erweitern nicht nur die Sprachkompetenz, sondern dienen vor allem auch der Selbstaufklärung des Verstehens und der Selbstkontrolle der eigenen Wahrnehmung an den Texten selbst.
2. Die hermeneutische Ausbildung des Verstehens läßt gerade durch ihre noch starke emotive Verankerung (erste Phase der Einfühlung) eine individuelle Rezeption zu, insofern die Erschließung von den zuerst wahrgenommenen Einzelelementen eines Textes ausgehen muß. Durch die weithin noch punktuelle Kommunikation der Schüler, die immer von den

dominierenden Signalen eines Textes gesteuert wird, kann der Lehrer besonders auffällige Textelemente aus dem Textgewebe (Textur) herauslösen und durch diese Isolierung der Reflexion der Schüler anbieten. Die auch von der neuen Lernzielplanung geforderte „Elementarisierung poetischer Strukturen" [51] ist gerade im hermeneutischen Kommunikationsmodus möglich, weil sich das primäre Verstehen der Schüler zunächst an die auffälligsten Signaldominanten halten muß, wenn es überhaupt im Kommunikationsprozeß bleiben will. Die aus solchen Signaldominanten abgeleiteten einzelnen Bauelemente (z. B. Rhythmus, Reim, Modulation; Szene, Dialog, Bild usw.) können dann, nach der Reflexion über ihre Funktion im Text, in einfache *Kategorien* übersetzt und in nachfolgenden Kommunikationsprozessen wieder angewendet werden. Die *Transferierbarkeit* der erkannten einzelnen Bauelemente auf gleichgeartete literarische Strukturen ermöglicht es, wie das nachfolgende Beispiel zeigt, in den hermeneutischen Kommunikationsprozeß eine zunehmend rationale Lernstruktur zu integrieren (Angabe von Lernzielen, Planung der Lernschritte und Lerneinheiten, Selbständigkeit vor dem Text, Selbstkontrolle der Primäraussagen an Textelementen, „Transferierbarkeit von schon erworbenen Kenntnissen" und „Generalisierbarkeit von Aussagen" [52]).

3. Die hermeneutische Ausbildung des Verstehens ist zur Grundlegung des literarischen Unterrichts unumgänglich, weil sie mit einem Minimum an Vorkenntnissen beginnt und den jeweiligen Verstehensprozeß allein von *einer* Textstruktur her mobilisiert.

Nachteile: Der offensichtliche und schwerwiegende Nachteil des hermeneutischen Verfahrens besteht in seiner begrenzten Reichweite im Hinblick auf den Textbestand selbst. Da die hermeneutische Kommunikation überall mit der Einfühlung beginnen muß, um den Zirkel vom gestimmten zum bestimmten Verstehen zu vollziehen, kann sie zumeist nur auf „einstimmige", d. h. traditionelle Texte angewendet werden. Wo immer die seit der literarischen Bewegung des Expressionismus entwickelten Verfremdungs- und Montagetechniken (vgl. den nächsten Kommunikationsmodus) erscheinen, d. h. die Texte sich selbst bewußt der Einfühlung des Rezipienten verweigern, muß die hermeneutische Kommunikation scheitern. Gerade diese Eindimensionalität des im Bereich der Stimmigkeit (Sonanz) sich vollziehenden Verstehens ist die Ursache für die unbewußte Blockade der Literaturdidaktik gegenüber der gesellschaftskritischen Literatur oder experimentellen Texten, die von sich her notwendig „Stimmigkeit" und „Einstimmigkeit" zerstören müssen. Zur Erschließung solcher Texte ist ein weiterer, von der Literaturdidaktik bis jetzt nicht aufgeschlüsselter dialektischer Kommunikationsmodus notwendig.

Anwendungsbereich und Reichweite des lesenden Erschließens auf hermeneutischer Basis im Unterricht
Beispiel: G. Trakl, Rondel (4. Schuljahr, Primarstufe)

Das nachfolgende Beispiel lesenden Erschließens nimmt ein schon im zweiten Kapitel angedeutetes Verfahren der Textexplikation (vgl. S. 71) an Trakls „Rondel" wieder auf, differenziert es aber jetzt im Hinblick auf die im hermeneutischen Kommunikationsmodell von den Schülern zu leistenden Verstehensphasen. Dem lesenden Erschließen eines Zeichengefüges entsprechend werden daher alle elementaren Verstehensschritte aus der Beziehung zwischen Lexie (Baugesetz) des Textes und Leseweise des Rezipienten abgeleitet. Das Beispiel wurde zuerst in einem sechsten, dann einem vierten Schuljahr durchgeführt und soll den phasenweise aufgeschlüsselten Leseprozeß skizzieren.

Rondel

Verflossen ist das Gold der Tage,
Des Abends braun und blaue Farben:
Des Hirten sanfte Flöten starben
Des Abends blau und braune Farben
Verflossen ist das Gold der Tage.
G. Trakl [53]

Baugefüge des Textes (Lexie): Die Rezeption des Textes ist durch die Abfolge der beim Sprechen ausgesendeten Klangsignale eindeutig gesteuert. Die Klangdominante, die in der wohllautenden Monotonie (Tonalität) der Wortsequenzen das Hören intensiviert und zugleich die Reflexion niederhält („gestimmtes Verstehen"), zeigt sich zumindest in zwei Komponenten:
1. Der rhythmischen Figur, die in regelmäßigem Wechsel von Senkung und Hebung (Vierheber, jambisch) das Gleichmaß der kleinsten Einheit, der Takte, signalisiert und vernehmbare Abweichungen nicht duldet:

Verflossen ist das Gold der Tage
⏑ — ⏑ — ⏑ — ⏑ — ⏑

2. Der Lautgestalt, die von der rhythmischen Figur weitgehend mitbestimmt ist, insofern die Hebungen auf zumeist volltönende Stammsilben fallen:

Verflóssen íst das Góld der Táge,
des Ábends bráun und bláue Fárben:

Die ausgesprochene Tonalität der Lautabfolge ist durch zwei signifikante Elemente charakterisiert:
a) Die Monotonie, die sich in der Korrespondenz gleichlautender Vokale *in* den Zeilen, dann im gesamten Gedicht ergibt:
Verflossen – Gold – T*a*ge
*A*bends – br*au*n – bl*au* – F*a*rben
Diese Vokalkorrespondenzen, in denen unüberhörbar die a-Laute dominieren, drängen von sich her zum Reim, in dessen einfarbigem Gleichklang sie kulminieren: T*a*ge, F*a*rben, starben, F*a*rben, T*a*ge.
b) Die sich aus solcher gleichlautenden Vokalkorrespondenz ergebende Monotonie, die sich auf der Ebene der Konsonanten fortsetzt (z. B. *b*raun – *b*lau – Far*b*en – star*b*en), wird schließlich durch die regelmäßige Wiederkehr wörtlich miteinander übereinstimmender Zeilen (es korrespondieren Z. 1 und 5, Z. 2 und 4) zur nicht mehr zu überhörenden rhythmischen und klanglichen Einförmigkeit (Sing-Sang) gesteigert. Da ein nahtloser Übergang von der letzten zur ersten Zeile möglich ist, reproduzieren sich die Klangdominanten im wiederholten Sprechablauf fortwährend, so daß auch die dritte Zeile wiederholbar ist. Die in solcher Wiederkehr immer erneut reproduzierte Monotonie des Klangkörpers wirkt jedoch keineswegs langweilig, sondern durch die überall noch hörbare Modulation (z. B. Góld – Táge, bláue Fárben, Flöten stárben) von Hebung zu Hebung ausgesprochen suggestiv.

Leseweise ("lecture"): Es ist offensichtlich, daß die Lexie des Textes durch die dominierenden Klangsignale Leseweise und Lesephasen der Erschließung so festlegt, daß ein Ausbrechen des Rezipienten aus dem Kommunikationsprozeß der ersten Phase (Begegnung) kaum möglich erscheint. Die erste Phase ist durch die genannten Signaldominanten so determiniert, daß im besten Falle von einem „gestimmten Verstehen", wenn nicht sogar von einer punktuellen Totalkommunikation gesprochen werden muß. Der Hörende „besitzt" das „Ganze" im Gleich- und Einklang und wird gerade durch die pausenlose Reproduzierbarkeit der gleichlautenden Wortsequenzen zur Wiederholung aufgefordert. Dieser Wiederholungszwang entsteht auch aus der im intensiven Hören niedergehaltenen Reflexion. Die Flüchtigkeit der totalen Übereinstimmung drängt von sich her zur spontanen Wiederholung, ohne daß die Hörer dies jedoch sogleich begründen könnten. Deshalb lauten die meisten Primäraussagen der Schüler einer vierten Klasse lakonisch: „das Gedicht klingt dunkel", „es ist eintönig", „es wirkt einschläfernd", „es ist nicht verständlich", „man kann sich nicht viel vorstellen", „alles dreht sich im Kreise", „man kann das Gedicht vorwärts und rückwärts lesen". Genau besehen, sind alle Primäraussagen bereits Aussagen zur spezifischen Lexie des Textes, ohne daß die Schüler dies allerdings erklären könnten. Die Aussage über die „Eintönigkeit" bezieht sich auf die Klangdominante, die Aussage „alles dreht sich im Kreise" bereits auf die noch zu erläuternde Rondel-Struktur, die Aussage „man kann sich nichts vorstellen" ist eine Feststellung zur besonderen Bildlichkeit des Textes.

Die zweite Phase des Erschließungsprozesses dient daher der Verstärkung der durch intensives Hören auf ein Minimum abgebauten Subjekt-Objekt-Relation des Rezipienten. Die zunehmende Distanz, die das Hören in ein Sehen verwandelt, kann auf verschiedene Weise zustande kommen:

a) Durch Überprüfung der Primäraussagen mit Hilfe von Kontrollfragen: Wo ist im Text die Eintönigkeit zu finden?

b) Durch Eingriff in den Text selbst, z. B. Umstellprobe. Statt „Verflossen ist das Gold..." heißt es jetzt: „Das Gold der Tage ist verflossen".

Die Schüler erkennen: nichts hat sich durch die Umstellung in der Aussage (Mitteilung), Entscheidendes aber in der Klangdominante geändert. Von der einfachen Umstellung aus gesehen (besser: gehört), können die Schüler durch Vergleich die Funktion des fehlenden Reims als Störung des Gleichklangs begreifen. Von hier aus können andere gleichlautende Lautsequenzen im Text aufgesucht, die Vokalkorrespondenz unterstrichen und schließlich die Hebungen selbst (mit farbiger Kreide an der Tafel) eingesetzt werden. Die so entstehende Übertragung des Gehörten in das *Medium optischer Zeichen* ermöglicht das Sehen des Textes als Klangkörper und das Erkennen der regelmäßigen Abfolge der rhythmischen Sequenzen, wobei drei Kategorien induktiv gewonnen werden können: „Rhythmus", „Hebung und Senkung" und „Satzmelodie".

Der so vollzogene Übergang vom Hören zum Sehen muß schließlich zur Aufdeckung der elementaren Lexie des Textes führen, die auf dem Prinzip der Wiederholung beruht. Dieses zeigt sich am deutlichsten in der Parallelität der Zeilenanordnung, die wiederum optisch dargestellt werden kann:

```
1 ——————— 5
2 ——————— 4
3 ——————— 3  =  „Mittelachse"
4 ——————— 2
5 ——————— 1
```

Die Schüler erkennen: das Gedicht kann von vorwärts nach rückwärts, von rückwärts nach vorwärts gelesen werden. Der nahtlose Übergang von Ende und Anfang (und umgekehrt) bewirkt, daß im Sprechablauf schließlich die Begriffe „Anfang" und „Ende" keinen Sinn mehr haben. Das Gedicht „dreht" sich um eine „Mittelachse" im Kreis und trägt daher seinen Titel „Rondel" (= Reigen = Kreis) zu Recht. Er ist ein Verweis auf die Struktur des Textes. Das Sehen in der zweiten Phase des Erschließungsprozesses endet also mit der Einsicht in das Baugesetz des Textes, dem ein poetisches Muster (Rondo-, Reigenform, die auf verschiedene Inhalte: z. B. Frühlings-, Todesreigen, angewendet werden kann) zugrundeliegt. Die Leseweise endet daher in der Aufdeckung eines Paradigmas.

Es ist offensichtlich, daß die hier vorgetragenen Lesephasen, die, dem hermeneutischen Kommunikationsmodus entsprechend, vom Hören (Nach-gefühl) zum Sehen (Nach-verstehen – inverse Operation) und zum Einsehen (Erkennen der Lexie) führen, in höheren Klassen noch auf der semantischen Ebene beträchtlich vertieft werden können; dann nämlich, wenn die besondere Bildlichkeit des Textes in bezug zur erarbeiteten Rondelstruktur gesetzt wird. Drei Bilder werden vorgeführt:

1. Verflossen ist *das Gold der Tage*
2. (verflossen) *des Abends braun und blaue Farben*
3. des Hirten *sanfte Flöten starben*

Alle Bilder haben zwei Kennzeichen:

1. Sie sind auf eigentümliche Weise ungegenständlich: „das Gold der Tage", „des Abends braun und blaue Farben". Sie sind topoi, d. h. Farb- und Lautzeichen („sanfte Flöten starben") und dienen als Zeitverweise, die auf einen „verflossenen" Zustand (Sommer) verweisen.
2. Die mangelnde Gegenständlichkeit (Verfließen der Farben) erklärt sich wiederum aus der Rondelstruktur, die durch ihre Kreisbewegung alle Bilder schnell vor dem Auge des Rezipienten vorbeiführt.

Es ist offensichtlich, daß eine solche Erschließung auf der semantischen Ebene erst später geleistet werden kann. Entscheidend bleibt jedoch die hermeneutisch vollzogene Differenzierung des Verstehens durch einen Prozeß des lesenden Erschließens, der vom Hören zum Sehen, vom Sehen zur Einsicht in die Lexie des Textes führt.

Zweiter Modus literarischer Kommunikation im Unterricht:
Lesendes Erschließen auf dialektischer Basis
Brechts Theorem von der notwendigen Verfremdung
und das daraus rührende Kommunikationsmodell

Der hier darzustellende Modus literarischer Kommunikation im Unterricht und die in ihm zum Vorschein kommende Ausbildung des Verstehens ist von der neuen Literaturdidaktik bisher nur in Ansätzen aufgeschlüsselt worden. Ansätze, die das Verstehen der Schüler im Umgang mit Texten auf dialektischer Basis zu differenzieren versuchen, sind zumeist nur in Einzelinterpretationen auffindbar [54] oder werden pauschal in die Postulate eines „kritischen Literaturunterrichts" [55] eingebaut. Als in sich geschlossenes Theorem einer didaktisch begründeten, im Umgang mit verfremdeten Texten der „Moderne" prinzipiell notwendigen Verstehensdifferenzierung liegt das dialektische Verfahren nicht vor.
Die didaktische Bedeutsamkeit des lesenden Erschließens auf dialektischer Basis ergibt sich aus der zuletzt dargestellten Begrenztheit des hermeneutischen Verfahrens. Die ihm konstitutiv zugehörende Eindimensionalität der Texterschließung (Einstimmung – Zustimmung – Übereinstimmung) und die damit verbundene Kategorie der Einfühlung muß vor solchen literarischen Formen scheitern, deren Lexie nicht mehr auf den Elementen von Sonanz und Konsonanz, Bild und Abbild aufbaut. Diese Formen verweigern sich durch eine mehr oder weniger starke Abweichung von der traditionellen ästhetischen Norm der Einfühlung oder lassen diese nur in begrenztem Maße zu. Die Begründung für eine gerade in der Literatur des 20. Jahrhunderts durchgehend sichtbare „Normabweichung" der Darstellungstechniken wurde bereits im 2. Kapitel entwickelt. Sie sind im Wandel des Literaturbegriffs und dem damit notwendig verbundenen Wandel hin zur gesellschaftskritischen Funktion von Literatur zu suchen, wie dies die hier dargestellten Kommunikationsmodelle der Autoren selbst zeigen (vgl. 2. Kap., 2. Kommunikationsmodus). Unter ihnen ist das Modell der dialektischen Kommunikation heute vorherrschend. Indem „Poesie" als „ein Prozeß der Verständigung des Menschen mit und über ihn selbst" bezeichnet wird, „der nie zur Ruhe kommen kann" (Enzensberger), wird auch der Rezeptionsvorgang von Anfang an in Richtung auf ein engagiertes Verhalten gegenüber dem Text gesteuert. Das Moment der Einfühlung entfällt, der Rezipient wird zum „reflektierenden Mitspieler" im Kommunikationsprozeß. Von hier aus hat schon Habermas die Begrenztheit des Diltheyschen „Einfühlungsmodells" aufgezeigt: „... daß er (Dilthey) nicht umhin kann, den Er-

fahrungsbereich der Kommunikation auf das Muster desengagierter Beobachtung zurückzuführen ... Wäre Dilthey der Konsequenz seiner Untersuchungen gefolgt, hätte er gesehen, daß Objektivität des Verstehens nur innerhalb der Rolle des reflektierten Mitspielers in einem Kommunikationszusammenhang möglich ist"[56]. „Das hermeneutische Verfahren entledigt sich so der spezifischen, an umgangssprachlicher Kommunikation haftenden Dialektik des Allgemeinen und des Individuellen zugunsten einer umfangslogisch eindeutigen Klassifikation von Erscheinungen"[57]. Die von Habermas ohne Bezug zur literarischen Interpretation vorgetragene Kritik am hermeneutischen Kommunikationsmodell ist schon von B. Brecht zu Beginn der dreißiger Jahre zu einer kohärenten Theorie von der Differenzierung des Verstehens auf dialektischer Basis ausgebaut worden[58]. Ausgehend von der These, daß „die Einfühlung ein Grundpfeiler der *herrschenden* Ästhetik (ist)"[59], „diese Einfühlung (jedoch) ... zunehmend ein Hindernis für die weitere Entwicklung der gesellschaftlichen Funktion der darstellenden Künste (wird)"[60], weil sie ein kritisches Gegenübertreten zur künstlerischen Abbildung verhindert, kommt Brecht zur Theorie einer auf „Erleben" und „Mitfühlen" weitgehend verzichtenden „Übermittlung des Kunstwerks": „Die theatralischen Künste stehen vor der Aufgabe, eine neue Form der Übermittlung des Kunstwerks an den Zuschauer auszugestalten. Sie müssen ihr Monopol auf die keinen Widerspruch und keine Kritik duldende Führung des Zuschauers aufgeben und Darstellungen des gesellschaftlichen Zusammenlebens der Menschen anstreben, die dem Zuschauer eine kritische, eventuell widersprechende Haltung sowohl den dargestellten Vorgängen als auch der Darstellung gegenüber ermöglichen, ja *organisieren*"[61]. Das Zitat erhält das von Brecht später bis ins Detail entwickelte Theorem von der heute nur noch auf dialektische Weise zu differenzierenden Bildung des Verstehens im Umgang mit literarischen Werken. Diese dialektische Ausbildung des Verstehens wird ermöglicht, indem in den traditionellen literarischen Kommunikationsprozeß „eine neue Form der Vermittlung" integriert wird, die an die Stelle der „Einfühlung" die Kategorie des *Widerspruchs* setzt. Dieser Widerspruch wird vom Autor selbst bewußt „organisiert", ist also in die Lexie des Textes so eingebaut, daß der Rezipient das im Kommunikationsprozeß Vermittelte sowohl auf der semantischen Ebene („den dargestellten Vorgängen") als auch auf der formalen („der Darstellung") kritisieren kann, ja muß. Diese neue, Kritik statt Einfühlung ermöglichende Kommunikationsstruktur gibt allen Vermittlungsvorgängen zwischen „Sender" und „Empfänger" einen *didaktischen* Charakter und wurde daher meist auf die berühmte Formel vom „epischen Theater" als einem „Lehrtheater" reduziert. Diese Reduktion ist jedoch unerlaubt.

1. Sie schränkt die allgemeine Bedeutung des neuen Kommunikationsmodells auf eine Gattung ein und läßt sie nur in Hinsicht auf epische Darstellungen gelten. Dem entgegen steht die Theorie Brechts selbst: „Es wird jetzt der Versuch gemacht, vom epischen Theater zum dialektischen Theater zu kommen. Unseres Erachtens und unserer Absicht nach waren die Praxis des epischen Theaters und sein Begriff keineswegs undialektisch..."[62].

2. Das Element des Didaktischen in der neuen Kommunikationsstruktur ist nicht auf ein reines Zeigen (demonstrare) einzuschränken, sondern vielmehr aus einem umgreifenden dialektischen Prinzip abzuleiten, das weder von den Künsten noch der Didaktik als einer Form direkter Lehre beansprucht werden kann. Im Gegenteil: künstlerische Darstellung und didaktische Vermittlung können nur dann in ein produktives Verhältnis zueinander treten, wenn sie beide einem dialektischen Prinzip gehorchen. Dieses produktive Verhältnis ist erst dann gegeben, wenn beide (Kunst und Didaktik) auf Veränderung des gesellschaftlichen Bewußtseins, anschließend auf Veränderung der Lebenspraxis ausgehen: „Dialektik ist", im Gegensatz zur Dialektik der traditionellen Kunst, „von der Art, daß sie Handhaben gegenüber dem gesellschaftlichen Sein bietet"[63].

Das dialektische Prinzip innerhalb der neuen Kommunikationsstruktur hat demnach eine doppelte Funktion:

a) Es geht auf Veränderung der Lebenspraxis aus (transitive Funktion der Kommunikation).

b) Dialektik – und dies ist weit entscheidender – *ist* bereits eine praktische Tätigkeit des Rezipienten im literarischen Kommunikationsprozeß selbst.

Indem der Rezipient durch die Darstellungsweise und den Inhalt des Dargestellten zum Widerspruch provoziert wird, *lernt* er zugleich und ist als Lernender „reflektierender Mitspieler" des Autors. Diese neue Festlegung der Rezipientenrolle im literarischen Kommunikationsprozeß ist, wie noch zu zeigen ist, von entscheidender didaktischer Bedeutsamkeit, denn sie verwandelt auch den Leseprozeß zu einer praktischen Operation in und gegen die Textstruktur selbst, weil sich diese, gemäß der neuen Vermittlungsstruktur, dem Ein- und Angriff des Lesenden von selbst anbieten muß. *Diese* Weise des praktischen Zugriffs auf Textstrukturen hat Brecht in seinem Theorem von der notwendigen Verfremdung jeder künstlerischen Darstellung entwickelt. Begreift man dieses Theorem nicht allein als eine antiästhetische Maßnahme gegen kulinarischen Kunstgenuß, die sich in einem von Brecht selbst aufgezählten Arsenal von Normabweichungen (Verfremdungstechniken) niederschlägt, sondern primär als „Verfremdungs*effekt*", der den Kommunikationsprozeß gezielt

steuert, dann wird auch seine ausgezeichnete didaktische Funktion sichtbar. Ist die ästhetische Normabweichung, die den V-Effekt hervorbringt, „der Technik, die die Einfühlung bezweckt, diametral entgegengesetzt", dann ist es auch „der Zweck dieser Technik des Verfremdungseffekts, dem Zuschauer eine untersuchende, kritische Haltung gegenüber dem dargestellten Vorgang zu verleihen" [64].
Die „untersuchende, kritische Haltung" kommt jedoch nur aufgrund eines dialektischen Lernprozesses zustande, den Brecht so beschreibt:
„Im Hervorbringen des Verfremdungseffekts hat man etwas ganz Alltägliches, Tausendfaches vor sich, es ist nichts als eine vielgeübte Art, einem anderen oder sich selber etwas zum Verständnis zu bringen, und man beobachtet es beim Studium sowohl wie bei geschäftlichen Konferenzen in dieser oder jener Form. Der V-Effekt besteht darin, daß das Ding, das zum Verständnis gebracht, auf welches das Augenmerk gelenkt werden soll, aus einem gewöhnlichen, bekannten, unmittelbar vorliegenden Ding zu einem besonderen, auffälligen, unerwarteten Ding gemacht wird. Das Selbstverständliche wird in gewisser Weise unverständlich gemacht, das geschieht aber nur, um es dann um so verständlicher zu machen. Damit aus dem Bekannten etwas Erkanntes werden kann, muß es aus seiner Unauffälligkeit herauskommen; es muß mit der Gewohnheit gebrochen werden, das betreffende Ding bedürfe keiner Erläuterung" [65].
Der hier beschriebene Lernprozeß besteht aus einem dialektischen Dreischritt:
1. Schritt: „Das Augenmerk" des Rezipienten wird auf „das unmittelbar vorliegende Ding", den Gegenstand der Darstellung, gelenkt.
2. Schritt: Dieser wird in einem zweiten Darstellungsschritt so verfremdet, daß er dem Rezipienten als „unverständlich" entgegentritt und daher zu seiner gewohnten, alltäglichen Erscheinungsweise in Widerspruch gerät. Der Widerspruch zur alltäglichen Erscheinungsweise kann z. B. durch eine einfache Kontextveränderung erzeugt werden, in der das Objekt in einer neuen Beleuchtung (Perspektivenwechsel) erscheint, oder durch schnellen Positionswechsel des Objekts im bekannten Kontext oder durch eine Funktionsänderung des Objekts selbst (z. B. Abweichung vom Normalgebrauch durch Mißbrauch).
3. Schritt: Der durch Abweichung von der gewohnten Darstellung des Objekts erzeugte Reflexionsprozeß des Rezipienten vollzieht sich in der Form von Spruch und Widerspruch, und dies so lange, bis die dargestellte Normabweichung des Autors als notwendig, d. h. in einem durch eigene Denkleistung erzeugten Kontext als sinnvoll erscheint. Das durch die poetische Darstellungstechnik verfremdete Objekt erhält in der Reflexion des Rezipienten eine vorher nicht erkannte Signifikanz und kann erst

jetzt einem theoretisch begründeten Zugriff („Erläuterung") unterworfen werden.

Indem der aufgezeigte dialektische Dreischritt durch Spruch und Widerspruch (Nichtübereinstimmung mit dem Text) kritisches Verhalten auf seiten des Rezipienten stimuliert, wird der neuerkannte Gegenstand zumindest in der Reflexion des Rezipienten verfüg- und anwendbar. Ob der theoretische Zugriff auf das Objekt schließlich auch zum praktischen Eingriff (Anwendung des Erkannten) in den jeweiligen gesellschaftlichen Kontext führt, wie dies wünschenswert wäre, muß aufgrund der in den sechziger Jahren gewonnenen Erfahrungen erneut überprüft werden. Die Hoffnung, daß die aus Literatur und Wissenschaft rational ableitbaren Erkenntnisse durch engagiertes Verhalten überall und jederzeit auch praktische gesellschaftliche Veränderungen bewirken könnten, hat sich als ebenso vordergründig erwiesen wie die zuweilen sehr naiven Postulate der Literaturdidaktik, die eine direkte Umsetzung der in literarischen Kommunikationsprozessen erworbenen Einsichten in „Lebenshilfe" und „Lebenspraxis" erwarten. Diese optimistische Auffassung, die unweigerlich zu idealistischen Rollenspielen in der Gesellschaft führen muß, ist durch die kritische Darstellung der Autoren selbst widerlegt worden [66]. Nach der Darstellung der Autoren kann der wünschenswerte Übergang vom kritischen Erkennen zum entsprechenden praktischen Verhalten im jeweiligen gesellschaftlichen Modus vivendi von einzelnen nur dann vollzogen werden, wenn die mit der Ausübung der Herrschaft und Verwaltung beauftragten Institutionen eine nichtrepressive Kommunikation ermöglichen, einen nicht von Furcht bedrohten Kommunikationsraum gewähren. Für die Literaturdidaktik (wie für jede andere praxisbezogene Didaktik) bedeutet dies: sollen die aus dem Umgang mit dieser kritischen Literatur abgeleiteten Einsichten nicht einfach Postulate für späteres praktisches Verhalten bleiben, dann müssen sie schon im Modus vivendi der Schule selbst praktiziert werden können. Denn ist die Schule schon Teil der gesellschaftlichen Praxis, dann können kritische Einsichten nicht einfach „gespeichert" werden in der vagen Hoffnung, die Schüler würden sie „später" im außerschulischen Kontext „abrufen" und anwenden.

Übersetzt man das von Brecht entworfene Theorem einer dialektisch-strukturierten Kommunikation in ein grob vereinfachtes Schema, so kann der Lernprozeß auf folgende Weise festgehalten werden:

Es ist offensichtlich, daß das Schema, wie zuvor die Darstellung des hermeneutischen Zirkels, vor groben Mißdeutungen geschützt werden muß. Der in drei Phasen ablaufende Lernprozeß führt keineswegs *automatisch* und in einem idealistischen Sinne verstanden zur Synthese. Im Gegenteil bleiben im Lernprozeß alle drei Phasen von der richtigen Auslegung, d. h. dem Verstehen der Lexie des Textes bestimmt. Denn indem die poetische Abweichung von der Norm die Reflexion des Rezipienten nur in Richtung auf eine Auflösung des Widerspruchs steuert (und nicht auf eine Lösung), ist auch die aus der Reflexion hervorgehende Erkenntnis der erneuerten Norm (3. Phase) nicht als Postulat (Normsetzung) zu verstehen. Sie ist nur ein vom Rezipienten zu begründender Anspruch, der jederzeit zurückgenommen werden muß, sobald ein Element auftaucht, das dem abgeleiteten Reflexionsprozeß ebenso begründet widerspricht. Der dialektische Kommunikationsprozeß ist daher auf kein gesichertes Leseprogramm zu bringen, welches das Verstehen der Schüler automatisch ins „Ziel" steuert. Im Gegenteil: weil das Erkannte durch eine neue Reflexionsstufe wieder zurückgenommen werden kann, besitzt das dialektische Kommunikationsmodell mit dem hermeneutischen eine Gemeinsamkeit; die Operation des lesenden Erschließens ist *invers*, d. h. sie kann alle genannten Phasen, dem Wirkungsprozeß der Kommunikation entgegen, zurücklaufen und dabei selbst die zuerst angesetzte Norm des Autors bezweifeln. Die Einsicht in die Notwendigkeit der poetischen Normabweichung in der dritten Phase des Leseprozesses kann deshalb durch neue Erfahrungen oder vertiefte Reflexion in Nichtübereinstimmung mit dem Text zurückverwandelt werden. Der dialektisch organisierte Leseprozeß kann sich daher ebenfalls in Form eines Zirkelschlusses vollziehen, allerdings in einem dem hermeneutischen Zirkel geradezu entgegengesetzten Sinn:

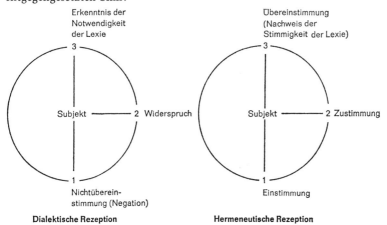

Didaktische Funktion des lesenden Erschließens auf dialektischer Basis

1. Das lesende Erschließen auf dialektischer Basis ist heute von größter Reichweite, da es den Schülern einen methodischen Zugang zu solchen Texten verschaffen kann, die eine gesellschaftskritische Funktion schon immer erfüllen: z. B. politische Lyrik, modernes Erzählgedicht, Bänkelsong, Chanson, Protestlied, Formen des epischen, grotesken und absurden Theaters, insofern sie „Parabelstücke mit der Tendenz zur Ideologiezertrümmerung" (Brecht) sind; epische Kleinformen der Fabel, Parabel, Satire und Groteske, Antimärchen, Parodie, da ja gerade die Lexie der zuletzt genannten Formen starke Normabweichungen (V-Effekte) enthält. Das lesende Erschließen solcher Formen vermag daher den Schülern die heute immer wieder geforderte gesellschaftskritische Funktion der Literatur, das Aufbrechen gängiger Normen und gemünzter Standardbedeutungen (Klischees), die Verschleierungsmechanismen durch Sprach- und Bildmanipulation zu zeigen.

2. Das lesende Erschließen auf dialektischer Basis kann dem Literaturunterricht wieder die durch den Lesebuchaufbau nach Gattungen und Formen weitgehend verdrängte geschichtliche Dimension der Literatur eröffnen. Da das dialektische Verfahren des lesenden Erschließens die Schüler zum kritischen Eingriff oder zu einer „untersuchenden Haltung" gegenüber Texten anhält, können auch die von der Geschichte überholten literarischen Darstellungen der Wirklichkeit selbst wieder zum Gegenstand einer begründeten Auseinandersetzung (z. B. in den Abschlußklassen der Sekundarstufe I und in der Sekundarstufe II) werden. Indem das dialektische Operieren in den Texten überholte Darstellungstechniken sichtbar macht, können literarische Texte im Unterricht nüchtern als Dokumente eines ehemals verbindlichen Wirklichkeitsverständnisses gelesen werden. Der literarische Unterricht könnte so die modisch und ideologisch bedingten Geschmacksurteile und Denunziationen (z. B. „Brecht als Klassiker von durchschlagender Wirkungslosigkeit", „Lyrik als Flucht vor der Wirklichkeit" usw.) abbauen und das Problem der literarischen Wertung von der Struktur der Texte selbst her angehen.

3. Die zentrale didaktische Funktion des lesenden Erschließens auf dialektischer Basis muß jedoch in der ausgezeichneten Verstehensdifferenzierung im Medium der Literatur selbst gesucht werden. Diese dialektische Differenzierung des Verstehens schafft durch den in den literarischen Kommunikationsprozeß selbst integrierten Widerspruch der Schüler eine rationale und zugleich tiefwirkende Textbindung. Diese Textbindung erlaubt es den Schülern, die Notwendigkeit der verfremdenden künstlerischen Darstellungstechniken zu begreifen und ihre Normabweichungen als un-

erläßliche Zeichensprache von hoher Signifikanz zu verstehen. Das notwendige Dekodieren eines zunächst fremden, von der Alltagssprache abweichenden Zeichengefüges bedeutet für sie das Erlernen elementarer künstlerischer Transformationstechniken, die schon längst in ihre soziale Lebenswelt eingedrungen sind, z. B. als Symbole, Chiffren, Siglen in Schrift und Bild der Werbung, als verfremdete Strukturen der Plastik und Architektur, als permanente Normabweichungen in der Mode usw. Die von Brecht selbst unter dem Aspekt der Darstellung des gesellschaftlichen Zusammenlebens konzipierten V-Effekte sind als Zeigetechniken zu verstehen, die „ein doppeltes Zeigen" (Brecht) ermöglichen: „Denn die Schauspieler übersetzen die Sprache des Alltags in ihre eigene Sprache" [67], dies allerdings nur, um alltägliches Verhalten kritisch darzustellen.

Betrachtet man Brechts Theater mit R. Barthes als einen „außerordentlich dichten semantischen Akt", als „ein privilegiertes semiologisches Objekt" [68], dann bedeutet auch das von ihm unabhängige Theorem von der notwendigen Verfremdung jeder künstlerischen Darstellung eine Einführung in die Semiologie der literarischen Sprache. Indem die Schüler im dialektischen Kommunikationsprozeß lernen, die normabweichenden Elemente der literarischen Sprache zu segmentieren und auf ihre Funktion hin zu befragen, erkennen sie auch die Signifikanz elementarer Verfremdungstechniken: z. B. die Personifikation (Tier → Mensch), Gestaltwandel (Mensch → Tier), Reduktion von Charakteren auf Typen und Marionetten, Reduktion des Bildes zur Chiffre, Verschlüsselung der Alltagssprache zum entlarvenden Sprachspiel, bewußtes Zerbrechen des Abbildes, gestisches Sprechen, Pantomimik, Farb- und Namensymbole, Kontrasttechnik, Rück- und Vorblendetechniken, Destruktion der chronologischen Abfolge, Simultaneität von Handlungen, Mosaik- und Kollagestrukturen, parodistische Aushöhlung überlieferter literarischer Formen, Antinomie von Musik und Sprache, Abbreviaturen für nichtartikulierbare Sachverhalte, Kontextverschiebungen durch Historisierung, Aktualisierung, Utopisierung (z. B. Comics), Kontextvertiefung durch Parabolik usw. Es ist offensichtlich, daß eine solche Einführung in die Funktion poetischer Zeichensprache ein nach Verstehensleistungen geordnetes Curriculum literarischer Formen bedingt.

Bedingungen des lesenden Erschließens auf dialektischer Basis

Es ist offensichtlich, daß der dialektisch zu vollziehende Prozeß des Lesens eine Reihe lernpsychologisch und didaktisch begründeter Vorentscheidungen des Lehrers notwendig macht. Die elementaren Bedingungen für eine dialektische Operation in den Texten selbst können so zusammengefaßt werden:

1. Die hermeneutisch vollzogene Differenzierung des Verstehens und die damit verbundene elementare Kategorisierung des literarischen Unterrichts, wie sie zuvor beschrieben wurde, sollten vorausgegangen sein. Dies bedeutet, daß das dialektische Verfahren in einfachen Formen erst in der Sekundarstufe I (Hauptschule) geübt werden kann. Dessen Voraussetzungen sind die Fähigkeit, von einer Wirkung auf die Ursache, vom Verhalten auf Motive des Verhaltens zurückschließen zu können, wie dies in der für das 5. und 6. Schuljahr repräsentativen Fabelform und in satirischen Lehrgedichten zuerst geschieht. Der antithetische Bau der Fabel enthält die dialektische Struktur (These und Antithese) und zeigt den Schülern normkonforme und normabweichende Verhaltensweisen durch die Verfremdungstechnik der Personifikation (Tier → Mensch, Mensch → Tier). Die Kategorien von Spruch – Widerspruch – Lösung (Pointe) können hier zum erstenmal induktiv gewonnen werden, ebenso die kritische, normentlarvende Funktion dieser literarischen Form.

2. Die gleichzeitig und später eingeführten Parabelstrukturen, die Formen der Satire und Groteske und die zahlreichen Ausprägungen der politischen Lyrik bedürfen einer strengen Selektion im Hinblick auf die Verfremdungstechniken. Der starke Reiz, der von verfremdeten Texten auf Schüler ausgeht, kann in das Gegenteil umschlagen, wenn der Grad der „Verschlüsselung" und die damit verbundene Häufung der Konnotationen zunimmt, so daß der Text selbst „barrierebildend" wirkt. Im Gegensatz zu der gerade in der neuen Literaturdidaktik oft zu hörenden Behauptung, poetische Verschlüsselungen seien *an sich* barrierebildend, muß jedoch gesagt werden: Verfremdungseffekte, die barrierebildend wirken, sind nicht ein Beweis für den sogenannten „elitären" Charakter der Literatur, sondern primär ein Symptom für die mangelnde Kompetenz der Rezipienten zur Dekodierung von Texten. Die „Barriere" sitzt zumeist im Bewußtsein des Rezipienten. Für die Didaktik bedeutet dies: die verfremdeten poetischen Zeichen können das Verstehen der Schüler nur dann mobilisieren, wenn sie innerhalb des vorgegebenen Bezugsrahmens (der Lexie des Textes) wieder auflösbar sind. Auflösbar heißt: gemäß dem Brechtschen Theorem der Verfremdung muß die Lösung aus den *im Text selbst gesetzten Bedingungen* hervorgehen. Erweisen sich die im Text gesetzten Lösungsbedingungen für die Schüler zu schwierig, dann kann dies zunächst nur durch einen Positionswechsel des Textes im Curriculum oder durch gänzlichen Verzicht auf den Text beantwortet werden. Der dadurch entstehende „Schaden" ist bei weitem geringer als der Schaden, den nicht erschließbare Texte im Unterricht anrichten können.

3. Da die dialektische Differenzierung des Verstehens zumeist an solchen Texten erfolgt, die einen bestimmten gesellschaftlichen und geschichtlichen Kontext bezeichnen, setzt das methodische Vorgehen einen vom Lehrer zu schaffenden Informationsrahmen voraus sowie eine damit verbundene vorausgehende Skizzierung der Lernziele und Lernschritte: „Die Lernmotivierung läßt sich nicht effektiv entwickeln, wenn nicht alle ‚Geheimnisse' um Lernziele vollständig ausgeräumt sind. Warum lernen wir das? ist eine Frage, die man immer so gründlich und genau wie möglich beantworten sollte"[69].

Anwendungsbereich und Reichweite des lesenden Erschließens auf dialektischer Basis im Unterricht
Erstes Beispiel: G. Eich, Denke daran (8. Schuljahr, Sekundarstufe I)

DENKE DARAN...

Denke daran, daß der Mensch des Menschen Feind ist
Und daß er sinnt auf Vernichtung.
Denke daran immer, denke daran jetzt,
Während eines Augenblicks im April,
Unter diesem verhangenen Himmel,
Während du das Wachstum als ein feines Knistern zu hören glaubst,
Die Mägde Disteln stechen
Unter dem Lerchenlied,
Auch in diesem Augenblick denke daran!

Während du den Wein schmeckst in den Kellern von Randersacker
Oder Orangen pflückst in den Gärten von Alicante,
Während du einschläfst im Hotel Miramar nahe dem Strand
    von Taormina,
Oder am Allerseelentage eine Kerze entzündest auf dem Friedhof
    in Feuchtwangen,
Während du als Fischer das Netz aufholst über der Doggerbank,
Oder in Detroit eine Schraube vom Fließband nimmst,
Während du Pflanzen setzt in den Reis-Terrassen von Szetschuan,
Auf dem Maultier über die Anden reitest, –
Denke daran!

Denke daran, wenn eine Hand dich zärtlich berührt,
Denke daran in der Umarmung deiner Frau,
Denke daran beim Lachen deines Kindes!

Denke daran, daß nach den großen Zerstörungen
Jedermann beweisen wird, daß er unschuldig war.

Denke daran:
Nirgendwo auf der Landkarte liegt Korea und Bikini,
Aber in deinem Herzen.
Denke daran, daß du schuld bist an allem Entsetzlichen,
Das sich fern von dir abspielt –

G. Eich [70]

Baugefüge des Textes (Lexie): Die Lexie des vorliegenden Textes ist durch seine betonte *Abweichung* von traditioneller, d. h. bildhafter Lyrik charakterisiert. (Vgl. dagegen die Signifikanz von Rhythmus, Reim, Satzmelodie und Modulation des im hermeneutischen Kommunikationsmodus erschlossenen Gedichts von G. Trakl.) Das den Rezeptionsvorgang *hier* zuerst bestimmende Signal ist die appellierende Wendung „Denke daran", die durch ihre elfmalige Wiederkehr und durch ihre Häufung in den Schlußphasen zur unüberhörbaren *Signaldominante* wird. Die Signaldominante „sendet" im Sprechablauf auf verschiedenen Ebenen:
a) Sie schafft den Kommunikationsrahmen (Anstoß).
b) Sie zerschneidet an bestimmten Stellen des Textes die Sprechsequenzen (Bilder, Signifikanz in der Struktur).
c) Sie signalisiert eine Nachricht (semantische Funktion).
Die erste Bedeutung der Signaldominante ist leicht erkennbar. Indem das appellierende „Denke daran" überall mit einem „du" verbunden wird, bezieht es den Rezipienten in eine scheinbar direkte Kommunikation ein und hält ihn durch stimulierend wirkende Wiederholungen in ihr:

Denke daran, daß ...
Denke daran, immer ... jetzt
Denke daran, während ...
Denke daran, wenn ...
Denke daran in ...
Denke daran beim ...

Die durch solche Wiederholung entstehende unmittelbare Abhängigkeit des Rezipienten vom Sprecher erweist sich jedoch nicht, wie im hermeneutischen Kommunikationsmodus, als *suggestiv-einstimmend*, sondern erfüllt eine provokative, das Verstehen stimulierende Funktion. Denn die appellative Wendung beginnt mit einer der Alltagserfahrung widersprechenden und im Gedicht nicht weiter begründeten Behauptung: „... daß der Mensch des Menschen Feind ist und daß er sinnt auf

Vernichtung". Sie endet mit der aus den gleichen Gründen provokativen Behauptung: „... daß du schuld bist an allem Entsetzlichen, das sich fern von dir abspielt". Es ist offensichtlich: die der Alltagserfahrung widersprechende und durch Verzicht auf Begründung provokative Beschuldigung des Rezipienten dient, dem Brechtschen Theorem von der notwendigen Verfremdung entsprechend, der Erzeugung des Widerspruchs. Dieser wiederum kann nur unter den in der Lexie des Textes selbst gesetzten Bedingungen aufgelöst werden. Der Anstoß zur Auflösung des Widerspruchs wird hier wiederum aus der Position der Signaldominante im sprachlichen Ablauf deutlich. Die Signaldominante schneidet den Ablauf der bisher nicht beachteten *Bildsequenzen* im ersten und zweiten Abschnitt schroff ab und beherrscht ihn in jeder Zeile im dritten Abschnitt:

> Denke daran, wenn eine Hand dich zärtlich berührt,
> Denke daran in der Umarmung deiner Frau,
> Denke daran beim Lachen deines Kindes!

Gehäuft treten die Bildsequenzen im zweiten Abschnitt auf, in dem acht Bilder hintereinandergereiht werden, die durch die vorausgehende und nachfolgende Signaldominante „Denke daran" regiert werden (syntaktische Verknüpfung). Isoliert man die Bilder aus dem Rahmen der Signaldominante und betrachtet sie auf ihre Funktion hin, so sind sie durch zwei gemeinsame Charakteristika gekennzeichnet:
1. Sie zeigen Menschen (den Angesprochenen) in Augenblicken der Selbstvergessenheit, sei dies in der Hingabe an eine Stimmung (Wein schmecken, Kerze anzünden, Einschlafen am Strand, in der Umarmung einer Frau usw.), sei es in der Hingabe an eine Tätigkeit (Orangen pflücken, Pflanzen setzen, Netz einholen usw.). Selbstvergessenheit heißt hier: nichts als im Augenblick zu sein und aus ihm zu leben.
2. Alle Bilder der Selbstvergessenheit im Augenblick sind hier nicht mehr, wie in unserer vertrauten Vorstellung, zeitlos, sondern an bestimmte Orte auf dem ganzen Globus gebunden: Randersacker, Alicante, Taormina, Feuchtwangen, Detroit, Doggerbank, Szetschuan, Anden. Indem die Augenblicke der Selbstvergessenheit der Menschen mit Ortsnamen auf dem ganzen Globus verbunden werden, machen die Bilder die Gleichzeitigkeit einer globalen Selbstvergessenheit sichtbar, die hier in dem „während du" und den nebeneinandergestellten Bildern zum Ausdruck kommt. Die nebeneinandergesetzten Ortsnamen könnten beliebig fortgesetzt oder vertauscht werden. Der Angeredete könnte den Namen seines Wohnorts und seine eigene Tätigkeit einsetzen, um zu verstehen, daß sie hier als Chiffren für eine globale Selbstvergessenheit stehen.

Von dieser Einsicht in die Bildfunktion kann die Signifikanz der Signaldominante („Denke daran") abgeleitet werden. Sie zerschneidet die suggestiv wirkenden Bildsequenzen, die Selbstvergessenheit (Frieden) signalisieren, und lenkt so den Blick des Angesprochenen auf das Gegenteil: die fortwährende Vernichtung von Menschen durch Menschen, die in den Chiffren Korea (Koreakrieg 1950), Bikini (Atombombenversuche seit 1946) zum Vorschein kommt. Beide Namen sind hier nur Chiffren für alles Entsetzliche, „das sich fern von dir abspielt", und können daher heute durch andere Chiffren ersetzt werden (z. B. Vietnam, Biafra u. a.). Damit erweist sich die Signaldominante des Textes als Warnung, d. h. als *begründete* Nachricht an den Empfänger, die bei einiger Reflexion zu dekodieren ist: Indem die vielen einzelnen im Zustand der Selbstvergessenheit (z. B. Hingabe an Arbeit und Muße) leben, ermöglichen sie durch totale Selbstvergessenheit die Vorbereitung der Vernichtung anderer. Die provokative Bezichtigung des Empfängers („Denke daran, daß du schuld bist...") meint hier nicht eine individuell-moralische, wohl aber eine gesellschaftliche Schuld: die der Nichtwachsamkeit.

Leseweise („lecture") Es ist offensichtlich, daß ein „strukturkonformes" Erschließen des Textes und der in ihm enthaltenen „Nachricht" nur auf dem Wege des zuvor entwickelten dialektischen Dreischrittes erfolgen kann: Nichtübereinstimmung – Widerspruch – Einsicht in die *Notwendigkeit* des Sprechens, und dies auf der Ebene der künstlerischen Darstellung (Lexie) selbst. Die Phase der Nichtübereinstimmung des Rezipienten ergibt sich unmittelbar nach dem ersten Sprechdurchgang: die intensiv-appellierende Signaldominante bewirkt durch ihren elfmaligen direkten Anruf das dauernde „Herausfallen" des Lesers aus den eingeblendeten Bildsequenzen und läßt eine Übereinstimmung mit ihnen nicht zu. Da den Schülern solche Bildsequenzen aus der Sprache des traditionellen Gedichts („Mägde", die „Disteln stechen unter dem Lerchenlied") und aus den zeitgenössischen Bildreportagen (während du „auf dem Maultier über die Anden reitest", „während du als Fischer das Netz aufholst über der Doggerbank" oder „eine Schraube vom Fließband nimmst" usw.) vertraut sind, empfinden sie die Signaldominante zunächst nur als Störfaktor, der die „Einfühlung", d. h. hier das genießende Verweilen bei den Bildern nicht zuläßt. Die Schüler artikulieren daher, wie die Erfahrung gezeigt hat, ihren Widerspruch gegen den Text auf der Ebene der Form, die jedoch einen direkten Zugang zur Lexie und zu ihrer Funktion gewährt. „Die Bilder sind verständlich", „der Anruf stört und paßt nicht in den Zusammenhang" usw. Von hier aus kann der artikulierte Widerspruch gegen die Darstellung vertieft und am Textablauf nachgewiesen werden:

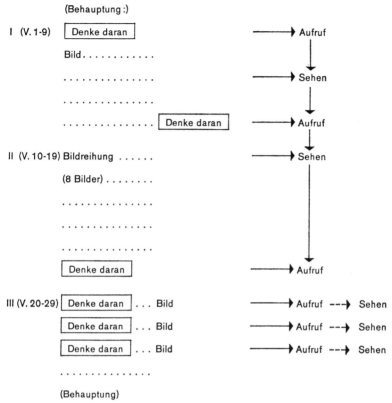

Die im Schema grob dargestellte Sprechabfolge zeigt den permanenten Wechsel von Anruf – Sehen (der Bilder) – Anruf und kann daher auf das elementare Gesetz, das dieser Darstellungstechnik zugrundeliegt, reduziert werden: der ständig wiederholte Appell richtet sich gegen das Bild, das Hören (Gehorchen) wird dem Betrachten entgegengestellt. Indem schließlich die Zahl der appellierenden Wendungen am Ende des Textes zunimmt (vgl. Schema), dominieren sie über die Bilder und machen das Betrachten unmöglich. Von der Einsicht in die Lexie des Textes muß schließlich auch die Bedeutung abgeleitet werden. Diese ergibt sich aus der inhaltlichen Gemeinsamkeit aller Bilder. Alle Bilder zeigen Menschen in permanenter Tätigkeit, die von den Schülern wiederum an den gehäuften transitiven Verben abgelesen werden kann: Disteln stechen, Wein schmekken, Orangen pflücken, Netz aufholen, Pflanzen setzen ... Tätigkeit heißt hier: auf Objekte konzentriert sein, und bedeutet daher Selbstvergessen.

Von dieser semantischen Bestimmung der Bilder her kann schließlich auch die Funktion der Widerspruch erzeugenden Signaldominante beschrieben werden. Indem sie auf Krieg und Zerstörung hinweist, warnt sie diejenigen, die sich in den zuvor dargestellten Tätigkeiten *vergessen*. Die ihnen zugesprochene Schuld ist die der Nichtwachsamkeit, die wiederum zur Voraussetzung der „großen Zerstörungen" werden kann.

Die hier vollzogene Leseweise in einem 8. Schuljahr ist dadurch gekennzeichnet, daß sie das Gedicht, im Gegensatz zur vorausgehenden Erläuterung, nicht in der Vielfalt seiner semantischen und auch zeitgeschichtlichen Bezüge ausschöpft. Sie verzichtet zum Beispiel auf die schwierige Erschließung der Simultaneität der Tätigkeiten der Menschen, die in der Vertausch- und Erweiterbarkeit der Bildsequenzen im Abschnitt III zum Ausdruck kommt. Sie verzichtet auch bewußt auf eine Rezeption, die auf der Ebene des Inhalts (Einwände gegen die der Alltagserfahrung widersprechenden Behauptungen am Anfang und Ende des Textes) beginnt, etwa durch die stereotype Interpretationsfrage: „was wollte der Autor eigentlich damit sagen?" Die dialektische Leseweise bleibt hier *paradigmatisch*. Sie geht den Weg vom Bau- zum Sinngefüge, vom Bezeichnenden zum Bezeichneten. Sie erschließt daher nicht mehr (aber auch nicht weniger) als ein literarisches „Muster" und die aus ihm resultierende Funktion des politischen Gedichts. Ist die Funktion des politischen Gedichts von den Schülern an Paradigmen erkannt worden, dann kann der Lehrer Sequenzen analoger Texte zusammenstellen, auf die die gewonnenen Einsichten transferiert und an denen sie differenziert werden können. Die so entstehenden *Textzyklen* sind also keinesfalls als poetologische Klassifikationen von literarischen Formen und Mustern zu verstehen, sondern sie sind gattungsübergreifend. Da Literatur hier auf ihren *gesellschaftlichen Verwendungszusammenhang* hin befragt wird, müssen die Textzyklen auch in unmittelbarer Nachbarschaft zum Geschichtsunterricht und zur politischen Bildung gesehen werden, wie dies exemplarisch an P. Handkes „Die drei Lesungen des Gesetzes" demonstriert wurde [71]. Ist die paradigmatische Leseweise derart die Voraussetzung für das Verstehen der Funktion von Literatur, dann kann auch der gesamte Literaturunterricht wieder einen wissenschaftlich begründeten thematischen Aspekt erhalten, der sich später in der gezielten Behandlung inhaltlicher Relationen zeigt, z. B.:

a) Die Relation von Literatur und Gesellschaft (programmatische Äußerungen der Autoren zur Funktion von Literatur, zur Produktion und Darstellungstechnik poetischer Formen).

b) Die umgekehrte Relation von Gesellschaft und Literatur (Produktionsverhältnisse, Abhängigkeiten von Literatur und Autoren in der

Kulturindustrie, Rezeptionsformen von Literatur in der Öffentlichkeit durch Vermittlung und Kritik usw.).
c) Zusammenspiel von Literatur und Publizistik, Literatur und Propaganda.
Es ist offensichtlich, daß der im Zusammenhang mit einer methodischen Ausbildung des Verstehens hier nicht weiter zu differenzierende Übergang von der paradigmatischen zur *thematischen Leseweise* schließlich die Basis bildet für die elementare Einführung literatursoziologischer Betrachtungsweisen in den Abschlußklassen der Sekundarstufe I und – als durchgehender methodischer Zugriff – in der Sekundarstufe II [72].

Zweites Beispiel: I. Bachmann, Alle Tage (9. Schuljahr, Sekundarstufe I)

Das nachfolgende Beispiel der Erschließung eines gesellschaftskritischen Gedichts soll zeigen, wie extrem die methodische Verstehensdifferenzierung auf dialektischer Basis im Unterricht vorangetrieben werden muß, wenn die spezifische Struktur des Textes dies von sich her verlangt. An I. Bachmanns „Alle Tage" können den Schülern drei Einsichten vermittelt werden:
1. Das politische Gedicht ist ein „Gebrauchsgegenstand" (Enzensberger), dessen sprachliche Verfremdungsstrategien vom Autor bewußt so eingesetzt werden, daß der oben aufgezeigte dialektische Prozeß der Verständigung zwischen Text und Rezipienten unmittelbar auf ein aktives gesellschaftliches Verhalten (Eingriff in eine Krisensituation) zielt und nicht nur – wie im vorausgegangenen Warngedicht Eichs – auf Reflexion *über* gesellschaftliche Verhaltensweisen.
2. Diesem Ziel entsprechend kann die poetische Abweichung von der Norm, die gemäß dem Theorem Brechts den Leser zur Reflexion provozieren soll, im kritischen Gedicht soweit vorangetrieben werden, daß sie zur völligen Umkehrung traditioneller Normen und von hier aus zu einer neuen Normsetzung führt, an der sich das moralische Verhalten des Rezipienten verbindlich orientieren soll. Weil das Gedicht auf die Erzeugung einer neuen moralischen Verhaltensweise abzielt, kann es – im Gegensatz zu Eichs Warngedicht – als Protestgedicht bezeichnet werden, wenn protestare wörtlich bedeutet: Hervorkommen und Zeugnis ablegen in einer als ausweglos erfahrenen Krisensituation.
3. Die Schüler können einsehen, daß dem vom Autor gewünschten moralischen Verhalten selbst dialektisch widersprochen werden kann, ja muß, wenn die als ausweglos erfahrene Krise dadurch nicht geändert wird.

Alle Tage

Der Krieg wird nicht mehr erklärt,
sondern fortgesetzt. Das Unerhörte,
ist alltäglich geworden. Der Held
bleibt den Kämpfen fern. Der Schwache
ist in die Feuerzonen gerückt.
Die Uniform des Tages ist die Geduld,
die Auszeichnung der armselige Stern
der Hoffnung über dem Herzen.

Er wird verliehen,
wenn nichts mehr geschieht,
wenn das Trommelfeuer verstummt,
wenn der Feind unsichtbar geworden ist
und der Schatten ewiger Rüstung
den Himmel bedeckt.

Er wird verliehen
für die Flucht von den Fahnen,
für die Tapferkeit vor dem Freund,
für den Verrat unwürdiger Geheimnisse
und die Nichtachtung
jeglichen Befehls.

I. Bachmann [73]

Baugefüge des Textes (Lexie): Beim ersten Hören wird der apodiktische Spruchcharakter des Textes auffällig. Er besteht aus insgesamt acht hintereinandergesetzten Behauptungen, denen nicht eine einzige Begründung hinzugefügt ist. Das poetische Sprechen scheint sich hier auf ein apodiktisches Setzen von Behauptungen zu reduzieren. Unüberhörbar ist die Apodiktik der ersten Strophe, die sechs Aussagen (gleichsam pausenlos) aneinanderfügt, von denen fünf nach demselben Satzmuster gebildet sind: „Das Unerhörte ist...", „Der Held bleibt...", „Der Schwache ist...", „Die Uniform... ist", „Die Auszeichnung (ist)...". Die Apodiktik des Sprechens scheint sich in direkter Parallelität zu bestimmten kommerziellen Werbe- und politischen Propagandaslogans zu vollziehen, welche Reflexion und Zweifel durch die unumstößliche Gewißheit der Setzung (Muster: es ist so, wie es ist, und wird nicht anders sein) im voraus ausschalten, z. B.: Coca-Cola ist erfrischend, Ford bleibt Ford, N. ist der größte, Dash wäscht am weißesten, Diolen ist unzerreißbar usw. Bei genauerem Zusehen jedoch erweist sich die Apodiktik des Sprechens als Schein. Sie hält die Reflexion des Rezipienten nicht nieder, sondern pro-

voziert sie geradezu, wenn die jeder einzelnen Behauptung zugrundeliegende *Antithetik* erkannt wird. Diese kann als eigentliche Signaldominante bezeichnet werden, insofern sie das Verstehen des Rezipienten in Form des Widerspruchs stimuliert und in Gang setzt. Der Widerspruch des Rezipienten wird durch eine *semantische Provokation* ausgelöst, denn jeder der ersten sechs Sätze enthält eine Antithetik, die auf der völligen Umkehrung traditionell gegebener Bedeutungsinhalte beruht. Der erste Satz („Der Krieg wird nicht mehr erklärt, sondern fortgesetzt") wendet sich gegen die bekannte Definition vom Krieg als einem vorübergehenden und daher genau zu begrenzenden Zustand, der durch eine Kriegserklärung eingeleitet und durch einen Friedensvertrag abgeschlossen wird. Die Aussage „nicht mehr erklärt, sondern fortgesetzt" hebt zwei qualitativ verschiedene Zustände (Krieg/Frieden) auf und definiert – in direkter Umkehrung zur vertrauten Vorstellung – nicht den Krieg, wohl aber den Frieden als einen vorübergehenden, genauer: schon vorübergegangenen, überholten Zustand. Da der Krieg „nicht mehr" (wie früher) „erklärt, sondern fortgesetzt (wird)", ist der Kriegszustand jetzt permanent geworden – eine Aussage, die unter verschiedenen Aspekten und verschiedenen zeitgeschichtlichen Hintergründen betrachtet werden kann, insofern sie unterschiedliche Formen des Krieges signalisiert: z. B. „Kalter Krieg", „Ideologischer Krieg", „Schmutziger Krieg" usw. Darauf weist auch die Antithetik des zweiten Satzes („Das Unerhörte ist alltäglich geworden") hin, der das „Unerhörte", also gerade die einstmals dem Krieg zugestandene Dimension des Außerordentlichen, mit dem Begriff des Alltäglichen als des Gewöhnlichen vereint, worauf auch der Titel „Alle Tage" = Alltag verweist. Ist die Grenze zwischen Unerhörtem und Alltäglichem (wie zuvor zwischen Krieg und Frieden) verwischt, so ist auch der traditionelle Bedeutungsinhalt von Alltag als einer geregelten, täglich wiederkehrenden Lebensform nicht mehr verbindlich. Der dritte Satz („Der Held bleibt den Kämpfen fern") hebt eine weitere, aus der Tradition vertraute Vorstellung, nämlich die unauflösliche Einheit von Held und Kampf, auf und kann auf doppelte Weise interpretiert werden:
a) Held ist in der zuvor dargestellten Grenzverwischung von Krieg und Frieden, Unerhörtem und Alltag gerade derjenige, der dem Kampf *bewußt* fernbleibt, also der Erkennende, der den Kampf prinzipiell und entschlossen „verweigert", wie dies die Schlußzeilen aussprechen.
b) Der Held ist charakterisiert durch seine Abwesenheit vom Kampf (bewußter Rückzug des Mächtigen in die Etappe) und läßt andere für sich kämpfen – eine Perversion des traditionellen Heldenbegriffs, insofern der „Held" jetzt nicht mehr der *Täter,* sondern der *Veranlassende* ist.

Auf beide Auslegungen weist der nächste (4.) Satz hin: „Der Schwache ist in die Feuerzonen gerückt" – insofern Schwachsein jetzt heißt: sich nicht, wie der Mächtige, dem Kampf entziehen oder, wie der Erkennende, den Kampf bewußt verweigern zu können (Schwächling). In jedem Falle definiert der Satz den Begriff Schwäche in ausdrücklicher Antithetik zu der traditionell humanistischen Vorstellung, die Schwachsein und Kampf in den Feuerzonen ausschließt. Auch der nachfolgende fünfte und sechste Satz behält die überall beobachtete Antithetik bei, genauer: bringt sie an zwei militärischen Symbolen (Uniform und Stern als militärische Dekoration) zum Vorschein. Wird im fünften Satz („Die Uniform des Tages ist die Geduld") die traditionelle Vorstellung von Uniform als Zeichen des jederzeit einsatzbereiten Kämpfers mit „Geduld" (ertragen) konfrontiert, so wird im sechsten Satz („Die Auszeichnung ist der armselige Stern der Hoffnung über dem Herzen") die militärische Dekoration (Stern, der in todesmutigem Einsatz erworben und über dem Herzen getragen wird) zu einem Symbol des Überlebens („armselige Stern der Hoffnung") „umfunktioniert", wobei die Bedeutungsinhalte der Symbole geradezu in ihr Gegenteil verkehrt werden.

Überblickt man die oben erwähnte semantische Provokation der ersten Strophe, die sechsfache Umkehrung traditioneller Normen, so ergibt sich eine geschlossene Deduktionskette, die alle Aussagen logisch miteinander verknüpft und aus einem vorausgesetzten Befund (erster Satz: Ortsbestimmung einer pervertierten Tradition) ableitet. Ist der traditionell gesetzte Bedeutungsinhalt (Norm) an einem zentralen Phänomen der menschlichen Gesellschaft (hier: der Krieg als ein von Menschen gewollter vorübergehender Zustand) als pervertiert erkannt, dann sind auch alle anderen Phänomene, die bisher von diesem zentralen Phänomen aus gedeutet wurden (Held, Kampf, Stärke, Schwäche usw.), als Perversionen nachzuweisen, eine Aufgabe, die hier in der Antithetik jedes Satzes geleistet wird, insofern diese die gewohnten Bedeutungsrelationen zerschneidet, d. h. negiert. Das Ergebnis aller Negationen ist die Einsicht in einen pervertierten Zustand, der den Rezipienten zum aktiven Verhalten, d. h. Eingriff auffordert. Dieses Verhalten wird in der zweiten Strophe vorbereitet, die die Bedingungen des Eingriffs zeigt. Der „armselige Stern der Hoffnung", die Möglichkeit zum Überleben und zur Änderung des pervertierten Zustandes kann nur unter zwei Bedingungen wirksam werden:
1. „wenn nichts mehr geschieht, wenn das Trommelfeuer verstummt, wenn der Feind unsichtbar geworden ist" – eine Aussage, die durch Zeichen („nichts mehr geschieht", verstummtes Trommelfeuer, unsichtbarer Feind) auf eine Situation unmittelbar *nach dem Kampf* verweist;
2. „und der Schatten ewiger Rüstung den Himmel bedeckt" – eine Aus-

sage, die durch ein Zeichen („Schatten ewiger Rüstung") auf eine Situation unmittelbar *vor dem Kampf* verweist.
Die zweite Strophe enthält also einen eigentümlichen Zwischenzustand (nach dem Kampf und vor dessen möglicher Fortsetzung), der genau die Aussage des ersten Satzes des Gedichts illustriert: den paradoxen Zustand des nicht mehr erklärten, schon vorhandenen, aber noch nicht fortgesetzten Krieges, wie er in der Nachkriegssituation (1945 bis 1970) immer wieder erschien und erscheint.
Sind die genannten beiden Bedingungen der zweiten Strophe gegeben, dann ist auch die Voraussetzung für ein aktives Verhalten, für den Eingriff des einzelnen in eine unerträgliche Situation gegeben. Dieses aktive Eingreifen zeigt die dritte Strophe, indem sie vier Verhaltensweisen des einzelnen aufzählt, d. h. auszeichnet. Der „armselige Stern der Hoffnung" wird verliehen:
1. für die Flucht vor den Fahnen,
2. für die Tapferkeit vor dem Freund,
3. für den Verrat unwürdiger Geheimnisse
4. und für die Nichtachtung jeglichen Befehls.
Das in der ersten Strophe durchgehende Gestaltungsprinzip der Antithetik erscheint hier erneut und ist sofort durchschaubar. Der aktive Eingriff zeigt sich in der bewußten und militanten Frontstellung gegenüber traditionellen „Tugenden":
1. Flucht vor den Fahnen wird der traditionellen Treue zur Fahne,
2. Tapferkeit vor dem Freund der traditionellen Tapferkeit vor dem Feind,
3. der Geheimnisverrat der traditionellen Geheimnisbewahrung,
4. die Nichtachtung des Befehls (Ungehorsam) der Befolgung des Befehls (Gehorsam) entgegengesetzt.
Wird diese militante antitraditionelle Verhaltensweise befolgt, so muß sie, nach der Auffassung der Autorin, zum Eingriff in die militärischen Systeme und zur Auflösung der oben genannten Perversionen führen. Die Militanz des aktiven Eingriffs gegen die Militanz der Tradition, die dieses Gedicht beschwört, ist selbst idealistisch gedacht und wird dementsprechend im militanten Sinne ausgezeichnet. Die Auszeichnung erfolgt idealistisch im viermaligen Hervorkommen (für die Flucht, für die... usw.) und Zeugnisablegen (protestare) gegen traditionelle Normen – eine Protesthaltung, die in unerhörter idealistischer Naivität die Bereitschaft zum Martyrium voraussetzt, sofern man die Konsequenzen eines solchen Verhaltens für den einzelnen in dem von der Autorin selbst gekennzeichneten politisch-gesellschaftlichen Kontext reflektiert. Erst auf dem doppelten Hintergrund dieses politisch-gesellschaftlichen Kontextes (der vorherr-

schenden unreflektierten Anpassung an traditionelle Normen und der entschlossenen antitraditionalistischen Auflehnung gegen sie) gewinnt das vorliegende Protestgedicht seine Brisanz. Ohne ein ausreichendes Bewußtsein dieses paradoxen, d. h. spannungsgeladenen Kontextes, der selbst zu den Entstehungsbedingungen des politischen Gedichts gehört, muß der Protest als rhetorische Pflichtübung des Autors, das Protestieren als modische Pflichtübung des Rezipienten mißverstanden werden.

Leseweise („lecture"): Die hier vorgeschlagene Leseweise im Unterricht eines 9. Schuljahrs dient, gemäß der bisher entwickelten Aufgabe des literarischen Unterrichts als einer methodischen Differenzierung des Verstehens aus der primären Kommunikation, der Aufdeckung einer paradigmatischen literarischen Form. Das vorliegende Protestgedicht dient also nicht zur Stimulierung von Verhaltensweisen, die das Gedicht selbst erzeugen möchte, und dem direkten Übertrag solcher Verhaltensweisen in die Lebenspraxis („Lebenshilfe"), sondern dem *Erkennen der Funktion* des politischen Gedichts. Dieser kognitive Umgang mit einem aktuellen Text bedeutet keineswegs, wie oft zu hören, eine Entschärfung des Gedichts zugunsten „formaler Erörterungen". Im Gegenteil: das kognitive Verhalten der Schüler vor dem Text schafft erst die Schärfung des Bewußtseins für die Brisanz der hier mitgeteilten „Nachricht". Die Leseweise ist daher so angelegt, daß sie das Verstehen der Schüler im dialektischen Dreischritt differenziert, d. h. gemäß dem Brechtschen Theorem der Verfremdung in der Form von Spruch und Widerspruch ausbildet, und dies so lange, bis die Notwendigkeit der Lexie des Textes erkannt ist. Da die spezifische Lexie des vorliegenden Textes sich aus der völligen Umkehrung traditioneller Normen ergibt, kann das Verstehen als Prozeß sich nur über drei Phasen hinweg ausbilden:
1. Erschließung der „apodiktischen Sprechweise" des Textes und der daraus rührenden Provokation: acht Behauptungen ohne Begründungen.
2. Einsicht in die Antithetik jeder Behauptung als Umkehrung bekannter traditioneller Normen, Normen die den Behauptungen des Textes in der Form des Widerspruchs entgegengestellt werden.
3. Einsicht in die aus den Normumkehrungen hervorgehende Weise des gesellschaftlichen Verhaltens in der dritten Strophe (Aufruf zum aktiven Eingriff durch Auszeichnung, Verleihung des Sterns – eine neue Normsetzung).
Die Erschließung der apodiktischen, d. h. Widerspruch provozierenden Sprechweise kann allein über das laute Sprechen bzw. Einhören erfolgen. Der Sprechduktus kann durch die Frage, wie das Gedicht vorzutragen sei, an drei Elementen erschlossen werden:

1. Das fast pausenlose Aneinanderreihen von Behauptungen ohne Begründung. Die Sätze werden in der Sprechabfolge so schnell *gesetzt*, daß dem Hörenden keine Zeit zu Mitdenken und Einspruch bleibt.
2. Die Sätze erhalten durch Wiederholung derselben Satzmuster (1 bis 4) einen ausgesprochen überredenden Charakter, der mit bestimmten Formen der Werbesprache verglichen werden kann (siehe dazu die Beschreibung der Lexie).
3. Der suggestive Sprechduktus wird durch rhythmische und optische Konfigurationen, die der Gestaltung eines Plakats (Spruchband) gleichkommen, verstärkt:

Er wird verliehen,
wenn...
wenn...
wenn...

Er wird verliehen
für die...
für die...
für den...

Die Schüler erkennen: das Gestaltungsprinzip des Textes steht dem Gebrauch der kommerziellen und politischen Werbung nahe und scheint deren Intention (Überredung) zu teilen.
Von hier aus kann der vom Text selbst intendierte kritische Umgang erheblich vertieft werden. Die Sätze ohne Begründungen (1 bis 4) müssen zur Aufdeckung der gekennzeichneten Antithetik der Aussagen und damit zu einer Leseebene führen, die durch Widerspruch und starke Verbalisierung des Textumgangs gekennzeichnet ist. Um die damit verbundene Gefahr der Ablösung vom Text zu vermeiden, muß zumindest aus jedem der ersten vier Sätze die These und Antithese erschlossen und in Form grober Opposition an der Tafel festgehalten werden:

1. *Behauptung* (vertraute Vorstellung)	2. *Behauptung* (Gedicht-) Konsequenz	
a) Krieg durch Kriegserklärung	Krieg wird fortgesetzt	→ Umkehrung
b) Held und Kampf = Einheit	Der Held bleibt den Kämpfen fern	→ Umkehrung
c) Der Schwache bleibt dem Kampf fern	Der Schwache ist in die Feuerzone gerückt	→ Umkehrung

d) Uniform: Symbol der Kampf-
bereitschaft   Symbol der Geduld   → Umkehrung
e) Militärische Dekoration: Aus-   Auszeichnung für
zeichnung für Einsatz des Lebens   Überleben (Hoffnung) → Umkehrung

Das Schema kann nicht den Ablauf des Verstehensprozesses, wohl aber die Richtung des Verstehens wiedergeben. Diese führt durch den Widerspruch der ersten These (traditionelle Norm) zur zweiten These (Umkehrung der Norm) und schließlich zur Einsicht in die Absicht (Intentionalität) dieses Sprechduktus und zeigt den Schülern, daß alle Behauptungen aus einer kritischen Reflexion über traditionelle Normen entsprungen sind und durch Erfahrungen bestätigt werden können (Hinweis auf den außersprachlichen Kontext, d. h. den geschichtlichen und gesellschaftlichen Hintergrund, der aus der zweiten Strophe erneut erschlossen werden kann). Aus der Intention des Sprechens kann schließlich die logische und zugleich moralische Konsequenz der dritten Strophe erarbeitet werden, und dies wiederum anhand der früher aufgezeigten Antithetik:

Vertraute Vorstellung	*Gedicht*	*Konsequenz*
a) Treue zur Fahne	Flucht vor den Fahnen	→ Umkehrung
b) Tapferkeit vor dem Feind	Tapferkeit vor dem Freund	→ Umkehrung
c) Geheimnisbewahrung	Geheimnisverrat	→ Umkehrung
d) Befolgung des Befehls	Nichtachtung jeglichen Befehls	→ Umkehrung

Entscheidend für das Verständnis der dritten Strophe bleibt jedoch die Einsicht: die Antithetik des Gedichts will hier nicht allein das Denken, sondern darüber hinaus das *Verhalten* des Rezipienten ändern, indem es ihn zum Eingriff in die in der ersten Strophe gegebene gesellschaftliche Lage auffordert. Diese Aufforderung vollzieht sich hier durch eine am militärischen Modell orientierte Zeremonie der Ordensverleihung, die, obwohl antimilitärisch, selbst militanten Charakter trägt, genauer: tragen muß, wenn das Gedicht die Funktion des Protests gegen unreflektierte Normen erfüllen will. Die Schüler können erkennen: der Autor setzt sein Gedicht selbst im instrumentalen, d. h. taktischen Sinne ein. Als Protestgedicht dient es zur Erzeugung der dialektischen Theorie und engagierter Lebenspraxis zugleich: „Neinsagen oder Protestieren ist am Ende nur die Aufforderung – dialektisch zu denken." „Protestieren hatte in der Sprache des römischen Prozeßrechts den strategischen Sinn: vor Zeugen ein Schweigen zu brechen, das sonst als Einverständnis mit der vorgetragenen Interpretation mißdeutet werden konnte. Die protestierende Einrede setzt sich gegen die Verstrickung in lautlose Konformität zur Wehr"[74].

Dritter Modus literarischer Kommunikation im Unterricht:
Lesendes Erschließen auf struktureller Basis
Der Begriff der Struktur und des Zeichens
Das Theorem von R. Barthes: „Die strukturalistische Tätigkeit"
Zerlegung und Rekonstitution poetischer Strukturen
und das daraus rührende Kommunikationsmodell
Die Verstehensoperationen im Unterricht

Der hier abschließend zu beschreibende Modus literarischer Kommunikation im Unterricht ergibt sich aus dem Versuch, einige elementare Einsichten und Verfahrensweisen der sogenannten strukturalen Literaturwissenschaft, die ihrerseits wiederum auf der modernen „Strukturlinguistik"[75] beruht, für die Literatur sichtbar zu machen. Will dieser Versuch den zunehmend „modischen Wortwechsel über Sinn, Wert, Ernst, Humanität und Legalität des sogenannten Strukturalismus"[76] vermeiden, so müßte er ein Dreifaches leisten:
1. Den Nachweis der Begrenztheit der bisher dargestellten Modi literarischer Kommunikation im Hinblick auf die methodische Ausbildung des Verstehens und der daraus resultierenden didaktischen Notwendigkeit, für den Unterricht ein Verfahren des lesenden Erschließens literarischer Texte auf der Basis (Theorie) einer ausdrücklich struktural arbeitenden Literaturwissenschaft zu entwickeln. Dieses Verfahren müßte zugleich die von den Schülern einzubringenden Verstehensleistungen anzeigen und daraus Reichweite und Verwendungszusammenhang im Unterricht ausreichend bestimmen.
2. Das genuin Neue der hier verwendeten Strukturvorstellung theoretisch und praktisch zu begründen, so daß eine ausreichende Abgrenzung gegenüber den in der Literaturdidaktik heute verwaschenen Bezeichnungen „Struktur" und „Verstehen von Strukturen" ermöglicht wird. Dies erscheint um so notwendiger, als der Inhalt des Wortes „Struktur" zumeist nur als Synonym für die in der Schule der werkimmanenten Interpretation erscheinenden Begriffe „Werkgefüge" und „Gefügecharakter des sprachlichen Kunstwerks" gebraucht wird.
3. Eine ausreichende Abgrenzung der spezifischen Eigenart des strukturalen Verfahrens innerhalb der Literaturwissenschaft und Literaturdidaktik gegenüber den in der Strukturlinguistik geübten Analyseverfahren,

deren naturwissenschaftlichen Exaktheitsanspruch in Theorie und Praxis es *aus Gründen* nicht genügen kann (und braucht). Einer der Gründe hierfür ist aus der historischen Entwicklung sofort einsehbar:
Ist die Strukturlinguistik heute, nach ihrem Selbstverständnis, eine von Philologie und Literaturwissenschaft unabhängige Wissenschaft, weil sie primär auf die „Strukturtheorie par excellence – die Mengenalgebra, Automatentheorie und Symbollogik" [77] bezogen ist, so wird verstehbar, daß sich alle aus ihr ableitenden Strukturalismen (z. B. in der Soziologie, Psychoanalyse, Ethnologie, Literaturwissenschaft) durch den besonderen *Verwendungszusammenhang* von ihr unterscheiden müssen. Dieser spezifische Verwendungszusammenhang strukturaler Verfahrensweisen in anderen Disziplinen und die dadurch bedingten Modifikationen müssen nicht notwendigerweise als „Verflachung" und „Spielerei" mit den Begriffen des „Bezeichnenden" und „Bezeichneten" gedeutet werden, wie dies heute nicht nur in Deutschland, sondern auch im französischen Strukturalismus beklagt wird. „Les jongleries avec le signifiant et le signifié" [78] sind dann vermeidbar, wenn die Analysen am jeweiligen Objekt, d. h. im konkreten Verwendungszusammenhang, Rechenschaft ablegen über den verwendeten Zeichenbegriff und die sich aus ihm ableitenden Zeichenrelationen. Die so gesehene „Auflösung des Strukturalismus zu Strukturalismen" innerhalb einzelner Disziplinen ist nicht unbedingt negativ zu bewerten, da erst die Übertrag- und Anwendbarkeit die Strukturlinguistik als „Ausgangsdisziplin" (Baumgärtner) bestätigt, wie dies Claude Lévi-Strauss so formuliert: „Die strukturalen Untersuchungen wären kaum von Interesse, wären die Strukturen nicht auf Modelle übertragbar, deren formelle Eigenschaften unabhängig von den Elementen, aus denen sie sich zusammensetzen, miteinander vergleichbar sind" [79]. Dabei wird sichtbar, daß die mit der Übertragbarkeit notwendig verbundenen Modifikationen des strukturalen Verfahrens heute auch die Linguistik in ihren „Randgebieten" selbst treffen, z. B. im pragmatischen Verfahren der Soziolinguistik und Linguo-Didaktik, die den „hohen wissenschaftstheoretischen Anspruch, der für Theoriebildung heutzutage zugrundegelegt wird", noch nicht erfüllen kann [80].
Geht man in der eben genannten Reihenfolge vor, so läßt sich die didaktische Bedeutsamkeit des lesenden Erschließens auf strukturaler Basis aus zwei Voraussetzungen begründen.

Erste Voraussetzung des lesenden Erschließens auf strukturaler Basis

Die Notwendigkeit des lesenden Erschließens auf strukturaler Basis ergibt sich aus der Beschränktheit der bisher dargestellten Modi literarischer

Kommunikation im Unterricht. Beide, hermeneutische und dialektische Kommunikationsmodi, sind durch zwei gemeinsame Charakteristika gekennzeichnet:
1. Die elementare Ausbildung und Differenzierung des Verstehens der Schüler erfolgt so, daß sich das Subjekt in mehr oder minder starkem Ausmaße im Kommunikationsprozeß engagieren muß, so daß die Kommunikationsmodi in den einzelnen Phasen eine noch stark emotionale Färbung aufweisen. Im hermeneutischen Kommunikationsmodus (Einfühlung – Nachverstehen – Erkennen) ist dies vor allem durch die Rückbindung des Schülers an die emotiv verankerte erste Kommunikationsphase der Einfühlung der Fall. Im Dreischritt des dialektischen Kommunikationsmodus (Norm – poetische Normabweichung und Widerspruch – Einsicht in die Notwendigkeit des Sprechens) verhalten sich die Schüler zwar ausdrücklich kritisch gegenüber der Darstellung, sind aber durch die notwendige Phase des Widerspruchs stark persönlich engagiert. Indem sie durch den Widerspruch die Notwendigkeit der literarischen Darstellung nachweisen, müssen sie ihr eigenes Verstehen einer „Selbstaufklärung" unterziehen und sind so als „reflektierende Mitspieler" in geringem oder größerem Grad „subjektgebunden".
Schon von hier aus wird einsichtig: das kritisch-reflektierende Textverhältnis enthält Elemente, die von sich aus zu einem dritten Verfahren des lesenden Erschließens tendieren: zum untersuchenden, analytischen Verhalten, das sich ausdrücklich und allein um die Aufdeckung der Lexie, der Gesetzlichkeit der Bauform des Textes, d. h. die bestimmte Anordnung und Organisation der sprachlichen Zeichen (Struktur) bemüht und dabei solche Operationen in den Texten vollzieht, die auf eine noch zu erläuternde Weise als „strukturalistische Tätigkeit" (Barthes) bezeichnet werden müssen, weil diese durch Zerlegung und Rekonstitution der sprachlichen Elemente eines Textes die Komposition nochmals „erzeugen".
2. Das zweite gemeinsame Charakteristikum der bisherigen Kommunikationsmodi: alle genannten Kommunikationsprozesse führen zwar schon immer zum Operieren des Schülers in der Lexie der Texte selbst, da das Lesen die schon früher erläuterte zirkulare Struktur besitzt, d. h. durch Progression und Inversion (Vor- und Zurücklaufen in der Lexie des Textes) gekennzeichnet ist. Es kann jedoch nicht übersehen werden, daß alle Erschließungsprozesse immer noch einen stark linear-diskursiven Charakter aufweisen, weil sie dem chronologischen Ablauf der genannten drei Phasen folgen müssen, wenn sie das Verstehen im geordneten Nacheinander differenzieren wollen. Dieser noch weitgehend linear-diskursive Ablauf des Kommunikationsprozesses im Unterricht ist schon deswegen unvermeidlich, weil das Verstehen der Schüler sich in der Regel an den

gröbsten Signaldominanten des Textes orientieren muß, wenn es überhaupt im Kommunikationsprozeß bleiben will. Diese Signaldominanten jedoch wirken im Kommunikationsprozeß aufgrund ihrer steuernden, das Verstehen stimulierenden Funktion zugleich auch *repressiv*, insofern sie durch ihre privilegierte Position in der Komposition des Textes andere Zeichensignale notwendig verdrängen, wie dies z. B. an dem zuletzt beschriebenen Kommunikationsprozeß des Eichschen Gedichts „Denke daran" deutlich wurde. Dort droht die Signaldominante (das appellierende „Denke daran") durch ihre elfmalige Wiederkehr in jeweils kürzeren Zeitabständen die anderen Zeichen des Textes (Bildsequenzen) zu „überstimmen", so daß zunächst nur eine eingeschränkte Leseweise des Textes möglich ist. Diese in jedem elementaren Kommunikationsprozeß notwendig enthaltene Verdrängung muß jedoch auf die Dauer zu einer unerlaubten Vereinfachung der Leseweise führen, insofern diese wiederum unmittelbare Auswirkung auf die früher erläuterte „Leseebene" (vgl. 2. Kap.) besitzt. Diese ist wenig „tief", d. h. zumeist paradigmatisch: literarische Muster (z. B. Fabel-, Parabel-, Anekdotenmuster usw.) und die ihnen zugehörigen Intentionen (z. B. Lehre, Warnung, Entlarvung etc.) werden erschlossen, ohne daß dabei deren „Tiefenstruktur", d. h. die Mehrschichtigkeit der Komposition (Aufbau und Organisation der sprachlichen Zeichen), ausgeschöpft würde. Die methodische Rezeption von Texten in den genannten Kommunikationsprozessen hat daher zugleich einen von der Didaktik zumeist übersehenen negativen Aspekt: je paradigmatischer, gesteuerter der Lernprozeß auf das Objekt zugreift, desto mehr verdrängt er die Mehrschichtigkeit des Vermittelten zugunsten einer exakt definierbaren Einschichtigkeit, und dies vor allem bei solchen literarischen Formen, die eine ausgesprochene „Mitteilungsstruktur" aufweisen: z. B. politische Lyrik, den Formen der sogenannten didaktischen Dichtung, den publizistischen Formen. Dies aber bedeutet: jeder elementare Rezeptionsvorgang von Texten enthält zugleich einen negativen dialektischen Aspekt: *indem die Schüler unter dem Anspruch der „Eindeutigkeit" Texte rezipieren, verdrängen sie zugleich deren Mehrschichtigkeit.*
Genau gesehen, droht jeder elementare, einlinig-diskursiv ablaufende Kommunikationsprozeß ein Doppeltes zu verdrängen:

a) Die Reflexion über die spezifische Struktur der Vermittlung (z. B. Medien: Schrift, Bild, Ton, deren faktisches Zusammenspiel in „Mischformen", die Selektion und Präsentationsform der Nachricht, den vorgegebenen Informationsrahmen u. a.).

b) Die Reflexion über die Struktur des Vermittelten selbst, d. h. die Mehrschichtigkeit der Lexie eines Textes: z. B. das Baugesetz, nach dem die sprachlichen Zeichen angeordnet sind, die verschiedenartige „Natur"

der sprachlichen Zeichen und die Art der Beziehungen, die sie aufgrund ihrer spezifischen Natur zueinander unterhalten, die Position, die sie in der Organisation einer sprachlichen Komposition einnehmen und durch die sie bestimmte Schattierungen, Färbungen, Modulationen erzeugen, die wiederum Anlaß sind für „semantische Kombinationen, die durch die Lektüre in Bewegung gesetzt werden" [81].
Nimmt man zu dieser Gefahr der Verdrängung den bekannten Sachverhalt mit hinzu, daß im primären Kommunikationsablauf nur „Grundinformationen... im Kurzzeitgedächtnis gespeichert (werden)" [82], dann wird erklärbar, warum die Mehrschichtigkeit eines Textes den Schülern zum größten Teil unbewußt bleibt, die sogenannte „tiefere Bedeutung" erst „hinterher", d. h. durch einen Akt der Reflexion nach der primären Begegnung eingeholt wird. Oder wie Helmers feststellt: „Dieses Vertrautsein (mit Strukturen) ist nicht primär abhängig von Bewußtheit" [83].
Aus der hier vorgetragenen doppelten Beschränktheit der bisherigen Kommunikationsmodi ergibt sich für die neue Literaturdidaktik die Frage, ob sie für den Unterricht ein Verfahren bereitstellen kann, das vom Operieren in den Strukturen und deren paradigmatischer Erschließung hinüberführt zum ausdrücklichen Erkennen des „Mehr", d. h. der Mehrschichtigkeit eines Textes. Oder: wie kann im literarischen Unterricht der Übergang von der „Oberflächen- zur Tiefenstruktur" eines Textes vollzogen werden? Wobei unter „Tiefenstruktur" hier die erkennbaren Regeln (Gesetze) verstanden werden, nach denen sich ein gegebener literarischer Text konstituiert. Lehnt man die gestellte Frage nicht vorschnell ab (unter dem Hinweis auf verfrühte Abstraktion im Unterricht und mit dem Einwand, die Literaturdidaktik „übertrage" nur Analysemethoden einer bestimmten Grammatiktheorie, die aus der Strukturbeschreibung gegebener Sätze deren Formationsregeln rekonstruiert [84]), sondern hält dagegen an der Einsicht fest, „daß ein Gebiet sprachlicher Tätigkeit existiert, worin die ‚klassifizierenden Spielregeln' (Sapir) ihre höchste Bedeutung erlangen: in der Wortkunst (Fiction)..." [85] (Jakobson), „daß das Bilden und Verstehen poetischer Strukturen ähnlichen Regeln unterliegt wie das der primären Sprachstrukturen" [86] (Bierwisch), so wäre vor einer Aussage über die didaktische Bedeutsamkeit zuerst der Begriff der poetischen Struktur, dann der der Regelhaftigkeit näher zu bestimmen.

Zweite Voraussetzung des lesenden Erschließens auf strukturaler Basis

Im Unterschied zur Schule der werkimmanenten Interpretation, welche die poetische Struktur als „Gefüge" versteht, die sich der natürlichen Ordnung analog aus Teilen (Gliedern) zu einem autonomen Ganzen (Körper)

fügt, bestimmt das neue Strukturmodell das künstlerische Produkt von Beginn an als ordo artificialis, eine Ordnung, „die sich aus der Anordnung und Spannung der sie konstituierenden Elemente selbst (erklärt)" [87]. Die Herkunft dieses Strukturbegriffs aus der Schule des russischen Formalismus, aus den Prager und Kopenhagener Linguistikschulen und die zeitgenössischen Modifikationen des Strukturbegriffs vor allem im französischen Strukturalismus sind ausreichend bekannt, obwohl Terminologie und Verwendungszusammenhang inzwischen zu höchst differenzierten Ausformungen von Strukturvorstellungen geführt haben [88]. Ihre gemeinsame Ausgangsbasis jedoch bleibt die schon im 2. Kapitel skizzierte Zeichentheorie (Semiologie), wie sie von Saussure noch hypothetisch angesetzt wurde als „eine Wissenschaft, welche das Leben der Zeichen im Rahmen des sozialen Lebens untersucht... Sie würde uns lehren, worin die Zeichen bestehen und welche Gesetze sie regieren" [89]. Dem Ansatz Saussures entsprechend kann die strukturale Literaturwissenschaft jedes Kunstwerk begreifen „als ein Zeichen, das zwischen dem Künstler und dem Aufnehmenden vermittelt" [90], wobei folgende Konsequenz zu beachten ist: „Da es die Beschaffenheit eines Zeichens hat, entspricht das Kunstwerk weder ganz dem Seelenzustand, der es beim Autor entstehen ließ, noch dem, den es beim Aufnehmenden herstellt" [91]. Die Definition des Kunstwerkes als eines vom Autor wie Rezipienten relativ unabhängigen Zeichengebildes hat wiederum eine doppelte Konsequenz:
1. Sie erlaubt es dem Rezipienten, seine Aufmerksamkeit von dem in der sprachlichen Vermittlung *Bezeichneten* (Inhalt) in Richtung auf die *Zeichen* selbst zu verschieben, so daß Literatur bzw. der konkrete Text als eine bestimmte literarische *Redeweise* erfaßt und analysiert werden kann, wie dies R. Barthes so formuliert: „Da die Literatur eindringlich Bedeutung vorschlägt und die Bedeutung gleichzeitig beharrlich flüchtig ist, ist sie sehr wohl nur eine Redeweise, das heißt ein System von Zeichen: ihr Wesen liegt nicht in ihrer Botschaft, sondern in diesem System" [92].
2. Die Verschiebung der Aufmerksamkeit vom Bezeichneten zum Zeichen selbst erlaubt es dem Beobachter, die spezifische Natur der sprachlichen Zeichen sowie die sich durch sie manifestierenden Zeichenbeziehungen und schließlich daraus einige elementare Regeln zu erkennen, nach denen die Komposition „*funktioniert*", d. h. ihre Aufgabe der sprachlichen Vermittlung überhaupt erst erfüllen kann. „Der Semiologe sieht das Zeichen sich im Feld des Bedeutens bewegen, er zählt seine Wertigkeiten auf, zeichnet ihre Konstellationen nach" [93].
Die dargestellte Verschiebung der Aufmerksamkeit des Rezipienten in Richtung auf die Organisation und Funktion der Zeichen im Text selbst, die sich daraus ergebende Forderung nach strenger Immanenz der Ana-

lyse (das Werk zunächst zu nichts anderem als zu sich selbst in Beziehung zu setzen [94], den Text primär als Struktur und nicht als ein „Transportmittel" von Inhalten zu betrachten [95]) haben der strukturalen Literaturwissenschaft den Vorwurf eines öden Formalismus eingetragen, der das Problem der Bedeutung ausklammere. Der Vorwurf übersieht den entscheidenden Sachverhalt, daß jede strukturale Analyse, die auf erkennbare Regeln und Funktionen der Zeichen im Text ausgeht, schon durch den Begriff der *Funktionalität* an die Problematik des Bedeutens gebunden ist, die Bedeutungsfrage aber so lange zurückstellt, bis die Analyse die Zeichenbeziehungen auf einer oder mehreren Ebenen ausreichend erschöpft hat. Da die Zeichen im konkreten Text immer nur durch ihre Relation, d. h. als Zeichen von anderen Zeichen bestimmt werden können, kann die Analyse eines Textes nach R. Barthes mit Hilfe dieser prinzipiellen Zeichenbeziehung durchgeführt werden:
1. Innerhalb der Signifikant-Signifikat-Relation, der Beziehung des Zeichens zu dem von ihm Bezeichneten, die zumeist auf eine symbolische Auslegung des Zeichens hinausläuft (z. B. „das ‚Kreuz' symbolisiert das Christentum", „das Rot ‚symbolisiert' das Verbot, die Straße zu überqueren" [96]).
2. Durch die Beziehung des Zeichens zur Klasse oder zu einem System, dem es entstammt und in dem es sich „auf Grund der kleinsten Differenz unterscheidet", z. B.: „Das Rot bedeutet das Verbot insofern, als es *systematisch* im Gegensatz steht zum Grün und Gelb..." [97], d. h. durch die paradigmatische Beziehung des Zeichens.
3. Durch die Beziehung des Zeichens in einem aktuell vorgegebenen Textzusammenhang, d. h. die Beziehung, die es zu den vorausgehenden oder nachfolgenden Zeichen in einer konkreten Darstellung einnimmt und welche syntagmatische genannt wird [98].
Unter den drei genannten Zeichenbeziehungen ist für die Literaturwissenschaft und Literaturdidaktik vor allem die letzte von entscheidender Bedeutung, denn sie erlaubt es, die Zeichenrelationen eines konkret gegebenen Textes so zu zerlegen und zu rekonstituieren, daß dabei die Lexie, d. h. das Baugesetz des Textes selbst in Erscheinung tritt und in den von Jakobson beschriebenen Kategorien der „Parallelität", der „antithetischen Parallelität", der „Gegensätze" (Oppositionen), der „symmetrischen Wiederholung", der ausgewogenen Anordnung der Tropen beschrieben werden kann [99]. Die so entstehende Durchsichtigkeit der poetischen Struktur beruht wiederum auf einem engen Verhältnis von Poesie und Grammatik: „Der obligatorische, verbindliche Charakter der grammatischen Prozesse und Begriffe in unserer Sprache nötigt den Dichter, sie in Rechnung zu ziehen: entweder er strebt nach Symmetrie und hält

sich an diese einfachen, wiederholbaren, durchsichtigen Strukturen, die auf einem binären Prinzip beruhen, oder aber er setzt sich darüber hinweg, wenn es ihn nach einem ‚organischen Chaos' verlangt"[100]. Niemals aber ist die Normabweichung des sich über vorhandene Strukturen hinwegsetzenden Autors „agrammatisch" (Jakobson), weil selbst die antigrammatischen poetischen Strukturen auf die Verbindlichkeit der Grammatik bezogen bleiben.

Die vorgetragene Theorie läßt unter grober Vereinfachung elementare Strukturbeschreibungen zu.

So kann in dem folgenden Gedicht I. Bachmanns [101]:

Schatten Rosen Schatten

Unter einem fremden Himmel
Schatten Rosen
Schatten
auf einer fremden Erde
zwischen Rosen und Schatten
in einem fremden Wasser
mein Schatten.

zunächst die Funktion des Parallelismus als „eines grundlegenden Prinzips der Dichtkunst" (Jakobson) sofort eingesehen werden:

Unter einem fremden Himmel

auf einer fremden Erde

in einem fremden Wasser

Die Parallelität ergibt sich nicht nur formal durch korrespondierende Zeilenanordnung (optisch), obwohl schon dieses zum Erkennen der Lexie beiträgt, sie ergibt sich auch *akustisch* durch die dreimalige Wiederholung einer gleich gebauten rhythmischen (Vierheber, trochäisch) und grammatischen Figur (Ellipsen, die jeweils nach demselben Schema gebildet werden: Präposition + unbestimmter Artikel + Adjektiv + Objekt = adverbiale Bestimmung); die Parallelität ergibt sich schließlich vor allem auf der semantischen Ebene: die dreimalige Wiederholung des Adjektivs „fremd" signalisiert die *Gleichheit* der benannten Signifikate (Himmel, Erde, Wasser), obwohl diese unter sich in deutlicher Opposition stehen. Damit wird ein zweites elementares Bauprinzip dieser Lexie sichtbar: die Parallelität signalisiert zwar Gleichheit, diese wiederum provoziert das Prinzip der Opposition, die hier in der doppelten Gegenüberstellung von Himmel (oben) / Erde (unten) und Erde und Wasser sichtbar wird. Die

Funktion dieser durch Zeichen hergestellten Oppositionen ist offensichtlich: sie schaffen einen Kontext (Zeichenzusammenhang), indem sie den Raum zuerst in der Vertikalen (Himmel / Erde), dann in der Horizontalen (Erde / Wasser), d. h. im Über- und Nebeneinander gliedern, wobei die durch die oppositionellen Zeichen imaginierte Raumvorstellung (Raumbezüge) durch die Reduktion auf Grundelemente (Himmel / Erde; Erde / Wasser) seltsam „leer" bleibt. Dieser durch Zeichen imaginierte „Leerraum" wird durch das dreimal erscheinende dominierende Zeichen „fremd" (Signaldominante), das die Gleichheit der Signifikate (fremder Himmel, fremde Erde, fremdes Wasser) betont, zu einer schwer faßbaren semantischen Qualität. In der so durch Zeichen hergestellten elementaren Raumbeziehung des Sprechers bleiben traditionelle Erwartungen unerfüllt; sie können aber durch eine einfache Kommutation hervorgebracht werden: man setze z. B. statt des dominierenden Zeichens „fremd" das klischeebildende Adjektiv „blau" ein (Unter einem blauen Himmel / Schatten Rosen / Schatten) und wird die geschlossene semantische Qualität (Signifikanz) der Zeichenrelation *hier* sofort begreifen.

Die distinktive, unterscheidende Funktion der genannten Oppositionen gilt im vorliegenden Kontext ausschließlich für den optischen Bereich. Sie erfüllen eine Orientierungsfunktion, indem sie dem Sprechenden (wie dem Lesenden) eine bestimmte Wahrnehmung im imaginierten Raum und damit eine Ortsbestimmung ermöglichen. Diese Funktion der Ortsbestimmung in einem durch Parallelität und Opposition imaginierten Leerraum erfüllen die beiden übrigen Zeichen des Gedichts, die in verschiedenen Kombinationen, aber immer paarweise erscheinen: Schatten Rosen Schatten, zwischen Rosen und Schatten. Sie signalisieren indirekt (Schatten) und direkt (Rosen) anwesende Objekte in dem vom Sprecher aufgegliederten Raum und stehen daher auch in der formalen Zeilenanordnung zwischen den genannten Oppositionen:

```
............................ Himmel
Schatten Rosen
Schatten
............................ Erde
zwischen Rosen und Schatten
............................ Wasser
```

Genau besehen erfüllen die genannten Zeichen die ihnen übertragene Funktion der Orientierung im vorgegebenen Kontext wiederum durch ihre gegensätzliche Anordnung. Obwohl sie – im Gegensatz zu den vorausgegangenen und nachfolgenden Oppositionen (Himmel / Erde, Erde /

Wasser) – nicht auf eine gemeinsame semantische Achse, d. h. einen paradigmatischen Bezug gebracht werden können (es sei denn man bestimme Schatten als abstrakt = leblos = gegenstandslos im Sinne von Reflex eines Gegenstandes; Rosen dagegen als konkret = gegenständlich), ist doch der eindeutig gesetzte Kontrast nicht zu übersehen. Ist Schatten durch das Fehlen von Farbe (dunkel), Rose dagegen durch die Anwesenheit von Farbe (hell) bestimmt, so signalisieren die Zeichen in der ablaufenden Sprechsequenz „Schatten Rosen Schatten" nichts anderes als den Wahrnehmungsrhythmus des Sprechers, der nach dem binären Prinzip von dunkel / hell / dunkel abläuft und später durch Inversion (Rosen und Schatten) wiederholt wird. Die Zeichen erfüllen so wiederum ihre Aufgabe im optischen Bereich: sie signalisieren den (traumhaften) Rhythmus des Wahrnehmens von Realität (Einblenden und Ausblenden von Zeichen) im Bewußtsein des Sprechenden, der sich schließlich dadurch selbst gewahr wird und seinen Ort bestimmt. Diese Selbstbestimmung durch Wahrnehmung von einander kontrastierenden Zeichen erfolgt bezeichnenderweise am Ende der gesamten Sequenz. Das zuvor dreimal erscheinende Zeichen „Schatten", das nur aus dem Bezug zu seinem Gegenzeichen „Rosen" existierte, ordnet sich der Sprechende jetzt (in ausdrücklich betonter Stellung) selbst zu: *„mein Schatten"*. Sieht man zunächst von der bezeichnenden Aussage ab, daß auch die Zuordnung dieses Zeichens nur indirekt, d. h. über die Wahrnehmung in einem zweiten Medium (fremdes Wasser) erfolgt, so ist die Fixierung des Zeichens Schatten an die Person des Sprechenden mit einer nicht mehr willkürlichen semantischen Assoziationskette verbunden. Denn war das Zeichen Schatten bisher formal an den Kontrast zu „Rosen" gebunden, so löst es durch die neue Verbindung mit „fremden Wasser" die primäre Assoziation zu „fremder Himmel", „fremde Erde", „fremdes Wasser" aus und setzt es mit diesem Zeichen gleich. Das Zeichen „mein Schatten" erhält in dieser Gleichsetzung die semantische Bestimmung „fremd". Das zuerst befolgte Gesetz der sprachlichen Parallelisierung wendet der Sprechende jetzt auf sich selbst an. Der im fremden Wasser wahrgenommene und dem Sprechenden entgegentretende eigene Schatten bleibt nur ein Reflex des eigenen Ichs. Der Sprechende bestimmt sich in dieser Anordnung eines Zeichens selbst, allerdings als ein Fremder in einem fremden Kontext. Wollte man daher die komplexe Nachricht des Textes formulieren, so müßte die sprachliche Parallelisierung noch verkürzter lauten:

fremder Himmel
fremde Erde
fremdes Wasser
fremdes Ich

Der anhand der Anordnung und der Relation vorgegebener sprachlicher Zeichen nachgezeichnete poetische Prozeß bleibt eine grobe Rekonstruktion, zumal die phonetische und syntaktische Analyse (z. B. die Steuerungsfunktion der Präpositionen für die Perspektive der Wahrnehmung) ausgeschlossen wurde. Die Nachzeichnung behauptet auch nicht, daß der Produktionsprozeß des Gedichts sich auf ähnliche Weise vollzogen hätte, sondern hält sich an eine erkennbare Lexie, d. h. das Gesetz, das eine solche Redeweise (Komposition von Worten) ermöglicht. Von *dieser* Lexie läßt sich folgendes sagen:

1. Der Sprechende setzt wenige (elementare) Zeichen, die unter sich einen geschlossenen Zeichenzusammenhang konstituieren, der die Wahrnehmung ermöglicht, ausbildet und auf bestimmte Weise steuert. Die bestimmte Weise der Wahrnehmung ergibt sich aus der besonderen Natur der Zeichen als Indizes, die nicht auf *Abbildung* (sinnliche Gegenständlichkeit) aus sind, sondern auf die Imagination des Bezeichneten.

2. Die Zeichenrelationen werden nach geometrischen Mustern (Regeln) gebildet, die hier in dem Prinzip der Parallelität und der Opposition erscheinen. Das Zusammenspiel beider ergibt eine Konstruktion, in der die räumlichen Bezüge dominieren, die zeitlichen fast völlig eliminiert sind.

3. Die geschaffene Zeichenordnung hat eine deutlich vermittelnde Funktion. Diese erlaubt es dem Sprechenden, sich in den selbst gesetzten Zeichenrelationen zu orientieren und sich daraus zu bestimmen. Im Gegensatz zum politischen Gedicht (vgl. die Interpretation zu G. Eichs „Denke daran"), in dem die sprachlichen Zeichen zur Demonstration eingesetzt werden, haben hier alle Zeichen die Funktion der Navigation: d. h. der Ortsbestimmung.

Der dargestellte Strukturbegriff und die Erläuterung einer literarischen Komposition bringen die oben gestellte Frage nach der didaktischen Bedeutsamkeit der Lösung näher, insofern schon jetzt eingesehen werden kann, daß die strukturale Analyse – im Gegensatz zur üblichen Analysevorstellung – der Synthese nicht diametral entgegengesetzt ist. Denn das strukturale Verfahren zerlegt den Text nicht einfach in seine „Bestandteile" (Zeichen), um sie nach irgendwelchen Klassifikationen zu katalogisieren, sondern es zerlegt, um die Beziehung der Elemente untereinander, d. h. ihre Funktion in einer bestimmten Komposition zu rekonstruieren. Das strukturelle Verfahren ist daher immer *kontextuell*. Indem es die vielfältigen Zeichenbeziehungen aufdeckt, bringt es zugleich auch die Lexie einer Komposition zum Vorschein, ist also *produktiv*, insofern es die Wahrnehmung für die spezifische Natur der sprachlichen Zeichen und ihr Zusammenspiel vertieft und den Rezipienten schließlich dazu führt, die vorgegebene Zeichenkomposition in seiner Imagination nochmals zu

„erzeugen". Bevor daher eine Aussage über den Verwendungszusammenhang des strukturalen Verfahrens innerhalb der Literaturdidaktik möglich ist, müßte zuerst das Theorem dargestellt werden, nach dem sich die Ausbildung des Verstehens im analytischen Umgang mit Texten vollzieht. R. Barthes hat dieses Theorem so zusammengefaßt:

„Das Ziel jeder strukturalistischen Tätigkeit, sei sie nun reflexiv oder poetisch, besteht darin, ein ‚Objekt' derart zu rekonstituieren, daß in dieser Rekonstitution zutage tritt, nach welchen Regeln es funktioniert (welches seine ‚Funktionen' sind). Die Struktur ist in Wahrheit also nur ein Simulacrum des Objekts, aber ein gezieltes, ‚interessiertes' Simulacrum, da das imitierte Objekt etwas zum Vorschein bringt, das im natürlichen Objekt unsichtbar oder, wenn man lieber will, unverständlich blieb. Der strukturale Mensch nimmt das Gegebene, zerlegt es, setzt es wieder zusammen; das ist scheinbar wenig (und veranlaßt manche Leute zu der Behauptung, die strukturalistische Arbeit sei ‚unbedeutend, uninteressant, unnütz' usw.). Und doch ist dieses Wenige, von einem anderen Standpunkt aus gesehen, entscheidend; denn zwischen den beiden Objekten oder zwischen den beiden Momenten strukturalistischer Tätigkeit bildet sich *etwas Neues*, und dieses Neue ist nichts Geringeres als das allgemein Intelligible: das Simulacrum, das ist der dem Objekt hinzugefügte Intellekt, und dieser Zusatz hat insofern einen anthropologischen Wert, als er der Mensch selbst ist, seine Geschichte, seine Situation, seine Freiheit und der Widerstand, den die Natur seinem Geist entgegensetzt.
Man sieht also, warum von strukturalistischer Tätigkeit gesprochen werden muß: Schöpfung oder Reflexion sind hier nicht originalgetreuer ‚Abdruck' der Welt, sondern wirkliche Erzeugung einer Welt, die der ersten ähnelt, sie aber nicht kopieren, sondern verständlich machen will. Man kann also sagen, der Strukturalismus sei im wesentlichen eine Tätigkeit der Nachahmung, und insofern gibt es streng genommen keinerlei *technischen Unterschied* zwischen wissenschaftlichem Strukturalismus einerseits und der Kunst andererseits, im besonderen der Literatur: beide unterstehen einer Mimesis, die nicht auf der Analogie der Substanzen gründet (wie in der sogenannten realistischen Kunst), sondern auf der der Funktionen. Ob nun das Objekt, das der strukturalistischen Arbeit unterworfen wird, bereits als ein komplexes vorliegt (wie im Fall der strukturalen Analyse einer Sprache, einer Gesellschaft oder eines konstituierten Werkes) oder noch diffus ist (wie im Fall der strukturalen ‚Komposition'), ob man dieses Objekt der sozialen Wirklichkeit oder der imaginären Wirklichkeit entnimmt, tut wenig zur Sache: nicht durch die Natur des kopierten Objekts wird eine Kunst definiert (ein hartnäckiges Vorurteil jedes Realismus), sondern durch das, was der Mensch, indem er es rekonstruiert, hinzufügt: die Technik ist das Wesen jeder Schöpfung. Sofern also die Ziele der strukturalistischen Tätigkeit untrennbar an eine bestimmte Technik gebunden sind, existiert der Strukturalismus auf eine im Verhältnis zu anderen Arten der Analyse oder der Schöpfung distinktive Weise: das Objekt wird neu zusammengesetzt, um Funktionen in Erscheinung treten zu lassen, und das ist, wenn man so sagen darf, der Weg, der das Werk hervorbringt; aus diesem Grund sollte man nicht von strukturalistischen Werken sprechen, sondern von strukturalistischer Tätigkeit.
Die strukturalistische Tätigkeit umfaßt zwei typische Operationen: Zerlegung und Arrangement. Indem man das erste Objekt zerlegt, findet man in ihm lose

Fragmente, deren winzige Differenzen untereinander eine bestimmte Bedeutung hervorbringen; das Fragment an sich hat keine Bedeutung, ist aber so beschaffen, daß die geringste Veränderung, die man an seiner Lage und Gestalt vornimmt, eine Änderung des Ganzen bewirkt..."[102].

Die offensichtliche literaturdidaktische Bedeutsamkeit der vorliegenden Überlegungen von R. Barthes ergibt sich aus einem Kommunikationsmodell besonderer Art, das sich bei genügender Reflexion zu einem in sich geschlossenen Theorem für den Umgang mit Literatur und Sprache im Unterricht differenzieren läßt. Die didaktische Bedeutsamkeit des neuen Literaturverhältnisses ist in dem Begriff der „strukturalistischen Tätigkeit" als einer doppelten „Operation" zu suchen, setzt also ein Textverhältnis auf seiten des Rezipienten voraus, das weder auf die Kategorien der ästhetischen Meditation noch auf die entgegengesetzten Kategorien einer bloßen technischen Praxis (des Eingreifens und Zerlegens von Elementen einer Struktur) eingeschränkt werden kann.

Der hier verwendete Begriff der Operation enthält immer schon einen doppelten Aspekt: den der Analyse und den der Synthese zugleich, weshalb die sonst auseinandergelegten und streng antithetisch verwendeten Kategorien von Reflexion und Tätigkeit, Erkennen und Produktivität, Denken und Kreativität, bewußt und unbewußt usw. keine absolute Rolle übernehmen können, wie dies Barthes auch an anderer Stelle immer wieder betont hat. Die aus der Tradition und vor allem dem Erziehungssystem des 19. Jahrhunderts überlieferten „mythischen Unterscheidungen" zwischen „Schöpfung und Reflexion", „Natur und System", „Spontanem und Rationalem", „Herz und Verstand"[103] müssen verschwinden, wenn erkannt wird, daß das „Praktizieren der Struktur" dem „Analytiker wie Schöpfer"[104], dem Wissenschaftler wie dem Künstler gemeinsam zugehört und es „insofern... streng genommen keinerlei technischen Unterschied zwischen wissenschaftlichem Strukturalismus einerseits und der Kunst andererseits, im besonderen der Literatur (gibt)". Die unmittelbare Korrespondenz der beiden Felder strukturalistischer Tätigkeit ergibt sich aus der gemeinsam angesetzten Kompetenz der *Erzeugung* von sinnvollen (bedeutenden) Objekten aus vorgegebenen Elementen. Die Kompetenz der Erzeugung von bedeutenden Objekten aus vorgegebenen Elementen nennt Barthes Rekonstitution. Der Begriff der Rekonstitution setzt den Begriff der Konstitution von „fertigen" Objekten voraus oder das Vorhandensein von konstitutiven Elementen, nach denen sich ein Objekt überhaupt „konstituieren" läßt, wie dies im künstlerischen Prozeß der Produktion der Fall sein dürfte. Der gemeinsame Aspekt der Rekonstitution von bereits konstituierten Objekten oder konstitutiven Elementen zu Objekten ergibt sich aus der gezielten Moti-

vation des Rezipienten, das „Etwas zum Vorschein" zu bringen, „das im natürlichen (d. h. vorgegebenen) Objekt unsichtbar oder ... *unverständlich* blieb". Die das Verstehen stimulierende Unverständlichkeit des vorgegebenen Objekts bringt den Rekonstitutionsprozeß in Gang mit der ausdrücklichen Absicht zu *erkennen,* „nach welchen Regeln es funktioniert (welches seine ‚Funktionen' sind)". Die Begriffe „Regel" und „Funktionalität" beziehen sich, wie schon mehrfach erläutert, auf ein Doppeltes:
a) die „Lexie", das Baugesetz eines Textes, d. h. die Weise der Anordnung und Spannung der konstitutiven Elemente (Zeichen),
b) die „Nachricht" oder „Bedeutung", welche der Text aufgrund seiner besonderen Lexie im Kommunikationsprozeß mitzuteilen vermag.
Der Rekonstitutionsprozeß vollzieht sich demnach sowohl im formalen wie im semantischen Plan eines Textes. Dieser doppelte Aspekt wird wiederum in dem nachfolgend erläuterten doppelten Ablauf jedes Rekonstitutionsprozesses deutlich. Er besteht aus zwei typischen Operationen, die aus Gründen deutlich voneinander abgesetzt werden: „Zerlegung und Arrangement". Nimmt man an, daß die Operation der Zerlegung vorwiegend den formalen Plan einer Struktur betrifft (Barthes nennt die Aufdeckung „loser Fragmente", „winziger Differenzen", die erst „eine bestimmte *Bedeutung* hervorbringen"), die Operation des Arrangements dagegen den semantischen Plan des Textes, dann wird verständlich, warum Barthes hier vor allem den Übergang von der ersten zur zweiten Tätigkeit betont. Denn beim Übergang vom Zerlegen zum Zusammensetzen ist ein deutlicher Hiatus der Besonnenheit zu beobachten, insofern die Tätigkeit des Zusammensetzens die zerlegten Elemente nicht formal zu einem Ganzen addiert, sondern sie vielmehr benützt zur „Erzeugung einer Welt, die der ersten ähnelt, sie aber nicht kopiert, sondern *verständlich* machen will". Das in der Rekonstitution „verständlich" gemachte Objekt verhält sich zum vorgegebenen Objekt wie das *Modell* zur *Wirklichkeit,* die *Erzeugung* zum „*Original*", beruht also auf einer Analogiebildung, nicht auf einer bloßen Wiedergabe („Abdruck der Welt"). In der Transformation vom Abbild (Matrix) des Objektes zum rekonstruierten Analogiebild entsteht das „Neue", „und dieses Neue ist nichts Geringeres als das allgemein Intelligible: das Simulacrum, das ist der dem Objekt hinzugefügte Intellekt". Will man den Begriff des Simulacrums, des vom Rezipienten *erzeugten* Objekts, nicht mißverstehen als ein durch bloße „Nachbildung", d. h. durch Verinnerlichung geschaffenes „Inbild" (etwa im Sinne der Diltheyschen „Nachbildung" – vgl. hier S. 134), dann darf die entscheidende Einschränkung nicht übersehen werden: das Simulacrum beruht „nicht auf der Analogie

der Substanzen..., sondern der der Funktionen", d. h. der Rolle (Vermittlungsaufgabe) in einem sprachlichen Zeichensystem. Dies bedeutet: das Simulacrum kann zwar ikonische, d. h. durch direkte Abbildung zustande gekommene Zeichen enthalten, bestimmt aber deren Bedeutung nicht aus der Übereinstimmung mit der Wirklichkeit, sondern ausschließlich aus deren Funktion, d. h. dem Verwendungszusammenhang in einem Zeichensystem, wie dies R. Barthes exemplarisch an der Analyse eines Reklamebildes gezeigt hat [105]. Die in einem Werbebild erscheinenden Früchte, die in einem Märchen erscheinenden Symbole (z. B. goldener Apfel, goldenes Haar), die in einem Mosaik erscheinenden Tier- und Menschenfiguren sind nicht „an sich", d. h. durch ihren realistischen Bezug zum Bezeichneten, sondern erst in ihrem Verwendungszusammenhang bedeutsam, der ihre Funktion aus der Position und der daraus entstehenden Relation, d. h. den *Abhängigkeitsverhältnissen* der Zeichen untereinander bestimmt [106]. Diese Funktionsbestimmung der Zeichen kann aber wiederum erst dann erfolgen, wenn der Rekonstitutionsprozeß ausreichend abgeschlossen, d. h. das Simulacrum vom Rezipienten erzeugt worden ist. Die Bestimmung von Funktionen in der Wirklichkeit kann daher nur über die Bestimmung von Funktionen in einem simulierten Modell erfolgen; der dabei vom Rezipienten hinzugefügte Intellekt ist aber nicht „subjektiv-willkürlich" zu nennen, da er sich rational, d. h. vor den in der Zerlegung erkannten konstitutiven Elementen begründen muß.

Das von Barthes skizzierte Kommunikationsmodell ließe sich daher schematisch so darstellen:

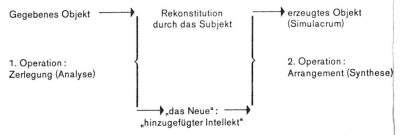

Die ausgezeichnete didaktische Bedeutsamkeit des dargestellten „strukturalen" Kommunikationsmodells ergibt sich aus der Klarheit der zwei Phasen (Zerlegung und Arrangement), nach denen jeder Unterrichtsprozeß ablaufen muß. Differenziert man die für jede Phase typische Operation mit Hilfe der neuen Lernpsychologie noch weiter, indem man jede Operation in kleinere Teiloperationen (Lernschritte) zerlegt, so wird einsichtig, daß das strukturale Verfahren auf elementare Weise schon in

der Grundschule geübt werden kann. Unterscheidet man im Sinne Gagnés nach elementarem „Signallernen" und „Begriffslernen" (Kettenbildung) [107] und wendet diese auf den Textumgang an, so wird erkennbar, daß von den Schülern in der ersten Phase des Zerlegens nur folgende vier elementare Verstehensleistungen eingebracht werden müssen, damit der einlinige Kommunikationsablauf durchbrochen werden kann:
1. Die Operation des Gliederns einer vorgegebenen Textsequenz im Nacheinander der Zeit: d. h. der prozessuale Ablauf muß aus der formalen Reihenbildung zu chronologisch zusammengehörenden Zeiteinheiten geordnet werden. Die Leistung der Gliederung nach in sich geschlossenen Zeiteinheiten betrifft im Umgang mit Prosa und Erzählgedichten vor allem das Element der Handlung, deren Zeitstruktur gerade im parataktisch verlaufenden Stil der Erzählung (z. B. Märchen, Sage, Legende, „Umweltgeschichte"; Erzählgedichte) für die Primarstufe („dann... da... als... und") beinahe *geometrisch*, d. h. durch flächenhafte Projektion geordnet werden kann.

Solche geometrischen Gliederungsversuche für den Literaturunterricht der Primarstufe liegen schon vor [108]. So können z. B. die Handlungsfiguren von Märchen, Sagen, Legenden auf drei invariante Typen reduziert werden: „aufsteigende", „absteigende", „gleichbleibende" (horizontal) verlaufende Handlungsfiguration:

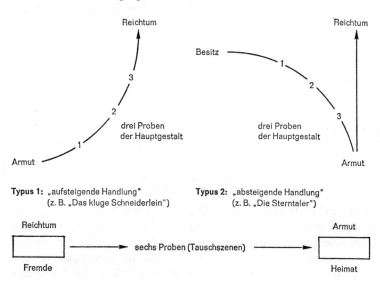

Die geometrisch darstellbaren Handlungstypen zeigen die Leistung des Gliederns im Nacheinander der Zeit. Ihre Projektion auf eine Fläche erfolgt mit Hilfe der im Text enthaltenen Signaldominanten, die entscheidende Handlungsverdichtungen (z. B. hier die Proben des Helden) oder Wendepunkte signalisieren. Schon hier wird sichtbar, daß der elementare Prozeß innerhalb der Phase der Zerlegung einen ausgesprochen semantischen Aspekt enthält: die Gliederung der Handlung nach Zeiteinheiten enthält bereits eine Deutung (z. B. Armut versus Reichtum).
2. Die der Gliederung im Nacheinander der Zeit (Kettenbildung) nachfolgende Operation ist die des Aussonderns oder Segmentierens einer in sich geschlossenen Einheit im prozessualen Ablauf, z. B. einer Szene, eines Dialogs, Monologs usw., insofern diese den Handlungsablauf unterbrechen, anhalten oder retardieren. Die Operation des Segmentierens in sich geschlossener Einheiten setzt die Einsicht in die Besonderheit eines Elements (dessen Positionswert) im linearen Prozeß voraus, z. B. den Typus einer Probe, Prüfung (vgl. oben), die wiederum durch besonders auffällige Zeichen (Signaldominanten) angekündigt werden.
3. Der Leistung des Segmentierens einer in sich geschlossenen Einheit folgt unmittelbar die Operation des Vergleichens. Diese kann auf vielfältige Weise und unter sehr komplizierten Textbedingungen (z. B. in Parabelstrukturen) erfolgen. Die elementarste Form des Vergleichens ist im bewußten Kontrastieren einander entgegengesetzter Einheiten zu suchen, wie sie z. B. in Szene und Dialog am deutlichsten gegeben sind. Die Gegenüberstellung verschiedenster miteinander sprechender Partner (z. B. Prinzessin – Schneiderlein, Riese – Zwerg usw.) zieht zuerst auf der Ebene der optischen Wahrnehmung, dann der der elementaren Reflexion zumeist assoziationsartig ablaufende *Oppositionsketten* nach sich: z. B. groß – klein, oben – unten, mächtig – ohnmächtig usw., die sich schließlich auch auf der Ebene komplizierter Symbolbedeutungen fortsetzen können.
4. Von hier aus kann die vierte und schwierigste Verstehensleistung eingesehen werden. Sie besteht in der Operation der Reduktion der gegliederten, segmentierten und kontrastierten sprachlichen Elemente zu Zeichen (Indizes), die aufeinander verweisen, wie dies schon in der kleinsten Einheit, der distinktiven Funktion aufeinander bezogener Oppositionen, sichtbar wurde.
Die genannten vier elementaren Teiloperationen in der ersten Kommunikationsphase der Zerlegung sind alle kontextuell bezogen, d. h. von der mehr oder minder bewußten Wahrnehmung zusammengehörender Ordnungseinheiten gesteuert. Dies bedeutet: die Phase der Zerlegung und der damit verbundenen Formalisierung von literarischen Texten kann

daher auch im strukturalen Kommunikationsmodell nicht beliebig fortgesetzt werden, etwa im Sinne einer totalen Inventarisierung der Zeichen, die wiederum einer „Verbuchung", d. h. Speicherung der Elemente gleichkäme und damit das eben erläuterte Theorem selbst aufheben würde. Die Phase der Zerlegung dient selbst bei der Segmentierung kleinster Ordnungseinheiten nicht diesen selbst, sondern der Konstitution von signifikanten Relationen dieser Einheiten untereinander und muß daher in die Phase der Rekonstruktion, der Synthese überführt werden. Welche elementaren Operationen müssen die Schüler dabei vollziehen?
Alle Verstehensleistungen der Schüler in der Phase der Rekonstitution sind durch den Anspruch der Synthese bestimmt, d. h. der elementaren Leistung des *Zusammensetzens* der zuvor segmentierten sprachlichen Elemente (Zeichen) im vorgegebenen Kontext. Die Leistung des Zusammensetzens segmentierter Zeichen ist wiederum an die Kompetenz der *Kombination* gebunden, insofern kombinieren heißt:
1. Beziehungen von Zeichen untereinander aufgrund verschiedener Kriterien (z. B. Affinität oder Opposition) herzustellen.
2. Die hergestellten Zeichenbeziehungen als Abhängigkeitsverhältnisse der Zeichen voneinander im vorgegebenen Kontext zu erkennen, so daß von deren Stellenwert auf die Funktion, von der Funktion auf eine Nachricht geschlossen werden kann. Da die Abhängigkeitsverhältnisse sprachlicher Zeichen, wie mehrfach gezeigt, sich in der beherrschenden Stellung der Signaldominante melden, ist die Leistung der Kombination durch die Schüler nicht willkürlich, sondern von einer mehr oder minder verborgenen „Hierarchie"[109], d. h. von dominierenden und abhängigen Zeichen in der Textstruktur gesteuert.
Von hier aus wird verstehbar, daß sich im Umgang mit literarischen Texten die Kombination sprachlicher Zeichen zu einer Nachricht auf einer ebenso elementaren wie differenzierten Stufe vollziehen kann, ohne den von Barthes dargestellten „strukturalen" Charakter aufzugeben. Nimmt man, wie oben gezeigt, die Leistung der Gliederung einer Textsequenz im Nacheinander der Zeit als elementarste Operation des Zerlegens an, so ist folglich die elementarste Operation der Kombination die Rekonstitution des prozessualen Ablaufs. Diese elementarste Kombination beruht auf der Verknüpfung dreier Zeichen:
1. Der Signaldominante, d. h. des Zeichens, das den sprachlichen Prozeß initiiert und die Wahrnehmung des Rezipienten in eine bestimmte Richtung drängt.
2. Des Zeichens, das von der Intentionalität (Richtung) der Signaldominante unmittelbar betroffen (abhängig) ist, indem es sich dieser unterordnet *oder* ihr widersteht (Kontrastdominante).

3. Des Zeichens, das die Spannung zwischen Signal- und Kontrastdominante „auflöst", indem es das Verhältnis beider erklärt oder in die Richtung einer vom Rezipienten zu leistenden Erklärung steuert (bedeutungsvermittelndes Zeichen).
Es ist offensichtlich, daß diese elementarste Kombination dreier Zeichen sowohl auf der formalen wie semantischen Ebene erfolgt und bei genügender Differenzierung auch eine Vielzahl anderer Zeichen, die wiederum von den drei prinzipiellen Signalen abhängig sind, einschließen kann. Entscheidend bleibt dabei jedoch, daß die Kombination distinktiver Zeichen in literarischen Texten (Signal- und Kontrastdominanten) letztlich an die Aufdeckung der bedeutungsvermittelnden Signale gebunden ist. Da die bedeutungsvermittelnden Signale in den meisten literarischen Texten – und im Gegensatz zur Umgangssprache – oft an Verschlüsselungen (Abbreviaturen von hoher Signifikanz) gebunden sind, ist die Dekodierung der Nachricht durch einen direkten intuitiven Zugriff, d. h. ohne das Aufspüren der beiden anderen genannten Zeichendominanten kaum möglich. Insofern ist das Erkennen der eigentlich bedeutungsvermittelnden Signale in einem Text, nach R. Barthes, als das „Neue", der „hinzugefügte Intellekt" anzusehen, und dies wiederum in einem doppelten Sinne. Denn mit der Erkenntnis der bedeutungsvermittelnden Signale wird den Schülern nicht nur die komplexe Nachricht eines literarischen Textes vermittelt, sondern *zugleich* auch die besondere Vermittlungsstruktur selbst, d. h. die sich aus der Anordnung und Spannung der Zeichen ergebende Leistung der literarischen Sprache.

Didaktische Funktion des lesenden Erschließens auf strukturaler Basis

Wollte man die didaktische Bedeutsamkeit des im Literaturunterricht erst in Ansätzen geübten strukturalen Kommunikationsmodus zusammenfassen, so ließe sich folgendes sagen:
1. Das strukturale Verfahren der Textexplikation schafft eine Kommunikationsform, die es zuerst dem Lehrer, dann den Schülern erlaubt, die gefürchteten linear ablaufenden Kommunikationsprozesse, die dem Regelkreis von Reiz und Reaktion folgen, zu unterbrechen und an deren Stelle einen Hiatus der Besonnenheit (untersuchendes, betrachtendes Textverhältnis) vor den Texten selbst zu setzen. Dieser führt schließlich zu zwei elementaren Operationen: der Zerlegung und der Kombination sprachlicher Zeichen.
2. Die Unterbrechung des linearen Kommunikationsprozesses erfolgt weitgehend unbemerkt durch die Verschiebung der Aufmerksamkeit vom

Bezeichneten zu den Zeichen, d. h. von den Inhalten zur Funktion der sprachlichen Elemente in einem vorgegebenen Kontext.

3. Die Verschiebung der Aufmerksamkeit auf das Zusammenspiel und die Funktion der sprachlichen Zeichen verzögert die zumeist verhängnisvollen Bedeutungsfragen und Bedeutungsantworten („was heißt hier ...?", „was möchte der Autor damit sagen?"), ohne diese jedoch zu eliminieren. Diese im hermeneutischen, aber auch im dialektischen Kommunikationsmodus sehr schnell erreichten „Sinnfragen" müssen zu einer starken Verbalisierung des Unterrichts führen, insofern sie den Rezipienten in bestimmten Phasen der Kommunikation von der Lexie des Textes abzulösen drohen. Um diese latente Gefahr der anderen Kommunikationsmodi zu vermeiden, sollten in hermeneutische und dialektische Erschließungsvorgänge zunehmend die strukturalen Operationen des Zerlegens und Rekonstituierens integriert werden, wie dies in den paradigmatischen Textexplikationen zumeist schon der Fall war. Nicht die Lexie des Textes, wohl aber die Leseebene in der Lexie der Texte kann durch das strukturale Verfahren erheblich vertieft werden.

4. Die Verschiebung der Aufmerksamkeit vom Bezeichneten auf die Funktion der Zeichen erlaubt es dem Lehrer, in den Kommunikationsprozeß elementare Begriffe der Textexplikation einzuführen oder, besser: sie aus der Funktion der sprachlichen Elemente im jeweiligen Kontext induktiv zu gewinnen, wie dies neuere Arbeiten zur „strukturellen Sprachbetrachtung"[110] als selbstverständlich voraussetzen. Stellt der Literaturunterricht den Schülern ein induktiv gewonnenes Grundinstrumentarium der Textexplikation zur Verfügung, so können die umständliche Paraphrasierung der Texte und die zeitraubende Differenzierung der Primäraussagen, die heute bei jedem Textumgang in der Primar- und Sekundarstufe immer erneut von einem angenommenen Nullpunkt ausgehen, überwunden werden.

5. Die Unterbrechung des Regelkreises von Reiz und Reaktion durch das strukturale Verfahren erlaubt es schließlich, die Lernschritte methodisch so „klein" und damit überschaubar anzusetzen, daß bei genügender Differenzierung des Verstehens noch ausstehende Lernschritte durch Gruppenarbeit (im Gegensatz zum permanent unterhaltenen Dialog mit der Klasse im hermeneutischen und dialektischen Verfahren) bewältigt werden können. Nimmt man dazu die Möglichkeit der Anwendung eines elementaren Instrumentariums der Textexplikation hinzu (vgl. oben), so können schon in der Sekundarstufe die Schüler *allein* vor einfache Aufgaben der Textexplikation gestellt werden, z. B. Aufspüren, Segmentieren und Zusammensetzen von sprachlichen Elementen, die zuvor an analogen Beispielen erschlossen wurden (**Transfereffekt**).

6. Das strukturale Verfahren ist für die Ausbildung des Verstehens vor allem aber deswegen von großer Bedeutung, weil es die Darstellung von Textstrukturen in Form einfacher Stemma erlaubt, wie dies im nachfolgenden Beispiel aufgezeigt wird und wie es auch von der neuen Literaturdidaktik in Form von didaktischen „Skizzen" oder „Modellen" verwendet wird [111]. Geht man davon aus, daß die Stemma die Relation der Textelemente untereinander ausreichend erfassen, so sind sie als ein ausgezeichnetes Hilfsmittel der Veranschaulichung zu bewerten. Denn sie bilden zwischen den undifferenzierten Primäraussagen der Schüler und der zu leistenden begrifflichen Erfassung von Sprachstrukturen ein Feld der *begrenzten Anschauung* und erfüllen so eine nicht zu unterschätzende vermittelnde Funktion.

7. Es ist offensichtlich, daß das strukturale Verfahren der Textexplikation sich vor allem auf solche Sprachstrukturen anwenden läßt, die „Bedeutung" verweigern, verzögern, abwandeln, also sprachliche Normerwartungen nicht erfüllen, z. B. Montagen, Kaleidoskope, Mosaikstrukturen, Werbetexte, Comics, Science-fiction und die geometrisch gebauten Strukturen mythischer Erzählungen.

Anwendungsbereich und Reichweite des lesenden Erschließens auf strukturaler Basis im Unterricht

Erstes Beispiel: Brüder Grimm, Frau Holle (3. Schuljahr, Primarstufe)

Das folgende Beispiel ist bewußt für den Literaturunterricht der Primarstufe ausgewählt worden. Es wurde in drei verschiedenen Klassen eines dritten Schuljahrs, dann eines 2. Schuljahrs mit wechselndem Erfolg auf strukturaler Basis erschlossen. Jede Unterrichtseinheit umfaßte drei Stunden. Anstelle des hier im Stemma verwendeten Begriffs „Opposition" wurde im Unterricht der Begriff „Gegensatz", anstelle des Begriffs „Parallelität" (hier die Doppelhandlung) die Bezeichnung „gleichlaufende Handlung" verwendet. Daß diese Begriffe zur adäquaten Erfassung der Struktur des Märchens nicht einmal unerläßlich notwendig sind, zeigt das in der Klasse erarbeitete Stemma [112]. Das nachfolgende Beispiel des lesenden Erschließens auf strukturaler Basis versucht drei für die Literaturdidaktik wichtige Sachverhalte aufzuzeigen:

1. Die Klarheit der Kommunikationsstruktur innerhalb des strukturalen Verfahrens gerade auch für die Primarstufe.
2. Die Klarheit der elementaren Verstehensoperationen (Zerlegung und Arrangement), die von den Schülern hierbei geleistet werden müssen.

3. Die Klarheit der Lösung der gestellten Aufgabe durch Überprüfung an der geometrisch gebauten Textstruktur.

Frau Holle

Eine Witwe hatte zwei Töchter, davon war die eine schön und fleißig, die andere häßlich und faul. Sie hatte aber die häßliche und faule, weil sie ihre rechte Tochter war, viel lieber, und die andere mußte alle Arbeit tun und der Aschenputtel im Hause sein. Das arme Mädchen mußte sich täglich auf die große Straße bei einem Brunnen setzen und mußte so viel spinnen, daß ihm das Blut aus den Fingern sprang. Nun trug sich zu, daß die Spule einmal ganz blutig war, da bückte es sich damit in den Brunnen und wollte sie abwaschen; sie sprang ihm aber aus der Hand und fiel hinab. Es weinte, lief zur Stiefmutter und erzählte ihr das Unglück. Sie schalt es aber so heftig und war so unbarmherzig, daß sie sprach: „Hast du die Spule hinunterfallen lassen, so hol' sie auch wieder herauf!" Da ging das Mädchen zu dem Brunnen zurück und wußte nicht, was es anfangen sollte. Und in seiner Herzensangst sprang es in den Brunnen hinein, um die Spule zu holen. Es verlor die Besinnung, und als es erwachte und wieder zu sich selber kam, war es auf einer schönen Wiese, wo die Sonne schien und viel tausend Blumen standen. Auf dieser Wiese ging es fort und kam zu einem Backofen, der war voller Brot; das Brot aber rief: „Ach, zieh mich raus, zieh mich raus, sonst verbrenn' ich! Ich bin schon längst ausgebacken!" Da trat es herzu und holte mit dem Brotschieber alles nacheinander heraus. Danach ging es weiter und kam zu einem Baum, der hing voll Äpfel und rief ihm zu: „Ach, schüttel mich, schüttel mich, wir Äpfel sind alle miteinander reif!" Da schüttelte es den Baum, daß die Äpfel fielen, als regneten sie, und schüttelte, bis keiner mehr oben war; und als es alle in einen Haufen zusammengelegt hatte, ging es weiter. Endlich kam es zu einem kleinen Haus, daraus guckte eine alte Frau; weil sie aber so große Zähne hatte, ward ihm angst und es wollte fortlaufen. Die alte Frau aber rief ihm nach: „Was fürchtest du dich, liebes Kind? Bleib bei mir, wenn du alle Arbeit im Hause ordentlich tun willst, so soll's gut gehn! Du mußt nur achtgeben, daß du mein Bett gut machst und es fleißig aufschüttelst, daß die Federn fliegen, dann schneit es in der Welt, ich bin die Frau Holle." Weil die Alte ihm so gut zusprach, so faßte sich das Mädchen ein Herz, willigte ein und begab sich in ihren Dienst. Es besorgte auch alles nach ihrer Zufriedenheit und schüttelte ihr das Bett immer gewaltig auf, daß die Federn wie Schneeflocken umherflogen. Dafür hatte es auch ein gut Leben bei ihr, kein böses Wort, und alle Tage Gesottenes und Gebratenes. Nun war es eine Zeitlang bei der Frau Holle, da ward es traurig und wußte anfangs selbst nicht, was ihm fehlte, endlich merkte es, daß es Heimweh war. Ob es ihm hier gleich viel tausendmal besser ging als zu Haus, so hatte es doch ein Verlangen dahin. Endlich sagte es zu ihr: „Ich habe den Jammer nach Hause 'kriegt, und wenn es mir auch noch so gut hier unten geht, so kann ich doch nicht länger bleiben, ich muß wieder hinauf zu den Meinigen." Die Frau Holle sagte: „Es gefällt mir, daß du wieder nach Hause verlangst, und weil du mir so treu gedient hast, so will ich dich selbst wieder hinaufbringen."
Sie nahm es darauf bei der Hand und führte es vor ein großes Tor. Das Tor ward aufgetan, und wie das Mädchen gerade darunterstand, fiel ein gewaltiger Goldregen, und alles Gold blieb an ihm hängen, so daß es über und über davon bedeckt war. „Das sollst du haben, weil du so fleißig gewesen bist", sprach die

Frau Holle und gab ihm auch die Spule wieder, die ihm in den Brunnen gefallen war. Darauf ward das Tor verschlossen, und das Mädchen befand sich oben auf der Welt, nicht weit von seiner Mutter. Und als es in den Hof kam, saß der Hahn auf dem Brunnen und rief:
„Kikeriki,
   Unsere goldene Jungfrau ist wieder hie!"
Da ging es hinein zu seiner Mutter, und weil es so mit Gold bedeckt ankam, ward es von ihr und der Schwester gut aufgenommen.
Das Mädchen erzählte alles, was ihm begegnet war, und als die Mutter hörte, wie es zu dem großen Reichtum gekommen war, wollte sie der andern häßlichen und faulen Tochter gerne dasselbe Glück verschaffen. Sie mußte sich an den Brunnen setzen und spinnen; und damit ihre Spule blutig ward, stach sie sich in den Finger und stieß sich die Hand in die Dornhecke. Dann warf sie die Spule in den Brunnen und sprang selber hinein. Sie kam, wie die andere, auf die schöne Wiese und ging auf demselben Pfade weiter. Als sie zu dem Backofen gelangte, schrie das Brot wieder: „Ach, zieh mich raus, zieh mich raus, sonst verbrenn' ich, ich bin schon längst ausgebacken!" Die Faule aber antwortete: „Da hätt' ich Lust, mich schmutzig zu machen!" und ging fort. Bald kam sie zu dem Apfelbaum, der rief: „Ach, schüttel mich, schüttel mich, wir Äpfel sind alle miteinander reif!" Sie antwortete aber: „Du kommst mir recht, es könnte mir einer auf den Kopf fallen!" und ging damit weiter. Als sie vor der Frau Holle Haus kam, fürchtete sie sich nicht, weil sie von ihren großen Zähnen schon gehört hatte, und verdingte sich gleich zu ihr. Am ersten Tag tat sie sich Gewalt an, war fleißig und folgte der Frau Holle, wenn sie ihr etwas sagte, denn sie dachte an das viele Gold, das sie ihr schenken würde. Am zweiten Tag fing sie schon an zu faulenzen, am dritten noch mehr, da wollte sie morgens gar nicht aufstehen. Sie machte auch der Frau Holle das Bett nicht, wie sich's gebührte, und schüttelte es nicht, daß die Federn aufflogen. Das ward die Frau Holle bald müde und sagte ihr den Dienst auf. Die Faule war das wohl zufrieden und meinte, nun würde der Goldregen kommen.
Die Frau Holle führte sie auch zu dem Tor; als sie aber darunterstand, ward statt des Goldes ein großer Kessel voll Pech ausgeschüttet. „Das ist zur Belohnung deiner Dienste", sagte die Frau Holle und schloß das Tor zu. Da kam die Faule heim, aber sie war ganz mit Pech bedeckt, und der Hahn auf dem Brunnen, als er sie sah, rief:
„Kikeriki,
   Unser schmutzige Jungfrau ist wieder hie!"
Das Pech aber blieb fest an ihr hängen und wollte, solange sie lebte, nicht abgehen [113].

Baugefüge des Textes (Lexie): Das Märchen „Frau Holle" gehört in die Reihe der Trost- und Wunschmärchen, die in vielfachen Ausprägungen (Variationen) erscheinen können. Ihre Komposition ist durch eine klar erkennbare Aussageabsicht (Intentionalität) bestimmt. Diese zeigt sich in der Funktion der Trostspendung, die dem Leser (wie dem Helden des Märchens) zeichenhaft vor Augen stellt, daß auch der Ärmste (z. B. der Müllersohn in „Der gestiefelte Kater"), der körperlich Mißratene (z. B. Däumling), der Verlassenste (z. B. Aschenputtel; hier: Goldmarie) in

einer Gemeinschaft seine Konflikte lösen und Gerechtigkeit erhalten kann, wenn er sich unbeirrbar um das Gute bemüht. Dementsprechend kehren drei konstitutive Elemente in allen Trostmärchen wieder:
a) die Prüfungen, die die Hauptgestalt abzulegen hat, und die sich daraus ergebende Scheidung in Gut und Böse,
b) der Lohn als öffentlich sichtbare Auszeichnung und
c) der sich daraus ergebende unmittelbare Verweis auf eine den Menschen übersteigende, dem menschlichen Machen nicht mehr unterworfene Gerechtigkeit.

Die Darstellungstechnik (Lexie) folgt dabei dem geometrischen Prinzip der Spiegelverkehrung (Umkehrung) vieler mythischer Erzählungen: der Erste in einer menschlichen Gemeinschaft wird der Letzte, der Letzte der Erste. (Vgl. hier den signifikanten Positionswechsel der Figuren am Anfang und am Ende der Erzählung: die in der Familiengemeinschaft privilegierte rechte Tochter wird am Ende zur „Pechmarie", die unterdrückte Stieftochter aber zur „Goldmarie".) Das geometrische Prinzip der Umkehrung zeigt, daß die mythische Erzählung, worauf Lévi-Strauss hinweist [114], als Nachricht eines typischen sozialen Konflikts (Familien-, Verwandtschaftsbeziehungen) in einer archaischen Gemeinschaft verstanden werden muß. Die mythische Erzählung zeigt diesen Konflikt, indem sie ihn in ein Zeichengefüge transformiert und dort löst. Darstellung und Lösung des Konflikts (hier die pervertierten Beziehungen zwischen Mutter und Stieftochter, Mutter und rechter Tochter) können durch die Dekodierung des Zeichengefüges erschlossen werden. Die Darstellungstechnik des Märchens folgt dabei dem bekannten Prinzip der Projektion der gekennzeichneten Konfliktsituation auf die Fläche und schließt daher jede Psychologisierung der Figuren (Verinnerlichung, Einfühlung) aus. Projektion auf die Fläche heißt: Veräußerlichung der Konfliktsituation durch geometrisch angeordnete Bildzeichen, die dem Baugesetz von Opposition („binäres Prinzip") und Parallelität folgen. Dieses Baugesetz zeigt sich hier:

1. In der Kontrastierung von „Ober- und Unterwelt", die wiederum durch die konstrastierenden Bildzeichen Brunnen / Tor (Ein- und Ausgang) miteinander verbunden sind („Eindimensionalität"). Diese Opposition wiederholt sich in den beiden dominierenden Mutterfiguren. Während die eine in der Oberwelt herrscht und dort die gegebene Ordnung durch Ungerechtigkeit pervertiert („... hatte aber die Häßliche und Faule, weil sie ihre rechte Tochter war, viel lieber"), regiert die Gestalt der Frau Holle als Gegenbild der ungerechten Mutter die Unterwelt und stellt durch ihre richtende Funktion (Belohnung / Strafe) die gestörte Ordnung wieder her.

2. Das Prinzip der Opposition regiert auch die Relationen der Figuren untereinander. Dieses zeigt sich in der Doppel-Opposition von Mutter und Stieftochter, Mutter und rechter Tochter und bringt so die erwähnte pervertierte Beziehung zum Ausdruck:

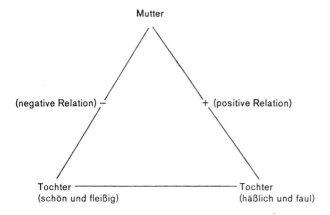

Diese Opposition wird auch auf der Geschwisterebene fortgesetzt: schön / fleißig – häßlich / faul. Es ist offensichtlich, daß die Adjektive hier nicht dekorativ, sondern *funktional,* d. h. als Zeichen verwendet werden. Sie bezeichnen die pervertierten Relationen (Konfliktsituationen) von Menschen untereinander. Von hier aus wird einsehbar, daß das genannte Oppositionsprinzip, semantisch gesehen, zugleich die Voraussetzung zur Handlung und damit auch zur Auflösung des Konflikts bildet.

3. Die Handlung des Märchens, die eher als Handlungsmechanismus zu bezeichnen wäre, wird von einem doppelten Prinzip regiert:
a) der Parallelität,
b) der schon bekannten Opposition.

Die Parallelität zeigt sich in der Doppelhandlung. Beide Schwestern durchlaufen dieselben drei Stationen (1. Vor dem Brotofen, 2. Unter dem Apfelbaum, 3. Dienst bei Frau Holle), die als Proben auf ihre anfangs gegebene Wertbezeichnung verstanden werden müssen und diese durch den Vergleich beider Handlungen erneut offenbaren. Die endgültige Bestätigung erfolgt in der Torszene, die durch zwei oppositionell angeordnete Zeichen (Gold / Pech) die unwiderrufliche Entscheidung über den Konflikt ausdrückt und in direkter Korrespondenz zur Ausgangskonstellation steht (schön, fleißig → Gold / häßlich, faul → Pech). Die Torszene signalisiert also die Lösung des Konflikts und bringt die Nachricht des Märchens zum Vorschein.

Das gekennzeichnete Baugesetz des Märchens läßt sich in folgendem Schema darstellen:

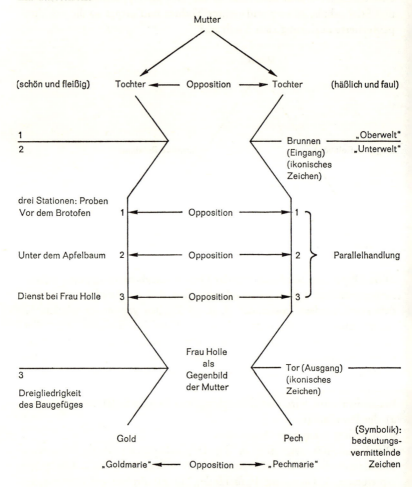

Die Zeichensprache innerhalb der geometrisch gebauten Märchenkomposition kann auf zwei Zeichenebenen reduziert werden:
1. Funktionszeichen, d. h. Zeichen, die Relationen zu anderen Zeichen stiften und aufrechterhalten, so z. B. die Bildzeichen Brunnen / Tor, die eine Verbindung zwischen Ober- und Unterwelt darstellen oder als Positionszeichen den Handlungsablauf markieren (z. B. Vor dem Brotofen, Unter dem Apfelbaum usw.).
2. Bedeutungsvermittelnde Zeichen (Symbole), die zugleich als Signal-

dominanten fungieren, insofern aus ihnen die „Nachricht" der ganzen Erzählung abgelesen werden kann, hier: Goldregen / Pechregen, die den Menschen im positiven und negativen Sinne kennzeichnen, einmal und für immer. Gold und Pech können vom Träger nicht mehr entfernt werden. Sie besitzen den Charakter eines Stempels.

Leseweise („lecture"): Ziel der Erschließung ist die Einsicht der Schüler in die Darstellung und Lösung des aufgezeigten Konflikts aus dem vorgegebenen Baugesetz (Lexie) des Märchens selbst. Gemäß dem früher gekennzeichneten Kommunikationsmodell von R. Barthes besteht jeder Erschließungsprozeß auf strukturaler Basis aus zwei Phasen: Zerlegung und Rekonstitution des Textes aus seinen konstitutiven Elementen. Die Phase des Zerlegens, d. h. des Erkennens von einzelnen Bauelementen des Textes, kann in einem dritten Schuljahr am ehesten über die Lernzielangabe, eine *Bildgeschichte* des Handlungsablaufs anzufertigen, erfolgen. Die Lernzielangabe, eine zeichenbare Bildsequenz der Geschichte anzufertigen, hat hier, im Gegensatz zur Methode der „Spielpädagogik", eine doppelte Funktion:
1. Sie zwingt, nach dem Lesen des Textes, die Schüler zur Distanz (Betrachtung statt Einfühlung).
2. Die geplante Übersetzung eines Handlungsablaufes in eine Bildsequenz korrespondiert unmittelbar mit der Lexie des Textes, d. h. der oben beschriebenen Projektion eines Konflikts durch Zeichen auf die Fläche.
Dieser Lernzielangabe entsprechend kann die Phase der Zerlegung in drei Verstehensoperationen aufgegliedert werden:
1. Die primäre Frage nach deutlich zeichen- oder malbaren Szenen führt zur Gliederung des Märchens nach Bildstationen im Nacheinander der Zeit (Abfolge), die an der Tafel stichwortartig etwa so festgehalten werden können:
Station 1: Beim Spinnen am Brunnen
Station 2: Vor dem Brotofen
Station 3: Unter dem Apfelbaum
Station 4: Bei Frau Holle im Dienst
Station 5: Unter dem Tor
Station 6: Heimkehr
Die elementare Operation des Gliederns nach Stationen, die von allen Schülern in einer dritten Klasse im Hinblick auf eine anzufertigende Bildgeschichte gerne geleistet wird, führt zu der (zumeist) überraschenden Erkenntnis, daß die meisten der genannten Bildstationen im Grunde *zweimal* erscheinen müssen, wenn das Märchen „vollständig" in eine Bildsequenz übersetzt werden soll: Dieselben Handlungsstationen werden

zweimal durchlaufen. Einsicht in die Parallelhandlung. Beim Versuch, die „gleichlaufende Handlung" darzustellen, erfolgt die Übersetzung der zuvor hintereinandergereihten Bildsequenzen in das geometrische Nebeneinander auf der Tafelfläche: Brunnen und Tor erscheinen nur einmal, die Bildstationen (Handlungsstränge) dagegen zweimal und können nur in der Vertikalen erscheinen, was auch zur Einsicht in die kontrastierenden Bereiche (Ober- und Unterwelt) führt:

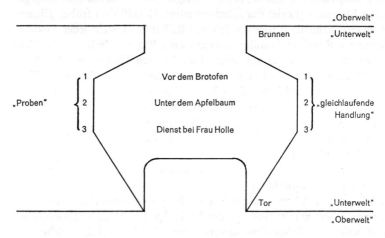

2. Segmentierung des jetzt auffälligsten Elements der Doppelhandlung durch die Leistung des Vergleichens. Dabei können die Schüler die exakte, von Station zu Station weitergeführte Kontrastierung der beiden Handlungsstränge erkennen und durch Heranziehung der jeweiligen Textstellen verdeutlichen: die scharf pointierte positive und negative Bewertung und den damit verbundenen Probencharakter jeder Bildstation. Die Frage nach den Proben und dem Ausgang der Proben führt notwendig zu einer dritten Operation:
3. Reduktion der drei Proben in der Doppelhandlung auf zwei distinktive, d. h. hier *bedeutungsvermittelnde* Zeichen, die aus der Torszene abgeleitet werden.
Spätestens mit der Reduktion auf zwei distinktive Zeichen beginnt notwendig die zweite Phase der Rekonstitution der bisher erkannten Bauelemente zu einer „Nachricht". Die Rekonstitution, die nach Barthes (vgl. oben) in der Kombination der Zeichen (Elemente) zu einer klar artikulierbaren Bedeutung („hinzugefügter Intellekt") besteht, muß hier von den zuletzt erarbeiteten beiden auffälligsten Signalen (Gold / Pech = Signaldominanten) ausgehen. Denn allein diese beiden oppositionell an-

geordneten Zeichen vermögen hier das Verstehen der Schüler über die jetzt vorliegende aktuelle Situation (Entscheidung über die abgelegten Proben in der Torszene) hinaus auf den Anfang des Märchens (Konfliktsituation) zu verweisen. Daher erfordert die Phase der Rekonstitution zumindest zwei Einzeloperationen:

a) Einsicht in die *Bedeutung* der Zeichen in der jetzt vorliegenden Situation (Torszene): Gold zeichnet den Träger aus, verleiht ihm öffentlich sichtbaren Glanz und Reichtum, Pech dagegen bewirkt das Gegenteil („schmutzige Jungfrau"). Die semantische Bedeutung der beiden Zeichen kann hier um so leichter aus den beiden Textstellen gefunden werden, weil jeder Vorgang der positiven und negativen Auszeichnung (besser: Kennzeichnung) der beiden Schwestern hier ausdrücklich begründet wird: „das sollst du haben, *weil* du so fleißig gewesen bist". Die hier gegebene kausale Verknüpfung der beiden dominanten Zeichen mit der vorausgehenden Doppelhandlung läßt daher die in einem dritten Schuljahr noch schwierige direkte Bedeutungsbestimmung (Abstraktion der Zeichen zum Wertzeichen) leichter zu. Die kausale Verknüpfung des Bedeutungsinhalts des Zeichens mit der vorausgehenden Handlung und damit dem *Verhalten* des Handlungsträgers löst, wie die Erfahrung gezeigt hat, bei den Schülern eine elementare (klischeehafte) Assoziationskette aus: Fleiß → Belohnung → Reichtum → Gold; Faulheit → Bestrafung → Pech (Schülerantwort: „Die hat Pech gehabt!"). Die so vollzogene Kettenbildung, die von den Signalen zur Einsicht in die *Zeichenbedeutung* führt, erlaubt eine zweite Operation:

b) Den Vergleich der beiden bedeutungsvermittelnden Zeichen mit der am Anfang des Märchens gegebenen Wertung der Mutter. Dieser Vergleich ist um so einfacher durchführbar, da er demselben geometrischen Muster folgt:

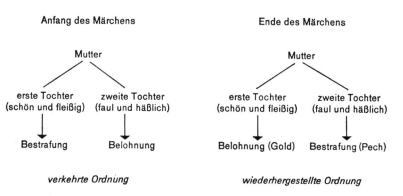

Die aus dem Vergleich abzuleitende „Nachricht" (Wiederherstellung der in der Oberwelt pervertierten Ordnung durch Frau Holle) darf nicht im Sinne einer *moralischen Lehre* verwendet werden. Der Lehrer braucht die Bedeutung des Märchens nicht einmal ausdrücklich zu verbalisieren. Die Verbalisierung im literarischen Unterricht erübrigt sich, wie immer, wenn die Schüler die Bedeutung aus der Anordnung und Relation der sprachlichen Zeichen untereinander selbst erschlossen haben. Nicht das Reden *über* den Sinn eines Textes ist entscheidend, sondern die methodische und kontinuierliche *Erzeugung* des Verstehens aus dem unmittelbaren Umgang mit dem sprachlichen Zeichengefüge selbst.

Zweites Beispiel: F. Kafka, Auf der Galerie (9. Schuljahr, Sekundarstufe I)

Es ist offensichtlich, daß das strukturale Verfahren der Texterschließung in elementarer und vorsichtiger Form schon in der Primarstufe eingeführt werden kann. Erst auf der Oberstufe der Sekundarstufe I (und mehr noch auf der Sekundarstufe II) erreicht es jedoch eine unumgänglich notwendige Funktion. Diese ergibt sich schon als Gegengewicht zu dem heute auf der Oberstufe zunehmend eingesetzten dialektischen Kommunikationsmodus, der die hier im Curriculum der literarischen Formen besonders häufig anzutreffenden Formen der gesellschaftskritischen Dichtung in der früher aufgezeigten Weise von Spruch und Widerspruch erschließt. Gegenüber diesem noch stark subjektiv gefärbten, d. h. engagierten und ausgesprochen verbalen Textverhältnis des Rezipienten bildet das strukturale Verfahren einen notwendigen Ausgleich, insofern es durch das distanzierte, analytische Textverhältnis einen Hiatus der Besonnenheit in den schnell und oft noch emotional ablaufenden Kommunikationsprozessen erzeugt. Die Möglichkeit eines konzentrierten und vertieften Textumgangs ist in den Bedingungen des strukturalen Verfahrens selbst angelegt. Denn die beiden beschriebenen grundlegenden Lernoperationen, Zerlegung der konstitutiven Elemente eines Textes und Arrangement der Konstituenten zu einer klar durchschaubaren funktionalen Komposition, setzen voraus:
1. Abgeschlossene, d. h. autonome (in sich ruhende) Textstrukturen, an denen der Vorgang der Zerlegung und des Arrangements der Textkonstituenten zu einem Ende kommen und aus den vorgegebenen Textbedingungen ausreichend überprüft werden kann.
2. Das notwendige Verzögern oder Verschieben möglicher Bedeutungsfragen, die an einen Text gestellt werden können. Denn da das strukturale Verfahren immer mit der Phase der Zerlegung beginnen muß, ist

nicht die Auslegung des Textes (der Interpretationsbezug) vorrangig, wohl aber die distanzierte Beobachtung der sprachlichen Zeichen (als Symbole, Indizes, ikonische Zeichen) und deren Funktionen zur Herstellung semantischer Relationen.
Die Wahrnehmungsstrategie des Rezipienten ist also so beschaffen, daß „Bedeutungen" („Nachrichten") erst über die ausreichende Aufdeckung der vorgegebenen Zeichenfunktionen und Zeichenverweise erschlossen werden können, so daß der Lesende daher oft lange und allein in der Textstruktur operieren muß, bevor er zu einer verbindlichen Aussage gelangt. Es ist offensichtlich, daß sich zur Ausbildung eines derart besonnenen und analytischen Textverhältnisses auf der Oberstufe bestimmte Parabelstrukturen der modernen Dichtung besonders eignen (z. B. Kafkas Parabeln „Vor dem Gesetz", „Die kaiserliche Botschaft", „Der Jäger Gracchus" u. a.; Brechts Geschichten vom Herrn Keuner; Frischs Parabel vom andorranischen Juden, „Burleske"; Dürrenmatts „Der Tunnel"; Bölls „Der Wegwerfer"; I. Aichingers „Seegeister" u. a.), insofern diese dem strukturalen Verfahren durch zwei Eigenschaften entgegenkommen:
1. Sie sind autonome, in sich abgeschlossene Kompositionen, die durch ihren Parabelcharakter den beliebten Zugriff auf die „Bedeutung" verzögern oder zugunsten einer semantischen Mehrdeutigkeit erweitern.
2. Sie sind fiktive *Modelle,* die das gesellschaftliche Zusammenleben aller mit allen (Modus vivendi) nicht mehr aus den Handlungen und Wertvorstellungen von individuellen Charakteren (also symbolisch), sondern wesentlich aus den *Funktionen* und *Relationen* der einzelnen untereinander in einem vorgegebenen Kontext (also durch einen indexikalischen oder ikonischen Zeichenzusammenhang) erklären und so eine *logisch-demonstrierende Lexie* (Darstellungstechnik) besitzen. Sie sind Darstellungen von „Strukturen menschlicher Gemeinschaft" (Dürrenmatt) oder, wie Brecht sagt: „Modelle des Zusammenlebens der Menschen, die es dem Zuschauer ermöglichen, seine soziale Umwelt zu verstehen und sie verstandes- und gefühlsmäßig zu beherrschen"[115]. Insofern sie ausdrücklich als „Modelle", „Strukturen" komponiert sind, kann ihre logisch-demonstrierende Funktion am ehesten „strukturell", d. h. über die Aufdeckung ihres spezifischen Zeichengefüges erschlossen werden.

Das folgende Beispiel des lesenden Erschließens in einem 9. Schuljahr (Sekundarstufe I) will den *Zeichencharakter* einer Komposition aufdecken, die das ikonische Zeichen (Abbildung) nicht suggestiv (zum Ergriffensein des Lesers), sondern logisch-demonstrierend (zur Erkenntnis der Struktur des gesellschaftlichen Zusammenlebens) einsetzt. Dieser logisch-demon-

strierende Charakter einer literarischen Komposition soll den Schülern vermittelt werden:
1. Durch die Aufdeckung der *Funktion* der Bildzeichen im vorgegebenen Kontext.
2. Durch die Aufdeckung der semantischen Relationen, die aus der Funktion von Bildzeichen entstehen.
3. Durch die Aufdeckung von Dependenzen (Abhängigkeitsverhältnissen), die durch die Zeichenrelationen signalisiert werden.

Auf der Galerie

Wenn irgendeine hinfällige, lungensüchtige Kunstreiterin in der Manege auf schwankendem Pferd vor einem unermüdlichen Publikum vom peitschenschwingenden erbarmungslosen Chef monatelang ohne Unterbrechung im Kreise rundum getrieben würde, auf dem Pferde schwirrend, Küsse werfend, in der Taille sich wiegend, und wenn dieses Spiel unter dem nichtaussetzenden Brausen des Orchesters und der Ventilatoren in die immerfort weiter sich öffnende graue Zukunft sich fortsetzte, begleitet vom vergehenden und neu anschwellenden Beifallsklatschen der Hände, die eigentlich Dampfhämmer sind – vielleicht eilte dann ein junger Galeriebesucher die lange Treppe durch alle Ränge hinab, stürzte in die Manege, riefe das: Halt! durch die Fanfaren des immer sich anpassenden Orchesters.
Da es aber nicht so ist; eine schöne Dame, weiß und rot, hereinfliegt, zwischen den Vorhängen, welche die stolzen Livrierten vor ihr öffnen; der Direktor, hingebungsvoll ihre Augen suchend, in Tierhaltung ihr entgegenatmet; vorsorglich sie auf den Apfelschimmel hebt, als wäre sie seine über alles geliebte Enkelin, die sich auf gefährliche Fahrt begibt; sich nicht entschließen kann, das Peitschenzeichen zu geben; schließlich in Selbstüberwindung es knallend gibt; neben dem Pferde mit offenem Munde einherläuft; die Sprünge der Reiterin scharfen Blickes verfolgt; ihre Kunstfertigkeit kaum begreifen kann; mit englischen Ausrufen zu warnen versucht; die reifenhaltenden Reitknechte wütend zu peinlichster Achtsamkeit ermahnt; vor dem großen Salto mortale das Orchester mit aufgehobenen Händen beschwört, es möge schweigen; schließlich die Kleine vom zitternden Pferde hebt, auf beide Backen küßt und keine Huldigung des Publikums für genügend erachtet; während sie selbst, von ihm gestützt, hoch auf den Fußspitzen, vom Staube umweht, mit ausgebreiteten Armen, zurückgelehntem Köpfchen ihr Glück mit dem ganzen Zirkus teilen will – da dies so ist, legt der Galeriebesucher das Gesicht auf die Brüstung und, im Schlußmarsch wie in einem schweren Traum versinkend, weint er, ohne es zu wissen [116].

Baugefüge des Textes (Lexie): Formal gesehen, besteht Kafkas Komposition aus nur zwei Sätzen. Jeder dieser Sätze kann als *verschiedene* Darstellung ein und desselben Sachverhalts charakterisiert werden: die Beschreibung einer im Kreise reitenden Kunstreiterin. Liest man die Sätze in der vorgeschriebenen Reihenfolge, so erhält man eine bestimmte Anzahl von Informationen, die sich offensichtlich auf eine von beiden Darstellungen unabhängige Faktenkonstellation beziehen. Dieser Bezug der

erhaltenen Informationen auf eine von der jeweiligen Darstellung unabhängige, ihr aber zugrundeliegende Faktenkonstellation wird durch die Parallelität der Informationen noch verstärkt. Die Informationen werden in Satz 1 und Satz 2 in genau derselben Reihenfolge eingeführt:
1. Kunstreiterin
2. Chef
3. Publikum
4. Galeriebesucher

Nimmt man zu diesen streng parallel eingeführten Informationen noch die gleichlaufende Handlungsabfolge sowie den gleichen Kontext (Ort: Zirkus) als weitere Informationen hinzu, so wird eine von der jeweiligen Darstellungsweise unabhängige Faktenkonstellation sichtbar. Diese besteht aus einem „Reservoir" von Bauelementen (Kunstreiterin, Chef, Publikum, Galeriebesucher), die als Bildzeichen (ikonische Zeichen [117]) charakterisiert werden können und vom Autor zur jeweiligen Darstellung (Satz 1 und Satz 2) auf verschiedene Weise „abgerufen" und eingesetzt werden. Auffällig ist beim ersten Lesen jedoch nicht die zugrundeliegende Faktenkonstellation (Bauelemente) und ihre parallele Verknüpfung, sondern die kontradiktorische Darstellungsweise (Signaldominante) ein und desselben Sachverhaltes in Satz 1 und 2. Diese kontradiktorische Darstellungsweise bewirkt die Veränderung der Wahrnehmungsstrategie des Rezipienten: er wird vom Verweilen bei den Bildzeichen zum *Vergleichen* der Bildzeichen gedrängt – ein Vergleich, der sich formal (d. h. in der Reihenfolge der erhaltenen Informationen) so durchführen läßt:

Satz 1:	1. lungensüchtige Kunstreiterin und schwankendes Pferd	2. Chef und Peitsche	3. Publikum (Klatschen)	4. Galeriebesucher (aktiv)
Satz 2:	1. schöne Dame und Apfelschimmel	2. Direktor	3. Publikum (Huldigung)	4. Galeriebesucher (passiv)

Der Vergleich enthüllt die kontradiktorische Darstellungstechnik ein und desselben Sachverhalts. Sind in Satz 1 – mit Ausnahme des Galeriebesuchers – alle Attribute der Bauelemente (Bildzeichen) negativ (lungensüchtige Kunstreiterin, erbarmungsloser Chef, Beifallsklatschen des Publikums = Dampfhämmer), so sind in Satz 2 – wiederum mit Ausnahme des Galeriebesuchers – alle Bildzeichen positiv markiert (schöne Dame, Direktor, hingebungsvoll ihre Augen suchend, Huldigung des Publikums usw.). Jede kontradiktorische Darstellung ein und desselben Sachverhalts führt zur Verunsicherung des Lesers, der hier zwar nicht Zweifel an den Informationen, wohl aber an der Art der Berichterstattung, d. h. der Kompetenz des Autors zur wahrheitsgemäßen Darstellung (Übereinstimmung mit dem Sachverhalt) anmelden muß. Dieser Zweifel ist hier um so größer, als in Satz 1 die Darstellung ausdrücklich an ein hypothetisches „wenn" gebunden ist und durch den Konjunktiv irrealis der nachfolgenden Verben („vielleicht eilte... stürzte... riefe...") nochmals verstärkt wird. Dagegen wäre die im Indikativ stehende Darstellung des zweiten Satzes sofort annehmbar, wäre nicht das seltsame Verhalten des Galeriebesuchers (Weinen) zu bemerken, der die allgemeine und positive Übereinstimmung aller anderen Elemente (1 bis 3) untereinander nicht teilt – ein deutliches Signal für die Reflexion des Lesers.

Die kontradiktorische Darstellungsweise ein und desselben Sachverhalts stellt – nach traditioneller Auffassung – die „Wahrheitsfrage", wenn „Wahrheit" als Übereinstimmung mit der Wirklichkeit bestimmt wird. Welche der beiden Darstellungen entspricht also der „Wahrheit"? Die so gestellte Wahrheitsfrage könnte nach dem bekannten Interpretationsschema etwa folgendermaßen beantwortet werden: Da beide Sätze durch die Parallelität ihrer Bauelemente und ihrer Grundinformationen offensichtlich zusammengehören, stellt der erste Satz die nicht sichtbare Realität (Sein), der zweite Satz dagegen die optisch-sichtbare, gegenständliche Wirklichkeit (Schein) dar. Beide Darstellungen aber sind aufgrund ihrer Synchronie in *einen* Zustand zusammenzudenken. Der vom Autor gesetzte Widerspruch wäre daher notwendig zur Erfassung der komplexen Wirklichkeit, die „erbarmungslos" und „schön" zugleich ist. Die gegebene Interpretation, d. h. semantische Auflösung einer kontradiktorischen Darstellungstechnik mag ihren „Sinn" haben, geht jedoch an der Intention der Darstellung vorbei. Die Intention der Darstellung und die daraus abzuleitende „Nachricht" kann nur durch eine *funktionale Interpretation*, d. h. durch Erkenntnis der Zeichenfunktionen zum Vorschein gebracht werden. Dabei wird sichtbar, daß die kontradiktorische Darstellungstechnik hier die Wahrheitsfrage überhaupt nicht stellt, wohl aber *die Mechanismen der Verschleierung* der Wahrheit logisch demonstrierend aufdeckt. Dies wird dann sichtbar, wenn man die Funktion der Bildzeichen in der gegebenen Faktenkonstellation, die daraus entstehenden Relationen und Dependenzen betrachtet, die wiederum eine bestimmte Nachricht signalisieren.

Betrachtet man die Bildzeichen in der Horizontalen (vgl. Schema oben) der ersten Darstellung, so wird sichtbar, daß sie als Funktionszeichen eingesetzt sind, insofern sie die objektiven Funktionen der Handelnden im vorgegebenen Kontext bezeichnen:

1. Die Kunstreiterin *reitet* (auf dem Pferde schwirrend, Küsse werfend)

„ohne Unterbrechung", d. h. sie führt eine immer wiederkehrende berufsmäßige Funktion aus.
2. Der peitschenschwingende Chef fungiert als berufsmäßiger Treiber (Funktionszeichen: die Peitsche) und zwingt die Kunstreiterin immer wieder in die endlose Kreisbewegung hinein (Kreis: Bewegung ohne Ziel und Ankunft).
3. Das Publikum fungiert als das antreibende und mechanisch weitertreibende Element (Funktionszeichen: die Beifall klatschenden Hände werden zu „Dampfhämmern").
4. Der junge Galeriebesucher fungiert im Gegensinne der ersten drei Elemente, insofern er eingreifen, das „Halt!" rufen und die sinnlose Kreisbewegung unterbrechen *könnte*.
Die so verstandenen Funktionen der Bildzeichen in der ersten Darstellung bringen aber nicht nur die objektive Position der Handelnden (Figuren) im vorgegebenen Kontext zum Vorschein, sondern auch deren *Relationen*, d. h. deren Beziehungen im Zusammenleben:
1. Während Chef und Publikum als Treibende und Antreibende miteinander verbunden sind (semantische Relation: Machtlust des Chefs und Schaulust des Publikums), korrespondieren
2. Kunstreiterin und Galeriebesucher als die einzelnen und von der Masse Isolierten miteinander. (Semantische Relation: beide sind durch das Leiden an der sinnlosen Betriebsamkeit miteinander verbunden.)
3. Die primäre Relation ist jedoch in der Opposition von Kunstreiterin und Chef zu sehen. Obwohl lungensüchtig und hinfällig, wird die Kunstreiterin vom erbarmungslosen Chef immer wieder in die Kreisbewegung hineingetrieben. (Semantische Relation: Chef – Angestellter – Ausbeutung.)
Es ist offensichtlich, daß die genannten Relationen entlarvend wirken, insofern sie zugleich die Dependenzen, d. h. die Abhängigkeitsverhältnisse im Zusammenleben der Handelnden aufzeigen. Diese Abhängigkeit ergibt sich aus den zuerst genannten Funktionen. Der Chef als der Treibende (Zeichen: Peitsche) diktiert den anderen beiden Elementen (Kunstreiterin und Publikum) ihr Verhalten zu, wobei allerdings dem Publikum durch das gebannte Schauen auf die Kunstreiterin diese Abhängigkeit vom Chef nicht direkt bewußt wird. Diese Abhängigkeiten lassen sich über die genannten Relationen so darstellen: siehe S. 204.

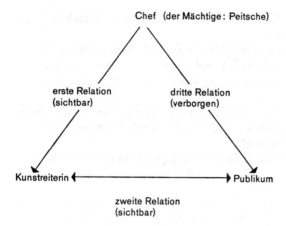

Die von der ersten Darstellung, d. h. der besonderen Zeichenkombination ausgehende Provokation liegt also in der ungeschminkten Aufdeckung kausaler Funktionen, Relationen und Dependenzen der Handelnden untereinander, die einem *Befund* gleichkommt. Die Provokation dieses Befunds wird nochmals durch die mögliche Reaktion des Galeriebesuchers verdeutlicht. Dessen „Halt!" könnte die sinnlose und verschließende Betriebsamkeit dieses Zusammenlebens aufheben und würde die Entmachtung des Chefs, die Aufhebung der Abhängigkeit des einzelnen (Kunstreiterin), die Aufklärung der Masse (Publikum), d. h. die Veränderung der dargestellten Abhängigkeitsverhältnisse bedeuten – vorausgesetzt, der Eingriff eines einzelnen in ein geschlossenes und funktionierendes System (wie es Kafka immer wieder dargestellt hat) wäre je erfolgreich.

Auf der Folie der Analyse der ersten Darstellung können auch die verschiedenen Funktionen derselben Bildzeichen in der zweiten Darstellung sofort erkannt werden. Alle Bildzeichen – mit Ausnahme des Galeriebesuchers – haben eine verschleiernde, besser: verlarvende Funktion. Wiederum in der Horizontalen der ersten Darstellung (vgl. Schema oben) gelesen, wird diese verlarvende Funktion sofort sichtbar:

1. Die hinfällige Kunstreiterin (Funktionsbezeichnung) wird jetzt zur „weiß und rot" hereinfliegenden, „schönen Dame".
2. Der peitschenschwingende Chef (Funktionsbezeichnung) wird zum „Direktor, hingebungsvoll ihre Augen suchend, in Tierhaltung" ihr entgegenatmend.
3. Das dampfhammerartige Beifallklatschen des Publikums wird zur „Huldigung".

Die Verlarvungsfunktion aller Bildzeichen zeigt sich hier auf verschiedene Weise:

1. In der dekorativen Ausschmückung der Szene. Im Gegensatz zur Reduktion der Szene auf wesentliche Grundelemente und ihre Relationen im ersten Satz erweitert die zweite Darstellung durch zusätzlich eingeführte, aber ohne informatorischen Wert bleibende Elemente die Szene zum „realistischen" Abbild: z. B. stolze Livrierte, sich öffnende Vorhänge, Apfelschimmel, reifenhaltende Knechte usw.; z. B. durch theatralische Gestik und Mimik: „vorsorglich auf den Apfelschimmel hebt", „hingebungsvoll ihre Augen suchend", „mit offenem Munde einherlaufend", „mit aufgehobenen Händen beschwört", „auf beide Backen küßt", „mit ausgebreiteten Armen und zurückgelegtem Köpfchen" usw. Alle genannten Bildzeichen haben daher eine *suggestive* Funktion: sie stellen die optisch-vertraute, gegenständliche Wirklichkeit her.
2. Die Verlarvungsfunktion der Bildzeichen zeigt sich schließlich in der bewußten *Sprachmanipulation*: die Funktionsbezeichnung „Kunstreiterin" (Satz 1) wird jetzt zur Bezeichnung eines sozialen Status („Dame"), ebenso die Funktionsbezeichnung „Chef", die hier durch „Direktor" (Bezeichnung eines sozialen Prestiges) ersetzt wird.
3. Die Verlarvungsfunktion zeigt sich am deutlichsten in dem harmonisch-korrespondierenden Zusammenspiel aller drei Elemente. Die in Satz 1 genannten Oppositionen (Chef – Kunstreiterin) und Konstellationen (Treiber und Antreiber, Chef und Publikum) werden zwar nicht aufgehoben, wohl aber durch das zur Schau gestellte glückliche Zusammenspiel der Akteure verlarvt. Der Höhepunkt der Verlarvung zeigt sich am Ende des zweiten Satzes: „... während sie (die Kunstreiterin) selbst, von ihm (Chef) gestützt, hoch auf den Fußspitzen, vom Staube umweht, mit ausgebreiteten Armen und zurückgelehntem Köpfchen ihr Glück mit dem ganzen Zirkus teilen will..." Die Verlarvung zeigt sich hier in der *Umkehrung* der im ersten Satz festgestellten brutalen Abhängigkeitsverhältnisse: nicht mehr der peitschenschwingende Chef, wohl aber die von ihm abhängige Kunstreiterin ist jetzt in die Mitte der Darstellung gerückt, so daß die „Dependenz" der Figuren sich jetzt *optisch* so darstellt:

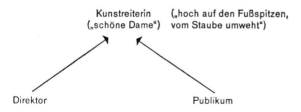

Die Bildzeichen haben also eine pervertierende Funktion: sie verschleiern den Befund der ersten Darstellung, indem sie ein der naiven Erwartungsnorm entsprechendes, sinnerfülltes Dasein vorspiegeln. Der Blick der Zuschauer, mit Ausnahme des erkennenden Galeriebesuchers, wendet sich von der antreibenden Mittelpunktsfigur (dem Chef) ab und richtet sich auf den von ihm aufgebauten „Blickfang", d. h. den angeblich glücklichen einzelnen (Kunstreiterin): Höhepunkt und *Ziel* der Verlarvung. Die Vorspiegelung eines solchen sinnerfüllten Daseins aber entsteht durch die Verschleierung der objektiven Funktionen, Relationen, Dependenzen des menschlichen Zusammenlebens, die durch die logisch-demonstrierenden Zeichenfunktionen des ersten Satzes zum Vorschein gebracht wurden. Diese enthüllen die Intention (Nachricht) der gesamten Komposition: Kafkas kontradiktorische Darstellungstechnik stellt nicht die „Wahrheitsfrage", sondern zeigt die Verschleierungsmechanismen, durch welche „Wahrheit" (hier eine Konstellation objektiver Funktionen, Relationen und Dependenzen) verdeckt wird – oder genauer: verdeckt werden muß.

Leseweise („lecture"): Nach der ausführlichen Darstellung der Lexie des Textes kann sich die Darstellung der Leseweise kurz fassen. Eine Leseweise, die nicht primär auf Interpretation (potentielle Bedeutung der Darstellung für den Rezipienten selbst), sondern auf die Erkenntnis der Lexie, d. h. der hier dargestellten logisch-demonstrierenden Zeichenfunktion der Komposition ausgeht, muß sich in einem 9. Schuljahr auf drei Lernschritte beschränken:
1. Vorbereitung der Schüler durch Angabe bestimmter Lernziele aus der direkten Begegnung mit dem Text selbst.
2. Die Phase der Zerlegung des Textes in seine ihn konstituierenden Elemente (gemäß dem Theorem von R. Barthes).
3. Die Phase der Rekonstitution der erkannten Elemente zu einer rational durchschaubaren, d. h. funktionalen Komposition.
Der erste Lernschritt, die Formulierung der Lernziele aus der ersten Begegnung mit dem Text, kann, nach einem lauten und vertiefenden stillen Lesen, durch die Aufgabe einer schriftlichen Zusammenfassung der Darstellung erfolgen. Diese sonst übliche und meist auch lösbare Aufgabe ist hier unumgänglich, weil sie den Schülern die Unmöglichkeit einer Zusammenfassung in Berichtform demonstriert und sie so unmittelbar vor die Problemkonstellation des Textes führt. Die Schüler geben den Versuch der Zusammenfassung nach kurzer Zeit auf. Die offensichtlichen Widersprüche in der Darstellung lassen keine exakte Berichterstattung zu. Schülerantwort: „Einmal ist die Kunstreiterin lungensüchtig, dann ist sie wieder die schöne Dame". Aus der offensichtlichen Unmöglichkeit, eine exakte Darstellung zu liefern, ergibt sich die Verschiebung der Aufmerksamkeit vom Inhalt der Darstellung auf die Problematik der Dar-

stellungstechnik von selbst. Wir haben zwei widersprüchliche Darstellungen, die ein und denselben Vorgang beschreiben. Dieser Sachverhalt läßt sich an der Tafel so darstellen:

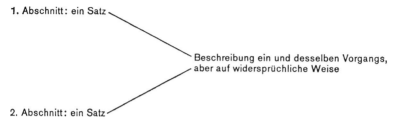

Die so gestellte Frage nach der Auflösung der Widersprüche (welcher der beiden Sätze gibt den Sachverhalt wahrheitsgemäß wieder?) ist sehr gefährlich, da die Schüler sofort auf die vermeintlich „realistische Darstellung" des zweiten Satzes hinweisen und dies mit der indikativischen Beschreibung des Autors („da dies aber nicht so ist... da dies so ist...") begründen. Aus dieser von Kafka selbst bewußt gestellten „Falle" führt nur der Hinweis auf die befremdliche Reaktion des Galeriebesuchers (Weinen) heraus, der die harmonische Übereinstimmung aller mit allen am Ende des zweiten Satzes ohne erkennbaren Grund „stört". Von hier aus kann die Frage nach der exakten Wiedergabe des realen Geschehens nur über die Frage nach dem dahinterliegenden gemeinsamen Sachverhalt der beiden Darstellungen beantwortet werden. Damit beginnt die eigentliche Phase der Zerlegung des Textes in seine konstitutiven Elemente. Der beiden Darstellungen zugrundeliegende gemeinsame Sachverhalt wird durch das Einsammeln der Grundinformationen geleistet (vgl. Lexie). Dabei zeigt sich ein für die Schüler überraschendes Faktum. Die Informationen werden in Satz 1 und Satz 2 in der gleichen Reihenfolge eingeführt und können, dem Handlungsablauf genau entsprechend, so geordnet werden:

Satz 1:	1a) Kunstreiterin	2a) Chef	3a) Publikum	4a) Galeriebesucher
Satz 2:	1a) Dame	2a) Direktor	3a) Publikum	4a) Galeriebesucher

Das Schema kann die Schüler zu einer doppelten Einsicht führen:
1. Es zeigt ihnen die strenge Parallelität der gesamten Komposition, die in beiden Sätzen den Handlungsablauf in der Horizontalen durch eine gleichlaufende Abfolge der Bildzeichen (1 bis 4) markiert und in der Vertikalen die einzelnen Bildzeichen symmetrisch einander zuordnet (1a, 1b; 2a, 2b; ...).

2. Es zeigt ihnen aber gerade durch die genannte geometrische Anordnung der Bauelemente, daß die eingangs festgestellten widersprüchlichen Beschreibungen auf einem vom Autor *bewußt* gehandhabten Darstellungsprinzip beruhen (das man nach Jakobson als „antithetische Parallelität" bezeichnen könnte [118]) und daher eine Funktion haben müssen, die aus der gegebenen Komposition erkannt werden kann. Daß der aufgedeckten geometrischen Komposition tatsächlich ein bewußt eingesetztes Gestaltungsprinzip zugrundeliegt, wird den Schülern in einem weiteren Lernschritt bewußt, in dem sie die Antithetik der einzelnen Figuren in der Vertikalen durch einen einfachen Vergleich im Detail erarbeiten:

Von der Einsicht in eine bewußt geometrisch gebaute Komposition und der daraus entstehenden Frage nach dem „Sinn" eines solchen Gestaltungsprinzips ergibt sich zugleich der Übergang zur Phase der Rekonstitution der erkannten Bauelemente zu einer funktionalen Komposition, d. h. zur Erkenntnis der in ihr enthaltenen „Nachricht".

Diese Nachricht könnte in einer höheren Klasse sofort aus einer semantischen Auslegung der zuletzt erarbeiteten Opposition (vgl. das Schema) erschlossen werden, indem der Bedeutungswandel in jeder Opposition übergangen werden. Diese Zeichenfunktion kann in einem 9. Schuljahr zumindest an dem auffälligsten Bildzeichen, der Hauptgestalt des Chefs, würde. Dabei würde jedoch die primäre Aufgabe, die Einsicht in die Funktion der Bildzeichen, deren logisch-demonstrierender Charakter, (z. B. „Kunstreiterin", eine Berufs-, d. h. Funktionsbezeichnung, „Dame" dagegen eine Bezeichnung des sozialen Status und des Prestiges) erarbeitet erschlossen werden. Die Frage: welches der drei Bildelemente in der ersten Darstellung *herrsche,* bringt die dominierende Mittelpunktsfigur des Chefs schon aus ihrer zentralen Position im obigen Schema zum Vorschein:

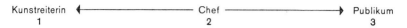

Kunstreiterin ←——————— Chef ———————→ Publikum
1   2   3

Die Schüler erkennen: die Mittelpunktsfigur steht im Zentrum der anderen Bildelemente und beherrscht sie. Die beherrschende Funktion kann an dem Funktionszeichen der Peitsche abgelesen werden, die sowohl den Rhythmus der Kunstreiterin als auch das Verhalten des Publikums (Klatschen) diktiert. Der Chef fungiert als das antreibende, das Publikum als das weitertreibende, die Kunstreiterin als das getriebene Element. Obwohl letztere als die einzige Akteurin *erscheint, ist* sie doch die Getriebene, von allen Abhängige. Funktion, Relation und Dependenz der Bauelemente können daher, wie in der Beschreibung der Lexie, so zusammengefaßt werden:

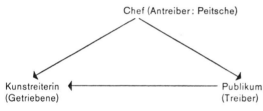

Chef (Antreiber: Peitsche)

Kunstreiterin ←——————— Publikum
(Getriebene)   (Treiber)

Der anschließende Vergleich der beiden kontradiktorischen Darstellungstechniken kann von den Schülern bis ins Detail fortgesetzt werden, z. B. durch die Aufdeckung der mimischen und gestischen Zeichen auch bei den anderen Elementen (Kunstreiterin und Publikum) und durch die Erschließung der in der zweiten Darstellung neu hinzugekommenen dekorativen „Füllsel" (vgl. Lexie). Entscheidend bleibt jedoch der letzte Schritt der Rekonstitution der erkannten Zeichen und Zeichenrelationen zu einer klar formulierbaren Nachricht. Diese ergibt sich aus der Einsicht, daß alle mimischen und gestischen Zeichen der Elemente 1 bis 3 hier nur *theatralisch,* d. h. bewußt zur Täuschung eingesetzte Mittel sind (was wiederum am Konjunktiv abgelesen werden kann: „... als wäre sie seine über alles geliebte Enkelin"), während die einzige nicht theatralische, d. h. unbewußt vollzogene Gestik im Bildzeichen des jungen Galeriebesuchers sichtbar wird: „da dies so ist, legt der Galeriebesucher das Gesicht auf die Brüstung und, im Schlußmarsch wie in einem schweren Traum versinkend, weint er, ohne es zu wissen". Die hier unbewußt vollzogene Gestik (Abwendung des Galeriebesuchers von der bewußten Täuschung, d. h. der

Schaustellung von Stimmung und Übereinstimmung) und die in ihr enthaltene „Nachricht" brauchen nicht weiter verbalisiert zu werden. Diese Nachricht ergibt sich aus der phasenweise erschlossenen geometrischen Komposition, die eine zweifache Mitteilungsfunktion erfüllt: Demonstration eines Befundes durch die Aufdeckung brutaler Abhängigkeitsverhältnisse und deren bewußte Verschleierung zugleich.

Zusammenfassung
Die Kommunikationsmodi und ihre möglichen Auswirkungen auf die Dikussion um die Lernziele des literarischen Unterrichts

Die dargestellten Modi literarischer Kommunikation wurden von Anfang an unter einem doppelten Aspekt konzipiert:
1. Als ein Beitrag zur Theorie von der methodischen und kontinuierlichen Entfaltung des Verstehens, die dem künftigen Deutschlehrer helfen soll, Unterrichtsprozesse von den literarischen Strukturen selbst her auszulösen und durch die verschiedenen Verfahren des lesenden Erschließens auf diese hin in Gang zu halten.
2. Als Instrument der Analyse, d. h. als Analysegitter, welches erlaubt, die in der Unterrichtspraxis oft schnell und sprunghaft ablaufenden Verstehensprozesse in ihren wesentlichen Phasen zu durchschauen und nachzuzeichnen.
Werden die Modi literarischer Kommunikation als Analysegitter verwendet, dann können z. B. aus der Vielzahl der zu einem Text eingehenden Schülerantworten die sich überlagernden Schichten der *individuellen Rezeption* erkannt werden. Wie die Erfahrung zeigt, liegen gerade in der Anfangsphase (erste Begegnung mit dem Text) neben einer Anzahl von hermeneutisch, d. h. durch Einfühlung zustandegekommenen Primäraussagen zugleich schon strukturale und dialektische, d. h. durch distanzierte Beobachtung entstandene Verstehensansätze vor. Insofern die Kommunikationsmodi die sich überlagernden Schichten der Verstehensansätze sichtbar machen, sind sie zugleich auch *Sonden*, über die der Lehrer Einblick in die mehr oder minder differenzierte Rezeptionsweise der Schüler in ein und derselben Alters- bzw. Klassenstufe erhält. Als Analysegitter verwendet, geben sie wesentliche Orientierungsdaten für die Schichtung und Reichweite der Kommunikation der Schüler und sind daher wiederum für die Textselektion und Planung des Unterrichts maßgebend.
Unter solchen Aspekten haben die dargestellten Kommunikationsmodi nicht nur einen erheblichen Einfluß auf die vom Lehrer konkret zu wäh-

lende Unterrichtsmethode, sondern vor allem auf die sich seit einigen Jahren permanent vollziehende Diskussion um die sogenannten „Lerninhalte" und „Lernziele" des literarischen Unterrichts. Die Kommunikationsmodi können hier die noch weithin abstrakte, d. h. von empirischen Daten abgelöste Planung von Lernzielen stimulieren und zugleich korrigieren.

Betrachtet man die gegenwärtige Diskussion um die Lernziele innerhalb der neuen Literaturdidaktik (vgl. dazu auch das 1. und 2. Kap.), so werden zwei Tendenzen immer deutlicher sichtbar:

1. Die erste Tendenz ist in verschiedenen Ausformungen allen literarpädagogischen Konzeptionen eigen. Diese verstehen Umgang mit literarischen Texten als einen bewußten Lernprozeß, der den Gegenstand Literatur um des Gegenstands willen erschließt und zur Ausbildung eines solchen „Gegenstandsbewußtseins" dem Unterricht Lernziele und Lerneinheiten von den poetischen Gattungen und literarischen Formen selbst her vorentwirft. Da der didaktische Vorentwurf von Lernzielen und Lerneinheiten heute sowohl in der „Horizontalen" (den einzelnen Klassenstufen) als auch in der „Vertikalen" (den Ausbildungsstufen: Primar- und Sekundarstufe) erfolgt, kann in den nächsten Jahren mit der Konzeption eines konsequent aufgebauten, stufenspezifischen „Lernkurses" im Literaturunterricht gerechnet werden, der literarische Erscheinungen exemplarisch erfaßt und nach Verstehensstufen einander zuordnet. Verbindet sich diese Lernzielplanung und die Methode des rationalen Erschließens literarischer Strukturen mit der in der allgemeinen Didaktik schnell voranschreitenden Tendenz zur umfassenden Klassifikation von Lernzielen und den Organisationsformen des Lernens (Taxonomie der Lernziele und Curriculumkonstruktionen – B. S. Bloom, J. S. Bruner, G. W. Ford, H. Skowronek, R. M. Gagné, H. Blankertz u. a.[119], so kann die Literaturdidaktik ihren Gegenstand, die Literatur, in ein theoretisch geschlossenes Regelsystem einbringen und aus ihm unter verschiedenen Aspekten „rechtfertigen".

2. Die zweite Tendenz einer künftigen Literaturdidaktik bestimmt ihre Position weitgehend „inhaltlich", d. h. aus der ausdrücklichen Betonung der *Funktion* von Literatur zur Bewußtseinsveränderung innerhalb gesellschaftlicher Prozesse. Literatur und literarische Bildung erhalten ihren Stellenwert in einem solchen didaktischen System aus der Einsicht, daß beide emanzipatorische Prozesse beschleunigen oder verhindern können. Gegenüber der zuerst skizzierten Position erhebt diese hartnäckig den Vorwurf, daß eine Literaturdidaktik, die das Wozu der Literatur und das Wozu des Lernens von Literatur radikal in der Frage nach dem Wie des Lernens aufgehen lasse, das die Schüler stimulierende „erkenntnis-

leitende Interesse" (Habermas) in allen Unterrichtsprozessen verleugne und zu ihrem eigenen Schaden verdränge. Literaturunterricht erhalte, von hier aus gesehen, nur eine systembestätigende, nicht systemverändernde Funktion. Die zuerst genannte Literaturdidaktik reduziere sich daher in ihrem ausschließlichen Bemühen um die methodische Realisation von lerntheoretisch erschlossenen Unterrichtszielen auf eine „Begriffsdidaktik", nicht aber auf eine „Begründungsdidaktik", insofern sie ihre Lernbedingungen und Lernziele nicht ausreichend aus den sozio-kulturellen Verhältnissen deduziere [120]. Demnach werden allein „lern- und entwicklungspsychologische Ergebnisse in den Dienst der Fachdidaktik gestellt". „Exakte Verlaufs- und Milieuuntersuchungen sowie allgemeine sozialpsychologische Untersuchungen... fehlen noch". „So bleiben etwa Überlegungen zur exemplarischen Strukturierung des Stoffes... ohne Beziehungen zu den konkreten anthropogenen und sozio-kulturellen Lehr- und Lernvoraussetzungen bei Lehrer und Schüler" [121]. Weil die so von den Fachdidaktiken dem Unterricht vorentworfenen Lernziele nicht unmittelbar aus der Analyse des allgemeinen und des schichtenspezifischen sozialen Kontextes hervorgehen, müssen selbst bei höchst differenzierter Stoffstrukturierung die Lernprozesse ohne ausreichende, d. h. das Interesse der Schüler (und oft der Lehrer) stimulierende Motivation bleiben. Auf diesen Sachverhalt weist die zweite Position innerhalb der neuen Literaturdidaktik hin. Ihre Begründungen für die Kritik lauten: Überfrachtung des Curriculums durch sogenannte „eigentliche Literatur", verbunden mit der zwangsläufigen Abwertung der sogenannten „Trivialliteratur" und der publizistischen Formen, welche das Leseverhalten der Schüler im sozialen Kontext weitgehend determinieren; Nichtbeachtung von Leseranalysen, z. B. der Erhebung des DIVO-Instituts, nach der 35 %/o der Befragten, die eine Volksschule besucht haben, kein Buch besitzen, im Gegensatz zu den Absolventen der Mittelschule (5 %/o) und den Oberschülern mit Abitur (1 %/o)[122]: „Steigt das Bildungsniveau der Befragten nur bis zur Mittelschulreife, so reduziert sich der Anteil der Befragten, die keine Bücher besitzen, auf eine kaum nennenswerte Zahl. Mit Ausnahme von nur 2 %/o haben alle Menschen in der Bundesrepublik, die kein Buch ihr eigen nennen, ihre Schulbildung auf der Volksschule abgeschlossen"[123]. Nimmt man in diesen Begründungszusammenhang die bekannten Argumentationen der neueren Soziolinguistik (B. Bernstein, U. Oevermann) auf, die einen unmittelbaren Zusammenhang von Schichtzugehörigkeit, Sprachverhalten und Lernerfolg behaupten, dann kann die gegenwärtig noch nicht systematisch dargestellte zweite Tendenz innerhalb der neuen Literaturdidaktik formelhaft so zusammengefaßt werden: Aufbau eines nach Lernzielen geordneten Curriculums, in dem literarische Formensprache (Lexie der Texte) und soziale Erfahrung der Lernenden nicht getrennt werden und sich derart wechselseitig erhellen. In der Terminologie der hier dargestellten Kommunikationsmodelle ausgedrückt, bedeutet dies: erst in der wechselseitigen Erhellung von sozialer Erfahrung und literarischer Lexie können solche Leseweisen ausgebildet werden, in denen sich das Interesse der Lernenden und literarische Erkenntnis identifizieren können.

Die in grober Verkürzung skizzierten Positionen der neuen Literaturdidaktik zeigen nur die Schnittpunkte, an denen sich die Lernzieldiskussion der nächsten Jahre immer erneut entzünden wird. Sie beruhen, obwohl didaktisch begründet, auf Vorentscheidungen und sind daher *Einstellungen*. Denkt man innerhalb der eingenommenen Positionen weiter, so sind für die Lernzielplanung des literarischen Unterrichts in den nächsten Jahren zwei Entwürfe mit deutlich unterschiedlichen Akzentuierungen zu erwarten:

1. Eine Konzeption des literarischen Unterrichts, die sich von der Basis her (Primarstufe) an den von der Fachwissenschaft erschlossenen poetischen „Gattungen", literarischen „Formen" und „Arten" orientiert (vgl. die Lesebücher der literarpädagogischen Konzeptionen) und dabei die Trivialliteratur, Jugendliteratur sowie die publizistischen Formen in weitaus stärkerem Maße als bisher in den Unterricht integriert:
Lyrik. Primarstufe (Klasse 2–4): Kinderreim, Rätselspruch, Kindergedicht, Lied, lyrisches Gedicht, Erzählgedicht. Sekundarstufe (Klasse 5–10): traditionelle und moderne Naturlyrik, Ballade, Volkslied, Kunstlied, Bänkelsong, Protestlied, Chanson, modernes Erzählgedicht, gesellschaftskritische Lyrik (Warn- und Protestgedicht), Formen der experimentellen Lyrik (konkrete Poesie) usw.
Epik. Primarstufe: Märchen, Sage, Legende, Erzählung. Sekundarstufe: Märchen und Kunstmärchen, Antimärchen, Jugendbuch (Ausschnitte), Fabel, Anekdote, Kalender- und Kurzgeschichte, Trivialliteratur, Comics, Parabel, Parodie, Satire, Groteske, Roman (Ausschnitt) usw.
Formen des Dramas. Primarstufe: Kasper-, Marionetten-, Schulspiel, Dialogisierungen. Sekundarstufe: Lehrspiel, Dialogisierungen, Fünf-Minuten-Spiele, Einakter, traditionelles Drama (Ausschnitte), episches Theater, Hörspiel, Drehbuch, Parabeltheater mit der Tendenz zur Ideologiezertrümmerung usw.
Publizistische Formen: Primarstufe: Vorformen des Berichts, Meldungen, Beschreibungen. Sekundarstufe: Sachbuch (Ausschnitt), Beschreibung, Bericht, Protokoll, Nachricht, Reportstrukturen, Brief, Offener Brief, Rede, Interview, Kommentar, Essay, Sprache der Werbung u.a.

Es ist offensichtlich, daß die vorliegende Konzeption nur eine grobe Skizzierung darstellt. Die fragwürdige Nomenklatur (die übrigens in allen neueren Lesewerken beobachtet werden kann) besagt nichts über die sich dahinter verbergenden Inhalte und die Qualität der Texte, die jedem Lesebuch, weit über seine didaktische Konzeption hinaus, erst literarischen Wert verleihen. Die Skizzierung zeigt daher nur eine Tendenz an: die Grundlegung des literarischen Unterrichts und die Ausbildung des Verstehens erfolgen zuerst und vorwiegend an elementaren poetischen Strukturen. Erst wenn diese ausreichend „elementarisiert" (Bauer, vgl. 1. Kap.), d. h. durch Erschließungsverfahren den Schülern „verfügbar" sind, kann eine zunehmende und adäquate Integration der Trivialliteratur und der publizistischen Formen in den Unterricht erfolgen. Die Begründung ist sofort einsehbar: die zuletzt genannten Formen können nur *kritisch* erschlossen werden; Struktur und sprachliche Qualität ergeben sich aus der Einsicht in ihre differenzierte Vermittlungsfunktion und ihren Verwendungszusammenhang im sozialen Kontext. Ihre Erschließung setzt ein beträchtliches Maß an reflektiertem gesellschaftlichem Vorwissen sowie eine ausreichende Fähigkeit zur kritischen Verwertung von Zusatzinformationen im Unterricht voraus.

2. Die zweite Tendenz des literarischen Unterrichts wird in ihrer Konzeption der Textanordnung sowie der Textauswahl aus den obengenannten Gründen die Gattungsvermischung (Abbau der gattungsbezogenen Poetik als Grundlage der Lesewerke) betonen. In Lyrik und Epik können, nach ihrer Auffassung, stark verschlüsselte Sprechweisen (Sprachstrukturen mit hohem Konnotationsgrad) zurücktreten zugunsten sogenannter „lesestimulierender Texte" aus dem Erfahrungsbereich der Schüler. Textanordnung und Textselektion werden sich daher schon an der Basis an den transitiven, d. h. mitteilenden Sprachstrukturen orientieren. Denkbar wäre daher eine Konzeption mit folgenden Dominanten:

Primarstufe: „Umweltgeschichte", Jugendbuch und Jugendzeitschrift (Ausschnitte), milieubezogene Berichte, Sachbuch (Ausschnitte), Erzählung, Bildgeschichte.

Sekundarstufe: Abenteuergeschichte, Comics, Science-fiction, Trivialliteratur (Ausschnitte aus Illustrierten- und Groschenromanen), Texte zur Analyse der „Regenbogenpresse", Nachricht, Protokoll, Bericht, Beschreibung, Report, Tagebuch, Offener Brief, Rede, Aufruf, Interview, Kommentar, Tonbandprotokolle aus der Arbeitswelt, Dokumentation (Erlasse, Verordnungen), Sprache der Anzeigenwerbung (Slogans) und Bildwerbung usw.

Ergänzt man die hier sichtbare Dominante der Zweckformen durch die in der ersten Konzeption genannten poetischen Formen (und hier vor allem der gesellschaftskritischen Literatur: Lehrtheater, Hörspiel, Drehbuch, Parabeldichtung mit ideologiekritischer Intention, Bänkelsong, Protestlied, politische Lyrik usw.), so wird eine deutliche Verschiebung der Lernziele und Lernprozesse sichtbar: literarischer Unterricht wäre primär Umgang mit den vielfältigen sprachlichen Vermittlungsstrukturen, die zuerst in der konkret erfahrenen Umwelt der Schüler, dann im sozialen Kontext eine dominierende Rolle spielen. Die Dominanz dieser Texte in der Erfahrungswelt und ihre beherrschende Rolle innerhalb der praxisbezogenen Kommunikation gelten dieser Literaturdidaktik zugleich auch als Ausweis für ihre Resonanz. Insofern diese Vermittlungsstrukturen vor allem im Bereich der publizistischen Formen und der Werbung, aber auch in der gesellschaftskritischen Literatur alle sprachlichen Mitteilungsstrategien enthalten, die kommunikatives Handeln ermöglichen und aufrechterhalten, ist ihre methodische Erlernung (Dekodierung und kritischer Gebrauch) grundlegend für das Verstehen des sozialen Kontextes. Ideal gedacht würde diese Konzeption des literarischen Unterrichts anhand der genannten Texte zunächst die von den Schülern konkret erfahrenen Binnenstrukturen (soziale Schichtungen), dann fortschreitend den gesellschaftlichen Modus vivendi aller in Form von Modellen entschlüsseln. Erst auf dem Hintergrund eines entschlüsselten, d. h. bewußt erschlossenen sozialen Kontextes könnten dann die Intentionen der gesellschaftskritischen Literatur, die Funktion und Leistung poetischer Sprache sowie ihre geschichtliche Herkunft zum Gegenstand von Unterrichtsprozessen werden.

Wie immer man die dargestellten Akzentuierungen innerhalb der neuen Literaturdidaktik beurteilen mag, die Realisation ihrer postulierten Lernziele im Unterricht wird scheitern oder zu groben Entstellungen führen, wenn sie den im zweiten und dritten Kapitel entworfenen Zusammenhang von literarischer Darstellungsweise (Lexie) und Rezeption (Leseweise – „lecture"), d. h. von literarischer Kommunikation und Entfaltung des Verstehens überspringt. Betrachtet man unter diesem Aspekt die Lernzielplanung der neuen Literaturdidaktik kritisch, so können selbst bei entschiedener Konfrontation zweier (in Wirklichkeit komplementärer) Positionen folgende gemeinsame Gefahrenelemente nicht übersehen werden:
1. Innerhalb der neuen Lernzielkonstruktionen erhalten Literatur und literarischer Unterricht in zunehmendem Maße einen ausdrücklich „assertorischen Wert" [124] (Barthes), d. h. sie werden im voraus als Instrument zur Bestätigung eines bestehenden oder noch zu erreichenden Zustandes eingesetzt. Dem jeweiligen didaktischen Verwendungszusammenhang angepaßt, kann Literatur nur noch auf negative oder positive Weise eine Bestätigungsfunktion erfüllen. Literatur muß ihre mögliche Bedeu-

tung in ein vorentworfenes Bedeutungsganzes (Lernzielkonstruktionen) produzieren und kann, wie in Extremfällen bereits sichtbar, selbst zum Alibi einmal eingenommener und sich durchsetzender didaktischer Positionen werden. Die Gefahr, daß dabei solche Literatur ausgeschlossen bleibt, die im didaktischen Verwendungszusammenhang keinen eindeutigen Stellenwert übernimmt oder den didaktischen Verwendungszusammenhang selbst aktiv *in Frage stellt*, kann nicht übersehen werden. Die traditionelle Abneigung der Literaturdidaktik, der Literatur selbst einen „interrogativen Wert"[125] (Barthes) zuzugestehen, ist nicht geringer geworden. (Ein Symptom dieser Abneigung ist in dem Faktum zu sehen, daß sich in der gegenwärtigen Lernzieldiskussion die Vorstellungen von Literatur unzulässig verhärten und sich so eine Erneuerung des mißverstandenen Primats der Pädagogik von der Literatur – vgl. dazu das 1. Kap. – ankündigt, ein Primat, das jetzt allerdings von den Fachdidaktiken selbst ausgeübt wird.)

2. Die legitime Tendenz zu lückenlosen Lernzielkonstruktionen sowie ihre Deduktion aus dem sozialen Kontext *kann* sich in der Praxis gegen die elementare Aufgabe der Literaturdidaktik selbst wenden: das Verstehen der Schüler in der primären Kommunikation mit den Texten selbst auszubilden. Diese Verkehrung tritt dann ein, wenn die Literaturdidaktik die hier dargestellten Kommunikationsmodi nur als *Organisationsformen* des Lernens begreift, die der Vergegenständlichung von Lernzielen dienen. *Kommunikationsprozesse, die ausdrücklich der Vergegenständlichung von Lernzielen dienen, verkümmern schon im Ansatz, weil in ihnen Lernen und Verstehen vorschnell als identisch erklärt werden.* Die im zweiten Kapitel skizzierte qualitative Differenz von Verstehen als Erschließen einer Textur und Lernen als Verarbeiten eines schon ausgelegten Textbestands wird dabei übersprungen. Weil das Verstehen nicht nur im Lernen, sondern das Lernen primär im Verstehen angelegt ist, können die Kommunikationsmodi nicht einfach auf Lernformen reduziert werden. *Die Kommunikationsmodi sind umgreifender als die Lernformen, die ihnen eingelagert sind.* Insofern die Kommunikationsmodi das Verstehen der Schüler von der Basis her auslösen und differenzieren, ermöglichen sie überhaupt die Aufstellung von Lernzielen und Organisationsformen des Lernens. Letztere können von den ersteren nicht abgelöst werden. Dies bedeutet: die Kommunikationsmodi vermögen die Lernzielplanung, das Verstehen, das Lernen zu stimulieren und zu korrigieren, nicht aber umgekehrt.

3. Daraus ergibt sich, daß auch die im dritten Kapitel dargestellten Formen des lesenden Erschließens literarischer Texte nicht von ihrer Basis, den Kommunikationsmodi, abgetrennt und als bloße Lesetechniken ein-

geübt werden können. Begreift man die Kommunikationsmodi als Operationen der Wahrnehmung, welche die Signifikanz literarischer Texte aus deren Struktur (der Ordnung der Signifikanten) methodisch *erzeugen*, dann kann auch das dazu notwendig zu erwerbende Instrumentarium nicht einfach *gelehrt* werden. Erste und vordringlichste Aufgabe der Literaturdidaktik ist es vielmehr, die Verfahren des lesenden Erschließens *simultan*, d. h. in direktem Zusammenhang mit den Erzeugungsprozessen auszubilden. Die Einführung eines Instrumentariums, das sich nicht mit der Differenzierung der Wahrnehmung der Lernenden verbinden läßt, verhindert die Chance des literarischen Unterrichts: die Korrespondenz von Erschließen und Verstehen. (Der aus literaturwissenschaftlichen Seminaren bekannte Mißstand, die Trennung von eigener Wahrnehmung und vermittelndem Instrumentarium, von Erfahrung und methodischer Praxis, Interesse und Erkenntnis würde dann schon auf einer frühen Stufe auftreten.) Die Trennung hätte Folgen: die nur technische Beherrschung von Erschließungsformen steigert zwar einerseits das Tempo des Unterrichts, läßt weitere Klassifikationen und exaktere Kontrolle der Lernziele zu, führt aber andererseits zu einer Vergröberung der erworbenen Bedeutung, die wiederum formalisiert und schießlich abgelegt werden kann. Die schnelle Zunahme der erworbenen Bedeutungen wird erkauft mit einer Abnahme an differenzierter Wahrnehmung (Verstehen). Die wesentlichen Ansätze der neuen Literaturdidaktik, die durch die Methode des „Elementarisierens poetischer Strukturen" (Bauer) kognitive und affektive Prozesse miteinander zu verbinden suchen, wären vertan.
Die vorgetragenen Einwände verneinen nicht, sondern bestätigen die Notwendigkeit präziser Lernzielbeschreibung und den daraus sich ergebenden hierarchischen Aufbau eines Curriculums für den literarischen Unterricht. Sie verschieben aber die Aufmerksamkeit auf den zumeist übersehenen Sachverhalt, daß über die Hierarchie der Lernziele auf der Ebene der didaktischen Überbauten vorläufig nur *formal* entschieden werden kann. Die Entscheidungen über das, was der literarische Unterricht für die Ausbildung des Verstehens leisten kann, fallen *de facto* auf der Ebene der Erschließungsformen. Die Erschließungsformen stehen, schematisch gesehen, zwischen den Kommunikationsmodi und den angestrebten Lernzielen. Sie vermitteln zwischen primärer Wahrnehmung und artikulierbarer Bedeutung, wie dies in den drei genannten Verfahren des lesenden Erschließens immer wieder sichtbar wurde. Jedes der Verfahren bildet das Verstehen auf dem Wege vom Bau- zum Sinngefüge, von der Struktur zur Nachricht, d. h. von der Wahrnehmung der Zeichenkomposition zu ihrer Bedeutung hin aus. Gerade diese Gemeinsamkeit bringt auch die *faktische Hierarchie* unter ihnen zum Vorschein. Das lesende Er-

schließen auf hermeneutischer Basis ist die Grundlage zur Differenzierung der Primäraussagen und zur Selbstaufklärung des Verstehens, das lesende Erschließen auf dialektischer Basis bildet das Verstehen in der Weise von Spruch und Widerspruch, das lesende Erschließen auf strukturaler Basis in der Weise von Zerlegung und Arrangement aus. Die Hierarchie ist also in einer Zunahme an Kommunikationsfähigkeit zu suchen. Für die Ausbildung des Verstehens im Umgang mit literarischen Texten bedeutet dies: *die wachsende Hierarchie der Lernziele auf der Ebene der didaktischen Theorie müßte auf der Ebene der Rezeption mit einer Verdichtung der Wahrnehmung und einer Vertiefung der Bedeutung korrespondieren.* Bleibt diese Korrespondenz aus, so wird auf der Ebene der didaktischen Theorie die Aufstellung und Klassifikation von Lernzielen zur Kasuistik, auf der Ebene der Rezeption die Praxis des Textumgangs zum vorgeschriebenen methodischen Exerzitium, welches das „Verstehen" der Lernenden auf dem kürzesten und reibungslosesten Weg ins Ziel steuert. In diesem routinierten Exerzitium kann dann schließlich selbst das in den Texten Bedeutete (die erst zu erschließende Nachricht) als standardisierte Bedeutung abgerufen und im Katalog der Lernziele verbucht werden. Die hier im zweiten und dritten Kapitel dargestellte Mehrzahl an Leseweisen und Leseebenen, welche die Ausbildung des Verstehens ermöglichen, würde zur Einzahl, der Text zum Informanten, der Rezipient zum Informierten, der semantische Mehrwert des poetischen Sprechens zur blanken Eindeutigkeit verkürzt. Kurz: die vielschichtigen Konnotationen literarischer Sprache würden zur Denotation. Der von R. Barthes gegenüber der Linguistik kritisch angemerkte Satz, träfe dann auch für die neuere Literaturdidaktik zu: „Die Konnotation hat keinen guten Ruf" („La connotation n'a pas bonne presse" [126]). Entgegen dieser heute überall sichtbaren Tendenz, in der Praxis des Textumgangs nur denotierbare Bedeutungen zuzulassen, behauptet Barthes: „Die Denotation ist nicht die erste der Bedeutungen, aber sie gibt vor, dies zu sein. Kraft dieser Illusion ist sie nur die *letzte* der Konnotationen (diejenige, welche die Leseweise zu begründen und zugleich abzuschließen scheint), der überlegene Mythos (Redeweise), demzufolge der Text zur Natur der Sprache zurückzukehren scheint, zur Sprache als Natur" [127]. Es ist offensichtlich, daß die von Barthes aufgedeckte Gefahr der Selbsttäuschung, die Illusion einer abschließenden Leseweise, jeder Literaturdidaktik droht. Die Literaturdidaktik kann Leseweisen theoretisch begründen, das Verstehen der Lernenden in solchen Leseweisen methodisch und kontinuierlich differenzieren, sie kann Leseweisen aber nicht definitiv abschließen. Die zwingenden didaktischen Formeln vom definitiven Abschluß, von „geschlossenen" und „abgeschlossenen" Lesarten sind selbst Konnotationen,

d. h. symbolische Redeweisen. Gleichwohl sind sie weder sinnlos noch liefern sie das Verstehen der Willkür des einzelnen aus. Aus der primären Kommunikation entstanden, gewähren sie dem Verstehenden die notwendige Fiktion der Gewißheit und die Chance der Selbstidentifikation. Ist diese Funktion der Fiktion und die Chance der Selbstidentifikation von einer sich selbst reflektierenden Didaktik einmal erkannt, so können definitive Lesarten und Lernziele für die Ausbildung des Verstehens überhaupt erst fruchtbar gemacht werden. Sie können auf allen Stufen des Lernens als Provokationen eingesetzt werden, die das Verstehen zur primären Kommunikation mit Literatur zurückführen.

Nachbemerkung

Nach der ursprünglichen Absicht sollte die Arbeit zwei streng voneinander geschiedene Teile aufweisen:
1. Eine Bestandsaufnahme der gegenwärtigen Konstellation der Literaturdidaktik durch eine Analyse ihrer Modelle, verbunden mit historischen Rückblenden, die verstehbar machen, welche Ursachen zu solchen Modellbildungen geführt haben.
2. Einen systematischen Teil, der durch das enge Zusammenspiel von Fachwissenschaft und Fachdidaktik zu einer Theorie von der methodischen Differenzierung des Verstehens im Umgang mit literarischen Texten beitragen sollte.

Während der Niederschrift wurde jedoch klar: beide Teilbereiche waren nicht streng voneinander zu trennen. Die Beschreibung der gegenwärtigen Situation der Literaturdidaktik und ihrer jüngsten Geschichte nimmt einen größeren Platz ein, als ihr zuerst zugedacht war. Dies bedeutet: die Loslösung von der hermeneutisch gewonnenen Ausgangskonstellation (1. Kap.) und der Übergang zu einer kohärenten Theorie von der Ausbildung des Verstehens im Unterricht in Gestalt der dargestellten Modi literarischer Kommunikation (3. Kap.) war nicht so radikal vollziehbar wie erhofft. Daher wurde das zweite Kapitel (Darstellung des Kommunikationsbegriffs) notwendig. Denn sollte der auch für den Umgang mit literarischen Texten verbindliche Begriff der Kommunikation nicht einfach postuliert oder aus der neueren Linguistik unmodifiziert übernommen werden, dann mußte er von der Literatur selbst her, d. h. auch aus der Perspektive der schreibenden Autoren als *notwendig* abgeleitet werden. Dies und die damit verbundenen Rückblicke auf verflachte Leseschemata von literarischen Texten im Unterricht sind in der gegenwärtigen Konstellation des literarischen Unterrichts noch nicht ausreichend bewußt, daß sie einfach übersprungen und als „überholt" abgetan werden könnten. Im Gegenteil: eine permanent „SOLL-Werte" (F. v. Cube) postulierende Literaturdidaktik, die ihre Lernziele nicht zugleich aus der Analyse der Gegenstandsstrukturen und durch eine ausreichende Genese der vorgegebenen (historischen) Konstellation (und nicht nur durch bloße Konfrontation mit ihr) ableitet, ist wenig überzeugend. Die Literaturdidaktik ist nicht schon dadurch didaktisch, daß sie Lernziele „zukunftsbezogen" vorentwirft. Didaktisch *wirksam* wird eine Literaturdidaktik erst dann, wenn sie die Notwendigkeit neuer Lernziele zugleich an die

lückenlose Bewußtmachung der Ursachen ihrer gegenwärtigen Unzulänglichkeit bindet.
Insofern ist der historische Teil dieser Arbeit noch nicht kürzbar. Er könnte gerade zum gegenwärtigen Zeitpunkt einer Neuorientierung zeigen: selbst dort, wo die Sackgassen der traditionellen Literaturdidaktik heute sofort erkennbar sind, besteht keine Gewähr dafür, daß Irrwege nicht in anderer Form und mit anderen Inhalten wiederholt werden, wenn die Literaturdidaktik nicht den sichtbar gewordenen (oft verhängnisvollen) Mechanismus ihrer Lernzielbildung und den daraus rührenden Zugriff auf Literatur reflektiert. Überraschend hierbei ist der stets optimistische, d. h. Literatur nach Inhalten verplanende, zu Lernzielen und meist ideologischen Wertvorstellungen verarbeitende Zug der Literaturdidaktik. Unter solchen inhaltlichen Postulaten kann Literatur weiterhin für alles in Anspruch genommen werden – mit Ausnahme des einzigen und primären Anspruchs, den Literatur *von sich selbst her* an das Verstehen des Lesenden stellt.
Unter dem Anspruch des Verstehens, d. h. der methodischen und kontinuierlichen Entfaltung der Lesekompetenz der Schüler gesehen, ist es überraschend, wie zögernd sich die Literaturdidaktik bisher auf ihren zentralen Gegenstandsbereich einläßt: die Frage nach den vielschichtigen Beziehungen zwischen literarischen Texten (Textstruktur) und ihrer Rezeption (Rezeptionsstruktur) im Unterricht und die Ausbildung einer Theorie, welche eben diese komplexen Beziehungen zwischen Text und Empfänger als *Verstehensprozesse* rational durchschaubar macht. Die hier dargestellten Kommunikationsmodi sind nur erste (und oft schwerfällige) Schritte in diese Richtung. Als Kommunikationsmodelle konzipiert, behaupten sie nicht, daß die Wirklichkeit der Kommunikationsprozesse im Unterricht sich schematisch und überall auf gleiche Weise nach ihnen vollzieht, wohl aber beanspruchen sie, die faktischen, von den Textstrukturen ausgelösten Kommunikationsprozesse im Netz der dargestellten Lese-, d. h. Verstehensphasen einzuholen und darstellbar zu machen. Insofern bilden sie das Zentrum einer didaktischen Theorie, die von der Literaturdidaktik künftig unter vier Aspekten weiter differenziert werden könnte:
1. Unter dem Aspekt der methodischen Entfaltung des Verstehens. Ist die Kategorie „Verstehen", wie hier dargestellt, nur aus dem direkten Kommunikationsprozeß zwischen Textstruktur und Rezipienten als didaktisch relevant faßbar, dann müßte die Literaturdidaktik künftig den Textumgang nicht – wie z. B. in der Literaturwissenschaft noch üblich – in Form von Interpretationen (Beschreibung und Auslegung von Textbeständen) für den Unterricht bereitstellen, sondern primär als differen-

zierte *Prozeßbeschreibung*, d. h. in Gestalt von Kommunikationsmodellen. Die Kommunikationsmodelle würden – wiederum im Gegensatz zur heute üblichen Dreiheit von Interpretation, nachgelieferter didaktischer Analyse und aufgestockten methodischen Überlegungen – zeigen, wie sich das Verstehen der Schüler einheitlich, d. h. von der ersten Begegnung mit dem Baugefüge (Lexie) des Textes schrittweise so entfalten kann, daß dabei zugleich auch die komplexe Nachricht (Bedeutung eines Textes für den Lesenden) erscheint. Dies bedeutet wiederum, daß das so auszubildende Verstehen in dem Vermögen zur Dekodierung literarischer Texte zu suchen ist. Die Kompetenz zur Dekodierung kann dabei, wie im dritten Kapitel ausführlich dargestellt wurde, niemals einseitig als eine „semantische Fähigkeit" (Katz/Fodor) erklärt werden, welche die spezifische Mehrdeutigkeit literarischer Texte auf Eindeutigkeit zurückführt[1]. Im Gegenteil ist das schwierige Problem der Semantik im Umgang mit literarischen Texten an die Einsicht in die spezifische „Natur" und „Funktion" der sprachlichen Zeichen in einer konkret vorliegenden Komposition gebunden und kann nur von hier aus gelöst werden.

2. Sind die Kommunikationsmodi Zentrum der didaktischen Theorie, insofern sie zeigen, wie und wozu das Verstehen der Schüler zu differenzieren ist, dann wäre auch künftig das schwierige Problem eines nach Verstehensstufen (Lerneinheiten) geordneten Curriculums des literarischen Unterrichts von ihnen her adäquat zu lösen. Denkbar wäre ein Curriculum der literarischen Formen (und damit auch der Lesewerke), das sich weder allein nach Inhalten (Themen) noch, wie heute üblich, nach literarischen Gattungen konstituiert, sondern primär aus den *Erschließungsformen*, d. h. den Modi literarischer Kommunikation selbst. Dabei ist offensichtlich, daß das hier dargestellte und revidierte hermeneutische Verfahren der Texterschließung schon wegen der Differenzierung der Primäraussagen in der Primarstufe und der Sekundarstufe I weiterhin unerläßlich ist; dies um so mehr, als das hermeneutische Verfahren auch in eine strukturale Betrachtungsweise von Texten überführt werden kann. Dagegen kann das dialektische Verfahren der Texterschließung, das die Schüler in den Formen von Spruch und Widerspruch zur Einsicht in die *Notwendigkeit* des poetischen Sprechens führt, erst später (Oberstufe der Sekundarstufe I) eingeführt werden. Verbindet man die Kommunikationsmodi mit der von der neuen Literaturdidaktik entwickelten Methode des „Elementarisierens poetischer Strukturen"[2] (Bauer), d. h. des systematischen Segmentierens der für das Verstehen von poetischen Texten konstitutiven Elemente, so können aus den Kommunikationsmodellen genaue und differenzierte Lerneinheiten (Textsequenzen mit detaillierten Lernzielen) für den Unterricht auf allen Klassenstufen abgeleitet werden.

3. Bleiben die beschriebenen Kommunikationsmodi das Zentrum der didaktischen Theorie, so könnte in absehbarer Zeit auch die selbstverschuldete Isolation der Literaturdidaktik gegenüber der Linguistik und Soziolinguistik aufgehoben werden. Nach dem im dritten Kapitel Gesagten ist es nicht mehr nötig, eine Verklammerung beider Bereiche gewaltsam zu vollziehen, denn die Vorstellung von „gemeinsamen Grenzgebieten" zwischen Literaturdidaktik und Linguodidaktik ist, aus der Entwicklung der neuen Linguistik gesehen, ohnehin überholt. Die Vorstellung von „gemeinsamen Grenzgebieten" beruht auf der Fiktion der Selbständigkeit des literarischen Unterrichts als eines ausschließlich literaturwissenschaftlich und literaturhistorisch orientierten Faches und eliminiert die inzwischen sichtbar gewordene Gemeinsamkeit in zwei Bereichen:
a) Die von der Linguistik entworfenen sprachlichen Kommunikationsmodelle (Basismodelle mit invarianten Eigenschaften), aus denen auch die literarischen Kommunikationsmodi abgeleitet werden können.
b) Die zur Sprachbetrachtung in den Unterricht zunehmend eingeführten strukturalen (nicht inhaltsbezogenen) Verfahren, die das Verstehen – in direkter Analogie zur neueren Literaturdidaktik – aus der Analyse und Einübung sprachlicher Vermittlungsstrukturen ausbilden.
Von hier aus gesehen, liegt eine erste Zusammenarbeit zwischen Literaturdidaktik und Linguodidaktik auf dem noch kaum erschlossenen Feld der publizistischen Formen nahe [3]. Der besonders naheliegende Zugang einer auf der Basis von Kommunikationsmodellen arbeitenden Literaturdidaktik zur Soziolinguistik braucht nicht besonders betont zu werden. Denn ist für die Literaturdidaktik in der zentralen und vielschichtigen Beziehung zwischen Text und Rezipient *die Weise der Rezeption* von entscheidender Bedeutung für die Entfaltung des Verstehens, dann kann auch die komplizierte *Rezeptionsstruktur* nur in Zusammenarbeit mit einer pragmatisch arbeitenden Soziolinguistik erhellt werden, welche die soziologischen Vorbedingungen und ihre Bedeutung für die sogenannte „kommunikative Kompetenz" [4] der Schüler untersucht. Wie (und ob überhaupt) die Soziolinguistik die zahlreichen außersprachlichen Faktoren (sozialer Status, Erwartungshorizont, mobilisierbares Wissen, allgemeine Motivation usw.), die für die „kommunikative Kompetenz" der Schüler von außerordentlicher Bedeutung sind, umfassend katalogisieren und zur Durchleuchtung der Rezeptionsstruktur bereitstellen kann, sei dahingestellt. Neue Ansätze zur Soziolinguistik zeigen, daß mit der Aufdeckung der Relationen von Sozialstruktur und Sprachverhalten zugleich auch eine „Revision des gesamten soziologischen Begriffsapparats" verbunden ist: „Kategorien wie die der sozialen Rolle, der sozialen Institution und der sozialen Kontrolle müßten völlig neu definiert werden" [5].

4. Ein letzter und wichtiger didaktischer Aspekt, der anhand der beschriebenen Kommunikationsmodi erneut erörtert werden könnte, läßt sich nur andeuten. Er betrifft das seit zwei Jahrzehnten im Unterricht völlig vernachlässigte Verhältnis von Literatur und Geschichte. Die Ursachen dieser Vernachlässigung wurden im zweiten und dritten Kapitel dieser Arbeit ausführlich dargestellt. Sie sind in der Dominanz einer vorwiegend werkimmanent, d. h. ahistorisch interpretierenden Literaturwissenschaft und Literaturdidaktik zu suchen, die ihren Literaturbestand nach poetischen Gattungen, literarischen Arten gruppiert, ausstellt und verwaltet und sich derart dem lebendigen Prozeß der Geschichte (geschichtliche Aneignung und Weitervermittlung von Texten) entzieht. Da Literaturwissenschaft wie Literaturdidaktik den „Kunstcharakter der Literatur ... allein aus der Opposition von poetischer und praktischer Sprache ermittelt", mußte sie „das Band zwischen Literatur und Lebenspraxis" [6], d. h. zwischen den geschichtlichen und gesellschaftlichen Bedingungen von Literatur und Rezeption zerschneiden. Erst die neuere literaturhistorische Forschung weist darauf hin, daß „die Geschichtlichkeit der Literatur wie ihr kommunikativer Charakter ... ein dialogisches und zugleich prozeßhaftes Verhältnis von Werk, Publikum und neuem Werk (voraussetzt)" und daher „das geschichtliche Leben des literarischen Werks ohne den aktiven Anteil eines Adressaten nicht denkbar (ist)" [7]. Der hier gewünschte „aktive Anteil des Adressaten" wurde in den beschriebenen Kommunikationsmodellen immer wieder dargestellt, vor allem in den beiden letzten Modi literarischer Kommunikation, welche das traditionelle Rollenspiel des Rezipienten als eines *Empfängers* (Hörers) zugunsten eines aktiven Operierens in den Textstrukturen verwandelt. Literarische Rezeption ist hier nicht nur passive Entgegennahme (Empfangen), sondern wesentlich auch aktives *Entgegenkommen*, d. h. vom Lesenden (mit Hilfe des Autors) vollzogene Erzeugung einer „Nachricht", die ihre geschichtliche Bedingtheit (die Spuren ihrer geschichtlichen Entstehung) nicht verleugnen kann.

Dabei wurde sichtbar: ist die vom Rezipienten erreichte Leseweise und Leseebene genügend „tief", d. h. erschließt sie die paradigmatische Funktion eines Textes, dann wird mit und durch diese Funktion zugleich der Bezug zum jeweiligen geschichtlichen und gesellschaftlichen Kontext des Textes sichtbar. Dieser kann daher aus den Texten selbst rekonstruiert werden. So kann z. B. aus der Funktion gesellschaftskritischer Lyrik, aus der Funktion von Warn- und Protestgedichten, aus der Funktion von Lied, Bänkelsong, Chanson, Schlager usw. der jeweilige geschichtlich-gesellschaftliche Kontext rekonstruiert werden; so kann z. B. aus der Konfrontation zweier thematisch verwandter, doch zeitlich verschiedener

Textzyklen nicht nur der Stil-, sondern – entscheidender – auch der geschichtliche Funktionswandel von Literatur erschlossen werden. Voraussetzung für eine solche noch zu differenzierende geschichtliche Rezeptionsweise von Literatur im Unterricht wäre jedoch ein Doppeltes:
a) Die vorsichtige Ablösung oder Umstrukturierung der zumeist als Anthologien konzipierten Lesewerke, die ihre Textbestände (nach Gattungen) chronologisch ordnen, ohne daß diese chronologische Abfolge jemals Geschichte und geschichtliche Wirkungen von Literatur auf Literatur verstehbar machen kann. Auch die vom Lehrer solchen Textbeständen nachträglich hinzugefügten historischen Faktenkonstellationen und poetologischen Kommentare können den spezifisch geschichtlichen Zusammenhang der Texte untereinander sowie die Ursachen ihrer Entstehung nicht sichtbar machen. Im Gegenteil: „Wer eine Reihe solcher literarischer Fakten schon für ein Stück Geschichte ansieht, verwechselt den Ereignischarakter einer Kunstwerks mit seiner historischen Tatsächlichkeit"[8].
b) Die entscheidende Voraussetzung für eine adäquate geschichtliche Rezeption von Literatur im Unterricht ist daher in der gegenwärtigen Konstellation der Literaturdidaktik zunächst und allein die Ausbildung einer streng synchronischen Betrachtungsweise von Texten, d. h. die methodische und kontinuierliche Differenzierung des Verstehens aus der primären Kommunikation selbst, wie sie im dritten Kapitel dargestellt wurde. Denn die gewünschte „aktive Teilnahme des Adressaten" innerhalb der geschichtlichen und gesellschaftlichen Rezeption von Texten kann nur dann erreicht werden, wenn sich die Schüler überhaupt erst als „Adressaten", d. h. in ihrer Rolle als unmittelbar angesprochene und reflektiert antwortende Mitspieler in Kommunikationsprozessen begreifen lernen. Dazu bedarf es der methodischen Entfaltung der Lesekompetenz, d. h. der Erlernung von Leseweisen und der Einübung von Lesestrategien, die es ihnen erlauben, sich zuerst mit dem Werk, dann das Werk mit sich selbst in Beziehung zu setzen und schließlich die Beziehung von Werk und Wirklichkeit herzustellen. Es ist aus dem Gesagten offensichtlich, daß dabei nicht allein die vermittelten Inhalte und Bedeutungen, die ja nur Ergebnisse von Leseweisen darstellen, didaktisch relevant sind, sondern die in den Kommunikationsprozessen erworbene Kompetenz der Dekodierung literarischer Strukturen. Denn erst diese Kompetenz erlaubt es dem Lesenden, immer erneut *hinter* standardisierte Inhalte und fraglos herrschende Daseinsauslegungen zurückzugehen, diese kritisch zu unterlaufen, um „Bedeutung" aus der direkten Kommunikation mit den Texten selbst zu erzeugen – ein Rückgang hinter Inhalte, der auf andere Weise von den schreibenden Autoren vollzogen wird und genuiner Bestandteil der poetischen Produktion ist. Es wäre daher ein grobes Mißverständnis,

diesen Rückgang der Schreibenden und Lesenden hinter die Inhalte und das konzentrierte Verweilen bei den Zeichen und Zeichenkompositionen als Formalismus zu denunzieren. Eine elementare didaktische Funktion würde dabei übersehen: der poetische Zeichengebrauch und die poetischen Zeichenkompositionen bilden die differenzierte Skala menschlicher Wahrnehmungs- und Mitteilungsstrategien nicht nur ab, sondern in der kommunikativen Aneignung überhaupt erst aus.

Anmerkungen

Aufriß der Thematik

1 P. Wapnewski, Ansichten einer neuen Altgermanistik, in: Ansichten einer künftigen Germanistik. München (Reihe Hanser 29) 1969, S. 108
2 R. Döhl, Modell und Prospekt, in: Ansichten einer künftigen Germanistik, a.a.O., S. 127
3 J. Bauer, Das Elementarisieren von poetischen Strukturen, in: Handbuch zu schwarz auf weiß, Bd. 2-4. Hannover 1969, S. 23
4 F. v. Cube, Kybernetische Grundlagen des Lernens und Lehrens. Stuttgart 2. Aufl. 1968, S. 190. – Im Original heißt es „Dialektik" statt Didaktik. Der Verfasser nimmt an, daß es sich um einen Druckfehler handelt, da eine andere Leseweise hier nicht möglich ist.
5 Vgl. dazu die Beiträge von M. Dahrendorf, K. Gerth, H. Helmers, J. Bauer zu dem Thema: Lesebuch und literarische Erziehung. Kritik und Aufgabe, in: Westermanns Pädagogische Beiträge 5 und 9/1969. – M. Dahrendorf, Leseerziehung oder literarästhetische Erziehung, in: Westermanns Pädagogische Beiträge 5/1969. – Dazu die Beiträge von H. Ide, D. Harth, H. Hoffacker, B. Lecke, R. Wenzel, in: Bestandsaufnahme Deutschunterricht. Stuttgart 1970. – H. Kügler, Monologische Didaktik, in: Zeitnahe Schularbeit 10/1970, S. 2 ff. – A. C. Baumgärtner/M. Dahrendorf (Hrsg.), Wozu Literatur in der Schule? Braunschweig 1970
6 Vgl. dazu: Ansichten einer künftigen Germanistik, a.a.O., und E. Lämmert, W. Killy, K. O. Conrady, P. v. Polenz, Germanistik – eine deutsche Wissenschaft. Frankfurt/M. (edition suhrkamp 204) 1967
7 E. Lämmert, Das Ende der Germanistik und ihre Zukunft, in: Ansichten einer künftigen Germanistik, a.a.O., S. 82
8 ebd., S. 81
9 ebd.
10 H. Kallweit/W. Lepenies, Literarische Hermeneutik und Soziologie, in: Ansichten einer künftigen Germanistik, a.a.O., S. 165
11 E. Lämmert, a.a.O., S. 82
12 W. Kayser, Das sprachliche Kunstwerk. Eine Einführung in die Literaturwissenschaft. Bern 2. Aufl. 1948, S. 15
13 P. v. Polenz, Gibt es eine germanistische Linguistik?, in: Ansichten einer künftigen Germanistik, a.a.O., S. 165
14 ebd., S. 166
15 Vgl. dazu: R. Jauß, Literaturgeschichte als Provokation. Frankfurt/M. (edition suhrkamp 418) 1970, S. 169
16 W. Klafki, Studien zur Bildungstheorie und Didaktik. Weinheim 1963, S. 78
17 Vgl. dazu: Bestandsaufnahme Deutschunterricht, a.a.O.
18 Vgl. dazu das im 2. Kap. dargestellte Literaturverständnis der zeitgenössischen Autoren, S. 108
19 J. Mukařovský, Kapitel aus der Poetik. Frankfurt/M. (edition suhrkamp 230) 1967, S. 15. – Vgl. dazu auch: L. Doležel, Zur Theorie der Dichtersprache in der Prager Schule, in: Mathematik und Dichtung, hrsg. von H.

Kreuzer und R. Gunzenhäuser. München 3. Aufl. 1969, S. 277 ff. – G. Lepschy, Die strukturale Sprachwissenschaft. München 1969, S. 85. – Weitere Literatur im 3. Kap., vgl. Anm. 76.
20 H. M. Enzensberger, in: Mein Gedicht ist mein Messer. Lyriker zu ihren Gedichten, hrsg. von H. Bender. München (List-Bücher 187) 1964, S. 147
21 Vgl. dazu die im 2. Kap. dargestellten Kommunikationsmodelle der Autoren
22 M. Butor, Probleme des Romans. München 1965, S. 61
23 Vgl. dazu die Darstellung des lesenden Erschließens auf strukturaler Basis im 3. Kap.
24 R. Barthes, Literatur oder Geschichte. Frankfurt/M. (edition suhrkamp 303) 1969, S. 35

1. Kapitel

1 Zur Lesebuchdiskussion: J. Antz, Gedanken über neue Lesebücher, in: Pädagogische Rundschau, 5. Jg. 1951, S. 385 ff. – A. Beinlich, Über das Lesewerk der Volksschule, in: Die neue Volksschule, Bd. 3 1951, S. 198 ff. – K. Gaiser, Zur Lesebuchfrage, in: Die Schulwarte, 3. Jg. 1951. – G. Storz, Zum Tema: Das deutsche Lesebuch, in: Pädagogische Provinz, 3. Jg. 1949, S. 682 ff. – W. Killy, Zugelassen zum Gebrauch an Schulen: Anmerkungen zur Physiognomie des deutschen Lesebuchs, in: Neue deutsche Hefte 11/1956, S. 475 ff. – Ders., Zur Geschichte des deutschen Lesebuchs, in: Germanistik – eine deutsche Wissenschaft, a.a.O., S. 43 ff. – B. Schulz, Lesebuch und Einzelschrift, in: Handbuch des Deutschunterrichts, hrsg. von A. Beinlich, Bd. 2. Emsdetten 1963, S. 864 ff. – W. Pielow, Nationalistische Muster im Lesebuch, in: Nationalismus in Germanistik und Dichtung. Dokumentation des Germanistentages in München vom 17.– 22. Oktober 1966. München 1968, S. 248 ff. – J. Ehni, Das Bild der Heimat in den Schullesebüchern. Tübingen 1967. – R. Gümbel, Das Bild der Schule in Fibel und Lesebuch, in: Westermanns Pädagogische Beiträge 7/1967. – Eine Zusammenfassung bietet: H. Helmers (Hrsg.), Die Diskussion um das deutsche Lesebuch. Darmstadt 1969
2 Vgl. dazu: H. Kügler, Monologische Didaktik, a.a.O., sowie die kritischen Anmerkungen hierzu auf S. 51
3 Vgl. dazu die Darstellung dieser neuen literarpädagogischen Konzeptionen auf S. 50, 87
4 Vgl. dazu: Aufriß der Thematik, S. 14
5 Vgl. dazu: H. Kügler, Didaktik und Ideologie, in: Zeitnahe Schularbeit 10/1970, S. 1 ff.
6 W. Pielow, Dichtung und Didaktik. Bochum 1963, S. 7, 9
7 W. Klafki, a.a.O., S. 78
8 Vgl. dazu: Th. Rutt, Didaktik der Muttersprache. Frankfurt/M. 1964, S. 153. Dort die exemplarische Ausformung des Begriffs von Literatur als „Lese-, Bildungs-, Kulturgut". Er ist in fast allen traditionellen Methodiken des Deutschunterrichts der sechziger Jahre wiederzufinden. Vgl. dazu die Analyse der Modelle auf S. 27 sowie Handbuch des Deutschunterrichts, a.a.O., S. 717, 720, 801, 812, 815 ff.

9 B. Schulz, Lesebuch und Einzelschrift, a.a.O., S. 868. Vgl. auch das hier analysierte 2. Modell
10 W. Klafki, a.a.O., S. 103
11 Vgl. die Analyse dieses Begriffs auf S. 44
12 Vgl. dazu die im 3. Kap. dargestellten Kommunikationsmodelle
13 Vgl. dazu: A. Beinlich, in: Handbuch des Deutschunterrichts, a.a.O., S. 723
14 Th. Rutt, a.a.O., S. 154
15 K. Reumuth/A. O. Schorb, Der muttersprachliche Unterricht. Bad Godesberg 8. Aufl. 1963, S. 292 ff.
16 R. Ulshöfer, Methodik des Deutschunterrichts 1 (Unterstufe). Stuttgart 2. Aufl. 1965, S. 14
17 ebd., S. 31
18 A. Beinlich, in: Handbuch des Deutschunterrichts, a.a.O., S. 695
19 H. Giesecke, Allgemeinbildung – Berufsbildung – politische Bildung, in: Neue Sammlung 3/1968, S. 218
20 Th. Rutt, a.a.O., S. 153 ff. Die Analyse dieses Modells sowie des nachfolgenden Modells von B. Schulz wurde vom Verfasser zuerst veröffentlicht in: Zeitnahe Schularbeit 10/1970
21 W. Klafki, a.a.O., S. 94
22 G. Benn/R. Schneider, Soll die Dichtung das Leben bessern? 1956, S. 90
23 Zum Begriff des Zeichengefüges und seiner Anwendung vgl. S. 174 ff.
24 W. Klafki, a.a.O., S. 13
25 W. Pielow, Dichtung und Didaktik, a.a.O., S. 7 f.
26 B. Schulz, Der literarische Unterricht in der Volksschule, Bd. I. Düsseldorf 1965, S. 26
27 B. Schulz, Lesebuch und Einzelschrift, a.a.O., S. 903
28 Vgl. dazu: Handbuch des Deutschunterrichts, a.a.O., S. 903
29 Vgl. dazu: E. Staiger, Stilwandel. Zürich 1963. – W. Kayser, a.a.O., S. 271 ff. – W. Falk, Leid und Verwandlung. Rilke, Kafka, Trakl und der Epochenstil des Impressionismus und Expressionismus. Salzburg 1961, S. 16 ff. – J. Hermand, Literaturwissenschaft und Kunstwissenschaft. Stuttgart 1965, S. 20 ff., 60 ff.
30 M. Heidegger, Erläuterungen zu Hölderlins Dichtung. Frankfurt/M. 1951, S. 32: „... solange wir unter ‚Wesen der Dichtung' das verstehen, was in einen allgemeinen Begriff zusammengezogen wird, der dann für jede Dichtung in gleicher Weise gilt. Aber dieses Allgemeine, das so für alles Besondere gleich gilt, ist immer das Gleichgültige, jenes Wesen, das niemals wesentlich werden kann".
31 Über die fatalen Folgen des Wertdenkens schreibt M. Heidegger, in: Holzwege. Frankfurt/M. 1950, S. 209: „Das Denken nach Werten läßt im vorhinein das Sein selbst nicht dazu gelangen, in seiner Wahrheit zu wesen".
32 K. Wolf, Skizze zu einer Wirkungslehre der Literatur, in: Wirkendes Wort 3/1957/58
33 E. Staiger, Die Kunst der Interpretation. Studien zur deutschen Literaturgeschichte. Zürich 5. Aufl. 1967, S. 11. Dieselbe Formulierung findet sich schon bei Dilthey: „Aus dem Einzelnen das Ganze und aus dem Ganzen das Einzelne", in: Die Entstehung der Hermeneutik, zitiert nach: Denkformen und Forschungsmethoden der Erziehungswissenschaft, Bd. 1, hrsg. von S. Oppolzer. München 1966, S. 19
34 Th. Adorno, Ohne Leitbild. Frankfurt/M. (edition suhrkamp 201) 1967, S. 94

35 ebd., S. 100
36 B. Schulz, in: Handbuch des Deutschunterrichts, a.a.O., S. 868
37 K. Reumuth/A. O. Schorb, Der muttersprachliche Unterricht. Bad Godesberg 1. Aufl. der Neubearbeitung 1963, S. 292
38 R. Ulshöfer, a.a.O., S. 67
39 ebd., S. 70
40 A. Beinlich, in: Handbuch des Deutschunterrichts, Bd. 2, a.a.O., S. 753
41 Vgl. dazu: H. Kügler, Dichtung und Naturwissenschaft. Einige Reflexionen zum Rollenspiel des Naturwissenschaftlers in: B. Brecht, Das Leben des Galilei, Fr. Dürrenmatt, Die Physiker, H. Kipphardt, In der Sache J. R. Oppenheimer, in: Weg und Weglosigkeit. 9 Essays zur Geschichte der deutschen Literatur im 20. Jahrhundert. Heidenheim 1970, S. 209 ff.
42 G. Eich, Darmstädter Rede, in: Akzente 1/1960
43 B. Brecht, Schriften zum Theater 1. Gesammelte Werke 15. werkausgabe edition suhrkamp. Frankfurt/M. 1967, S. 295
44 Vgl. dazu: Handbuch des Deutschunterrichts, a.a.O., S. 1045
45 W. Dilthey, Die Entstehung der Hermeneutik, a.a.O., S. 13 ff. Vgl. dazu auch das 3. Kap., S. 126
46 M. Heidegger, Holzwege, a.a.O., S. 69, 66
47 Vgl. dazu: Handbuch des Deutschunterrichts, a.a.O., S. 723
48 Vgl. ebd., S. 814
49 Vgl. ebd., S. 703
50 Vgl. ebd., S. 1049
51 Vgl. ebd., S. 814
52 E. Staiger, Grundbegriffe der Poetik. Zürich und Freiburg 8. Aufl. 1968, S. 89 ff.
53 R. Guardini, Die Situation des Menschen, in: Die Künste im technischen Zeitalter. München 1958, S. 34 ff.
54 M. Heidegger, Die Zeit des Weltbildes, in: Holzwege, a.a.O., S. 69 ff.
55 J. Ehni, a.a.O. – Vgl. dazu auch: R. Gümbel, a.a.O.
56 W. Pielow, Dichtung und Didaktik, a.a.O., S. 18
57 B. Brecht, Schriften zum Theater 1, a.a.O., S. 275
58 ebd., S. 179
59 Vgl. dazu: H. Kügler, Erinnerungen und Vergessen. Die Gesellschaftskritik der zeitgenössischen Literatur, in: Zeitnahe Schularbeit 9/1968, S. 232
60 Vgl. dazu: M. Dahrendorf, Leseerziehung oder literarästhetische Erziehung, a.a.O.
61 R. Barthes, Literatur oder Geschichte, a.a.O., S. 60
62 K. Gerth, Die Arbeit mit dem Lesebuch im siebenten bis neunten Schuljahr. Braunschweig 1966, S. 9
63 H. Helmers, Didaktik der deutschen Sprache. Stuttgart 5. Aufl. 1970, S. 295
64 J. Bauer, Einführung in das literarpädagogische Lesebuch, in: Handbuch zu schwarz auf weiß, Bd. 2–4, a.a.O., S. 9, 12
65 Vgl. dazu: J. Bauer, Thesen zu einem neuen Lesebuch, in: Pädagogische Arbeitsblätter 2/1967
66 J. Bauer, Handbuch zu schwarz auf weiß, Bd. 7–9. Hannover 1967, S. 7
67 Lehrerheft zum Lesebuch C 9. Stuttgart 1968, S. 5
68 ebd., S. 5 f.
69 J. Bauer, Einführung in das literarpädagogische Lesebuch, in: Handbuch zu schwarz auf weiß, Bd. 7–9, a.a.O., S. 6

70 J. Bauer, Thesen zu einem neuen Lesebuch, a.a.O., S. 2. – Ders., Handbuch zu schwarz auf weiß, Bd. 5/6. Hannover 1968, S. 5 ff.
71 Vgl. dazu: W. Klafki, a.a.O., S. 78
72 Vgl. dazu die Kommunikationsmodelle im 3. Kap.
73 H. Helmers, Didaktik der deutschen Sprache, a.a.O., S. 299
74 Vgl. dazu die Auseinandersetzung mit der Schule der werkimmanenten Interpretation auf S. 87
75 E. Staiger, Grundbegriffe der Poetik, a.a.O., S. 12
76 J. Bauer, Handbuch zu schwarz auf weiß, Bd. 5/6, a.a.O., S. 8
77 W. Pielow, Dichtung und Didaktik, a.a.O., S. 10 ff.
78 J. P. Sartre, Was ist Literatur? Reinbek bei Hamburg (rde 65) 1958, S. 30
79 M. Heidegger, Unterwegs zur Sprache. Pfullingen 3. Aufl. 1965, S. 70
80 Vgl. dazu das 2. Kommunikationsmodell im 2. Kap., S. 115
81 Vgl. dazu: Kristalle, Moderne deutsche Gedichte für die Volksschule. München 1967, S. 184
82 H. Helmers, Didaktik der deutschen Sprache, a.a.O., S. 295 ff. – Vgl. dazu vom selben Verfasser: Die ‚Wahrheit' in der Dichtung und der Lehrplan des Literaturunterrichts, in: Der Deutschunterricht 3/1970, S. 15 ff.
83 H. Helmers, Didaktik der deutschen Sprache, a.a.O., S. 299
84 H. Helmers, Didaktik der deutschen Sprache. Stuttgart 3. Aufl. 1969, S. 284
85 H. Helmers, Die ‚Wahrheit' in der Dichtung und der Lehrplan des Literaturunterrichts, a.a.O.
86 H. Helmers, Didaktik der deutschen Sprache. Stuttgart 5. Aufl. 1970, S. 300
87 Vgl. das von H. Helmers beigefügte Schema: ebd., S. 301
88 ebd., S. 300
89 J. Bauer, Thesen zu einem neuen Lesebuch, a.a.O.
90 J. Bauer, Prinzipien der Unterrichtsplanung und Unterrichtsvorbereitung in der Literaturdidaktik, in: Literaturunterricht in der Sekundarstufe. Didaktische Studien, hrsg. von E. Meyer. Stuttgart 1970, S. 89 ff.
91 J. Bauer, Einführung in die literarpädagogische Konzeption des Lesebuchs schwarz auf weiß, Neubearbeitung 2. Schuljahr. Hannover 1970, S. 2 f. – Vgl. dazu auch die Einleitungen zu den Handbüchern des genannten Lesebuchs: Bd. 2–4, 5/6, 7–9, a.a.O.
92 J. Bauer, Handbuch zu schwarz auf weiß, Bd. 2–4, a.a.O., S. 24
93 Vgl. R. Barthes, Die strukturalistische Tätigkeit, in: Kursbuch 5/1966, S. 193, sowie das aus den Überlegungen von Barthes entwickelte Kommunikationsmodell im 3. Kap., S. 180
94 R. Geißler, Prolegomena zu einer Theorie der Literaturdidaktik. Hannover 1970, S. 46. – Eine Überwindung dieser Unsicherheit der Literaturwissenschaft vor den Texten durch vertiefte Reflexion auf den Leseprozeß selbst zeigt die eben erschienene Arbeit: U. Klein, Entdeckendes Lesen. Beiträge zu einer neuen Didaktik. Hannover 1971.

2. Kapitel

1 Vgl. dazu: M. Dahrendorf, Voraussetzungen und Umrisse einer gegenwartsbezogenen literarischen Erziehung, in: A. C. Baumgärtner/M. Dahrendorf, Wozu Literatur in der Schule?, a.a.O., S. 37 f., 46 f.
2 Vgl. dazu z. B.: Handbuch zu schwarz auf weiß, Bd. 2–4, a.a.O.

3 Vgl. dazu die didaktische Analyse zu diesem und anderen Märchen, in: Handbuch zu schwarz auf weiß, Bd. 2–4, a.a.O., S. 109, 102 ff.
4 I. Bachmann, Gedichte, Erzählungen, Hörspiele, Essays. München 1964, S. 43
5 Vgl. dazu das an diesem Text entwickelte hermeneutische Kommunikationsmodell im 3. Kap., S. 126
6 Vgl. dazu die Erläuterung dieses Strukturbegriffs im 3. Kap., S. 169
7 Zur Herkunft und Verwendungsweise der Begriffe vgl.: R. Barthes, Rhetorik des Bildes, in: alternative 62/63/1967, S. 107 ff.
8 Vgl. dazu: J. B. Fages, Comprendre le structuralisme. Toulouse 1968, S. 21 ff. – G. C. Lepschy, a.a.O., S. 37 ff.
9 M. Bierwisch, Strukturalismus. Geschichte, Probleme und Methoden, in: Kursbuch 5/1966, S. 132
10 F. de Saussure, Der Gegenstand der Sprachwissenschaft, in: Kursbuch 5/1966, S. 66
11 ebd.
12 Vgl. dazu die berühmte Interpretation von R. Jakobson und C. Lévi-Strauss, Les chats von Ch. Baudelaire, in: alternative 62/63/1967, S. 157 ff.
13 R. Barthes, Die Imagination des Zeichens, in: Literatur oder Geschichte, a.a.O., S. 36 ff.
14 ebd., S. 41
15 Vgl. dazu: R. Barthes, Rhetorik des Bildes, a.a.O., S. 112: „Die Sprache des Bildes ist nicht nur die Gesamtheit der gesendeten Wörter... sie ist auch die Gesamtheit der empfangenen Wörter".
16 Zum Begriff „Information" innerhalb der Informationstheorie vgl.: G. C. Lepschy, a.a.O., S. 148 f.
17 ebd., S. 143
18 R. Barthes, Literatur oder Geschichte, a.a.O., S. 49
19 J. B. Fages, a.a.O., S. 120
20 ebd.
21 Vgl. dazu: L. Doležel, Zur statistischen Theorie der Dichtersprache, in: Mathematik und Dichtung, a.a.O., S. 279
22 B. Brecht, Der V-Effekt als eine Prozedur des täglichen Lebens, in: Versuche 25/26/35. Frankfurt/M. 1960, S. 102. – Vgl. dazu den daraus entwickelten 2. Modus literarischer Kommunikation im 3. Kap., S. 146
23 R. Barthes, Literatur oder Geschichte, a.a.O., S. 103
24 M. Bierwisch, Strukturalismus, a.a.O., S. 143
25 R. Barthes, Rhetorik des Bildes, a.a.O., S. 107 ff.
26 B. Brecht, Schriften zum Theater 2. Gesammelte Werke 16. werkausgabe edition suhrkamp, a.a.O., S. 695
27 Vgl. dazu den 2. Modus literarischer Kommunikation im 3. Kap. sowie die Erläuterung des Gedichts von G. Eich „Denke daran", S. 155
28 Vgl. dazu die Erläuterung des Märchens im 3. Kap., S. 189
29 Vgl. dazu: Lesendes Erschließen auf hermeneutischer Basis und das dazugehörige Theorem W. Diltheys im 3. Kap.
30 Zu dem hier zitierten Selbstverständnis der Autoren vgl.: H. Kügler, Spur und Fährte. Zur Funktion der Metapher im zeitgenössischen Gedicht, in: Weg und Weglosigkeit, a.a.O., S. 162
31 B. Brecht, Gedichte 2. Gesammelte Werke 9. werkausgabe edition suhrkamp, a.a.O., S. 744

32 J. P. Sartre, a.a.O., S. 19
33 Die beiden Begriffe „lexie" (Redeweise) und „lexique" (Leseweise) wurden von R. Barthes übernommen (vgl.: alternative 62/63/1967, S. 112), werden hier aber im weiteren Sinne verwendet als „Darstellungstechnik" („lexie"). Für den Begriff der Leseweise („lexique") wird von Barthes, vor allem in seinen späteren Arbeiten, auch „lecture" gebraucht. Der Verfasser übernimmt der leichteren Verständlichkeit wegen den letzteren Begriff.
34 R. Barthes, Rhetorik des Bildes, a.a.O., S. 112
35 ebd.
36 ebd.
37 ebd.
38 ebd., S. 111
39 ebd., S. 112
40 J. P. Sartre, a.a.O., S. 30
41 ebd., S. 30, 33
42 ebd., S. 20 f.
43 Zum Begriff der Literatur als „Gut", „Gabe" und als „Erzeugnis" vgl.: H. J. Schrimpf, Goethes Begriff der Weltliteratur. Stuttgart 1968, S. 13, 29, 33, 48. – „Poesie ein Gemeingut der Menschheit", zitiert nach: I. Bachmann, Frankfurter Vorlesungen, in: Gedichte, Erzählungen, Hörspiele, Essays, a.a.O., S. 338. – Fr. Schiller, Sämtliche Werke, hrsg. von G. Fricke und H. G. Göpfert, Bd. 1. München 3. Aufl. 1962, S. 473 f.
44 Fr. Hölderlin, Historisch-kritische Ausgabe, hrsg. von N. v. Hellingrath, Bd. IV. 2. Aufl. 1923, S. 246
45 M. Heidegger, Erläuterungen zu Hölderlins Dichtung, a.a.O., S. 34 f.
46 Vgl. dazu: E. Ruprecht, Die Sprache im Denken W. v. Humboldts, in: Die Wissenschaft von deutscher Sprache und Dichtung. Stuttgart 1963, S. 217 ff.
47 H. Kluge, Geschichte der deutschen Nationalliteratur. Dresden 47. Aufl. 1917, S. 1
48 J. Grimm, Kleinere Schriften, Bd. 7. Berlin 1884, S. 557. – Vgl. dazu auch: E. Lämmert, a.a.O., S. 29
49 E. Lämmert, a.a.O., S. 22
50 ebd., S. 15 ff. – Vgl. dazu auch: K. O. Conrady, Deutsche Literaturwissenschaft und Drittes Reich, in: Germanistik – eine deutsche Wissenschaft, a.a.O., S. 104
51 E. Lämmert, a.a.O., S. 23 ff. – Dort auch die dazugehörige Mythologisierung des Dichterbegriffs.
52 Goethe anläßlich der Zusammenkunft der Naturforscher in Berlin 1828, zitiert nach: H. J. Schrimpf, a.a.O., S. 48
53 B. Brecht, Schriften zum Theater 1, a.a.O., S. 178
54 W. Kayser, a.a.O., S. 14
55 ebd.
56 ebd., S. 15
57 Vgl. dazu: J. Hermand, a.a.O., S. 143 ff.
58 W. Kayser, a.a.O., S. 24
59 Es ist unmöglich zu übersehen, daß in Staigers Arbeiten zur Interpretation von Kunstwerken die geschichtliche Dimension, im Gegensatz zu Kayser, nicht ausgeklammert wird. Der Zusammenhang des Werks mit seiner Epoche ist noch weitgehend sichtbar, wenn auch nicht deutlich wird, wie Werkstil und Epochenstil eine Einheit bilden. Dagegen begreift Kayser die „Eigen-

gesetzlichkeit des Kunstwerks" weitgehend formal, d. h. aus den ablesbaren Gestaltelementen. Dieser Gegensatz ist auch in den neuen didaktischen Entwürfen noch sichtbar, vor allem denen, die ausdrücklich an Kaysers Vorstellungen vom sprachlichen Kunstwerk orientiert sind.

60 B. v. Wiese, Geistesgeschichte oder Interpretation, in: Die Wissenschaft von deutscher Sprache und Dichtung, a.a.O., S. 239 ff. – Vgl. dazu die analoge Fragestellung in der französischen Literaturwissenschaft: R. Barthes, Literatur oder Geschichte, a.a.O., sowie die erste Überwindung dieser Alternative bei H. R. Jauß, a.a.O.
61 B. v. Wiese, a.a.O., S. 245
62 R. Barthes, Literatur oder Geschichte, a.a.O., S. 22
63 M. Heidegger, Sein und Zeit. Tübingen 11. Aufl. 1967, S. 148 ff.
64 E. Staiger, Die Kunst der Interpretation, a.a.O., S. 9, 18, 26 f., 30
65 J. Bauer, Thesen zu einem neuen Lesebuch, a.a.O., S. 8
66 Lehrerheft zum Lesebuch C 9, a.a.O., S. 5
67 ebd., S. 6
68 J. Bauer, Literarische Bildung in der Hauptschule unter Berücksichtigung der gegenwärtigen Bildungspläne, in: Jugendschriftenwarte 3/1968, S. 10
69 K. Gerth, a.a.O., S. 77
70 H. Friedrich, Die Struktur der modernen Lyrik. Reinbek bei Hamburg (rde 25–26a) 1956, S. 7
71 O. Walzel, Die künstlerische Form des Dichtwerks, in: Die Werkinterpretation, hrsg. von H. Enders. Darmstadt 1967, S. 7
72 ebd., S. 17
73 E. Staiger, Die Kunst der Interpretation, a.a.O., S. 32, 15. – Zum Begriff der Vollkommenheit vgl.: ebd., S. 14: „Kunstgebilde sind vollkommen, wenn sie stilistisch einstimmig sind".
74 ebd., S. 32
75 ebd., S. 14
76 ebd., S. 23
77 ebd.
78 Vgl. dazu: W. Rehm, Orpheus. Der Dichter und die Toten. Selbstdeutung und Totenkult bei Novalis, Hölderlin, Rilke. Düsseldorf 1950. – Vgl. auch: M. Heidegger, Erläuterungen zu Hölderlins Dichtung, a.a.O., S. 69: Dichtung als Gesang. Die Überhöhung des Dichterbegriffs kann gerade hier deutlich abgelesen werden (S. 42 ff., 62 ff.). – Vgl. auch: M. Heidegger, Holzwege, a.a.O., S. 252 ff.
79 E. Staiger, Grundbegriffe der Poetik, a.a.O., S. 223
80 H. Hatfield, Ein Prophet im eigenen Vaterlande, in: Sprache im technischen Zeitalter 26/1968, S. 118. – Dort auch die Kritik an Staiger, zumeist jedoch nur polemisch.
81 B. Brecht, Schriften zum Theater 1, a.a.O., S. 245
82 R. Barthes, Literatur oder Geschichte, a.a.O., S. 39
83 ebd., S. 38
84 ebd., S. 39
85 R. Barthes, Rhetorik des Bildes, a.a.O., S. 112
86 G. Eich, Abgelegene Gehöfte. Frankfurt/M. (edition suhrkamp 288) 1968, S. 38
87 P. Celan, Der Meridian. Rede anläßlich der Verleihung des Büchnerpreises, in: Ausgewählte Gedichte. Frankfurt/M. (edition suhrkamp 262) 1968, S. 144

88 J. P. Sartre, a.a.O., S. 33
89 H. Heissenbüttel, Über Literatur. Aufsätze. München (dtv sr 84) 1970, S. 122 f.
90 J. P. Sartre, a.a.O., S. 27 f.
91 ebd., S. 26
92 Vgl. dazu: H. Kügler, Weg und Weglosigkeit, a.a.O., S. 10
93 H. M. Enzensberger, Die Entstehung eines Gedichts, in: Poetik, 7. Folge des Jahrbuchs Gestalt und Gedanke, hrsg. von der Bayerischen Akademie der schönen Künste. München 1962, S. 69, 71
94 E. A. Poe, Philosophy of Composition, zitiert nach: H. M. Enzensberger, Die Entstehung eines Gedichts, a.a.O., S. 70
95 H. Heissenbüttel, a.a.O., S. 195
96 I. Bachmann, Frankfurter Vorlesungen, a.a.O., S. 330
97 B. Brecht, Schriften zum Theater 1, a.a.O., S. 228
98 M. Frisch, Interview, in: Werkstattgespräche mit Schriftstellern, hrsg. von H. Bienek. München (dtv 291) 1965, S. 31, 34
99 Fr. Dürrenmatt, Interview, in: Werkstattgespräche, a.a.O., S. 132, 19
100 W. Höllerer, Wie entsteht ein Gedicht?, in: Poetik, a.a.O., S. 95
101 H. M. Enzensberger, in: Mein Gedicht ist mein Messer, a.a.O., S. 144
102 G. Eich, in: Mein Gedicht ist mein Messer, a.a.O., S. 23
103 P. Celan, in: Mein Gedicht ist mein Messer, a.a.O., S. 86
104 K. Krolow, in: Mein Gedicht ist mein Messer, a.a.O., S. 71
105 W. Höllerer, in: Poetik, a.a.O., S. 111
106 H. M. Enzensberger, in: Poetik, a.a.O., S. 90
107 H. M. Enzensberger, in: Mein Gedicht ist mein Messer, a.a.O., S. 146
108 I. Bachmann, in: Ars poetica, hrsg. von B. Allemann, Darmstadt 1966, S. 436
109 H. Heissenbüttel, a.a.O., S. 78
110 ebd., S. 214
111 B. Brecht, Schriften zum Theater 1, a.a.O., S. 245
112 J. P. Sartre, a.a.O., S. 33
113 ebd., S. 30
114 ebd., S. 45
115 ebd., S. 35
116 R. Musil, Literat und Literatur, in: Ars poetica, a.a.O., S. 194
117 B. Brecht, Schriften zum Theater 2, a.a.O., S. 656
118 R. Musil, a.a.O., S. 182
119 E. Staiger, Grundbegriffe der Poetik, a.a.O., S. 65
120 R. Musil, a.a.O., S. 184
121 ebd., S. 187
122 ebd., S. 192
123 B. Brecht, Schriften zum Theater 1, a.a.O., S. 198
124 M. Butor, Der Roman als Suche, in: Ars poetica, a.a.O., S. 396
125 G. Eich, Darmstädter Rede, a.a.O., S. 35
126 P. Celan, Ansprache anläßlich der Entgegennahme des Literaturpreises der Freien Hansestadt Bremen (1958), in: Ausgewählte Gedichte, a.a.O., S. 128
127 P. Celan, Der Meridian, a.a.O., S. 144 f.
128 H. M. Enzensberger, in: Mein Gedicht ist mein Messer, a.a.O., S. 146 f.
129 G. Benn/R. Schneider, a.a.O., S. 18
130 B. Brecht, Schriften zum Theater 1, a.a.O., S. 409. – Ders., Schriften zum Theater 2, a.a.O., S. 752, 928

131 H. M. Enzensberger, in: Mein Gedicht ist mein Messer, a.a.O., S. 147
132 H. Heissenbüttel, a.a.O., S. 210
133 ebd., S. 78
134 ebd.
135 ebd., S. 195
136 ebd., S. 190
137 ebd., S. 200
138 ebd., S. 202
139 Vgl. dazu die Einleitung von W. Loch zu: A. R. Lurija/F. Ia. Judowitsch, Die Funktion der Sprache in der geistigen Entwicklung des Kindes. Düsseldorf 1970, S. 23

3. Kapitel

1 J. Bauer, Das Elementarisieren von poetischen Strukturen, in: Handbuch zu schwarz auf weiß, Bd. 2–4, a.a.O., S. 23 ff.
2 Vgl. dazu S. 81
3 Vgl. dazu S. 74
4 B. Brecht, Schriften zum Theater 2, a.a.O., S. 680. – Über die Funktion dieser Verfremdungstechnik vgl.: H. Kügler, Weg und Weglosigkeit, a.a.O., S. 40 ff.
5 M. Bierwisch, Strukturalismus, a.a.O., S. 143. – Vgl. dazu auch: M. Bierwisch, Poetik und Linguistik, und K. Baumgärtner, Formale Erklärung poetischer Texte, beide in: Mathematik und Dichtung, hrsg. von H. Kreuzer und R. Gunzenhäuser. München 3. Aufl. 1969
6 Vgl. dazu S. 95
7 R. Barthes, Die Imagination des Zeichens, in: Literatur oder Geschichte, a.a.O., S. 41
8 M. Bierwisch, Poetik und Linguistik, a.a.O., S. 49. – Zur Methodendiskussion vgl. weiter: H. Gadamer, Wahrheit und Methode. Grundzüge einer philosophischen Hermeneutik. Tübingen 1960. – W. Linke, Aussage und Deutung in der Pädagogik. Dialektische, hermeneutische und phänomenologische Methodenprobleme. Heidelberg 1966. – W. Buck, Lernen und Erfahrung. Zum Begriff der didaktischen Induktion. Stuttgart 1967. – F. Rodi, Morphologie und Hermeneutik. Diltheys Ästhetik. Stuttgart 1969. – E. Betti, Die Hermeneutik als allgemeine Methodik der Geisteswissenschaften. Tübingen 1962. – O. F. Bollnow, Die Gliederung des Verstehens, in: Denkformen und Forschungsmethoden der Erziehungswissenschaft, Bd. 1, hrsg. von S. Oppolzer. München 1966, S. 67. – J. Habermas, Erkenntnis und Interesse. Frankfurt/M. (Theorie 2) 1969. – Ders., Zur Logik der Sozialwissenschaften. Frankfurt/M. (edition suhrkamp 481) 1970, S. 251 ff. – E. Leibfried, Kritische Wissenschaft vom Text. Stuttgart 1970
9 J. Habermas, Erkenntnis und Interesse, a.a.O., S. 227 f.
10 Vgl. dazu S. 89
11 Vgl. dazu: E. Staiger, Die Kunst der Interpretation, a.a.O., S. 13
12 M. Heidegger, Holzwege, a.a.O., S. 25
13 Fr. Dürrenmatt, Varlin schweigt, in: Sprache im technischen Zeitalter 26/1968, S. 91. – Vgl. dort auch die weiteren Auseinandersetzungen mit E. Staigers Literaturauffassung.

14 Vgl. dazu: H. Kügler, Weg und Weglosigkeit, a.a.O., S. 10 ff.
15 Vgl. dazu: M. Heidegger, Erläuterungen zu Hölderlins Dichtung, a.a.O., S. 44, 54, 62, 69, 73, 80, 82, 94, 128
16 M. Heidegger, Unterwegs zur Sprache, a.a.O., S. 180
17 E. Staiger, Grundbegriffe der Poetik, a.a.O., S. 57, 82
18 E. Staiger, Die Kunst der Interpretation, a.a.O., S. 14
19 ebd., S. 11
20 E. Leibfried, Kritische Wissenschaft vom Text, a.a.O., S. 38 ff.
21 M. Heidegger, Unterwegs zur Sprache, a.a.O., S. 122
22 W. Dilthey, Die Entstehung der Hermeneutik. Gesammelte Schriften Bd. V. Stuttgart 1957, S. 333, 318
23 Vgl. dazu: W. Linke, a.a.O., S. 136
24 W. Dilthey, Die Entstehung der Hermeneutik, a.a.O., S. 318
25 ebd., S. 332, 333
26 ebd., S. 318
27 ebd.
28 ebd.
29 ebd., S. 333
30 ebd., S. 334
31 ebd., S. 317
32 W. Dilthey, Erleben, Ausdruck, Verstehen, in: Denkformen und Forschungsmethoden der Erziehungswissenschaft, a.a.O., S. 47 (Hervorhebung vom Verfasser)
33 Vgl. dazu: M. Heidegger, Sein und Zeit, a.a.O., S. 153 ff.: „Das Entscheidende ist nicht, aus dem Zirkel heraus-, sondern in ihn nach der rechten Weise hineinzukommen".
34 W. Dilthey, Die Entstehung der Hermeneutik, a.a.O., S. 318
35 ebd., S. 336
36 W. Dilthey, Erleben, Ausdruck, Verstehen, a.a.O., S. 47
37 W. Dilthey, Die Entstehung der Hermeneutik, a.a.O., S. 318 f.
38 W. Dilthey, Erleben, Ausdruck, Verstehen, a.a.O., S. 47
39 ebd., S. 16
40 ebd., S. 40
41 ebd.
42 ebd., S. 41, 45, 52
43 ebd., S. 19
44 ebd., S. 50
45 ebd., S. 52
46 ebd.
47 E. Staiger, Die Kunst der Interpretation, a.a.O., S. 11
48 ebd., S. 15, 18
49 M. Heidegger, Sein und Zeit, a.a.O., S. 148
50 Vgl. dazu: R. M. Gagné, Die Bedingungen des menschlichen Lernens. Beiträge zu einer neuen Didaktik. Hannover 1969
51 Vgl. dazu: J. Bauer, Das Elementarisieren poetischer Strukturen, a.a.O., und: Prinzipien der Unterrichtsplanung und Unterrichtsvorbereitung in der Literaturdidaktik, a.a.O.
52 Vgl. dazu: R. M. Gagné, Kap. 7: Lernen und Unterrichtsinhalte, a.a.O., S. 141
53 G. Trakl, Dichtungen und Briefe. Salzburg 1969, S. 21

54 Vgl. dazu: K. H. Fingerhut, Zeitgenössische politische Lyrik im Unterricht, dargestellt am Beispiel von P. Handkes „Die drei Lesungen des Gesetzes", in: Politik und Soziologie 5/1970, S. 1 ff. – D. Steinbach, Literatursoziologie und Deutschunterricht, in: Der Deutschunterricht 3/1970, S. 5 ff. – W. Schemme, Dramatische Dichtung im 8. bis 10. Schuljahr als didaktisches Problem, in: Literaturunterricht in der Sekundarstufe, a.a.O., S. 71 ff.
55 Vgl dazu: Bestandsaufnahme Deutschunterricht, a.a.O.
56 J. Habermas, Erkenntnis und Interesse, a.a.O., S. 227
57 ebd., S. 230
58 Gemeint sind hier vor allem: Über eine nichtaristotelische Poetik (1933 bis 1941), darin besonders: Thesen über die Aufgabe der Einfühlung in den theatralischen Künsten, Kleines Organon für das Theater (1948), Dialektik auf dem Theater (1951–1956).
59 B. Brecht, Schriften zum Theater 1, a.a.O., S. 298 (Hervorhebung vom Verfasser)
60 ebd., S. 244
61 ebd., S. 245
62 B. Brecht, Schriften zum Theater 2, a.a.O., S. 923
63 ebd., S. 928
64 B. Brecht, Schriften zum Theater 1, a. a.O., S. 341 f.
65 ebd., S. 355
66 Vgl. dazu: H. Kügler, Dichtung und Naturwissenschaft, a.a.O., S. 209 ff.
67 B. Brecht, Schriften zum Theater 2, a.a.O., S. 428
68 R. Barthes, Literatur oder Geschichte, a.a.O., S. 103
69 R. M. Gagné, a.a.O., S. 202
70 G. Eich, in: Jahrhundertmitte. Deutsche Gedichte der Gegenwart. Frankfurt/M. 1955, S. 51
71 Vgl. dazu: K. H. Fingerhut, Zeitgenössische politische Lyrik im Unterricht, a.a.O.
72 Vgl. dazu: D. Steinbach, a.a.O.
73 I. Bachmann, Die gestundete Zeit. München 3. Aufl. 1959, S. 27
74 J. Habermas, Zur Logik der Sozialwissenschaften, a.a.O., S. 325
75 Vgl. dazu: K. Baumgärtner, Einführung zum Heft „Linguistik I", in: Der Deutschunterricht 3/1970
76 ebd., S. 3. – Zur Diskussion um den Strukturalismus vgl.: U. Jaeggi, Ordnung und Chaos. Strukturalismus als Methode und Mode. Frankfurt/M. (Theorie 2) 1968. – Strukturalismus und Literaturwissenschaft, in: alternative 62/63/1968. – Strukturalismusdiskussion, in: alternative 54/1967. – G. Schiwy, Der französische Strukturalismus Mode – Methode – Ideologie. Reinbek bei Hamburg 1969. – L. Sebag, Marxismus und Strukturalismus. Frankfurt/M. (Theorie 2) 1967. – H. Friedrich, Strukturalismus und Struktur in literaturwissenschaftlicher Hinsicht, in: H. Friedrich/F. Schalk (Hrsg.), Europäische Aufklärung (Festschrift für H. Dieckmann). München 1967. – B. Allemann, Strukturalismus in der Literaturwissenschaft?, in: Ansichten einer künftigen Germanistik, a.a.O., S. 143 ff. – R. Gunzenhäuser/ H. Kreuzer (Hrsg.), Mathematik und Dichtung, a.a.O. – M. Bierwisch, Strukturalismus, a.a.O. – J. Mukařovský, a.a.O. – C. Lévi-Strauss, Strukturale Anthropologie. Frankfurt/M. 1967. – R. Barthes, Kritik und Wahrheit Frankfurt/M. (edition suhrkamp 218) 1967. – Ders., Literatur oder Geschichte, a.a.O. – Ders., Die strukturalistische Tätigkeit, a.a.O. – R. Jakob-

son, Poesie der Grammatik und Grammatik der Poesie, in: Mathematik und Dichtung, a.a.O. – G. Mounin, Introduction à la sémiologie. Edition de Minuit 1970. – Die hier angegebene Literatur ist unvollständig und betrifft vorwiegend die Beziehung von Strukturalismus und Literaturwissenschaft.
77 K. Baumgärtner, Einführung, a.a.O., S. 3
78 Vgl. dazu: J. F. Revel, Signes de Confusions (Besprechung von G. Mounin, Introduction à la sémiologie), in: L'Express 21 vom 27. Dezember 1970, S. 77
79 C. Lévi-Strauss, Strukturale Anthropologie, a.a.O., S. 390
80 Vgl. dazu: D. Wunderlich, Die Rolle der Pragmatik in der Linguistik, in: Der Deutschunterricht 4/1970
81 J. Mukařovský, a.a.O., S. 230, 53
82 M. Bierwisch, Strukturalismus, a.a.O., S. 124
83 H. Helmers, Die ‚Wahrheit' in der Dichtung und der Lehrplan des Literaturunterrichts, a.a.O.
84 Vgl. dazu: M. Bierwisch, Strukturalismus, a.a.O., S. 107 ff. – Beispiele für ein solches Verfahren im Unterricht gibt zum erstenmal: W. Eichler, Strukturale Sprachbetrachtung im Deutschunterricht. Einige didaktisch-methodische Ansätze, in: Der Deutschunterricht 4/1970
85 R. Jakobson, Poesie der Grammatik und Grammatik der Poesie, a.a.O., S. 22 ff.
86 M. Bierwisch, Strukturalismus, a.a.O., S. 142
87 Vgl. dazu: Strukturalismus und Literaturwissenschaft, in: alternative 62/63/1968, S. 153
88 Vgl. dazu neben der oben (Anm. 76) genannten Literatur: B. Eichbaum, Aufsätze zur Theorie und Geschichte der Literatur, ausgewählt und aus dem Russischen übersetzt von A. Kaempfe. Frankfurt/M. 1965. – V. Ehrlicher, Russischer Formalismus. München 1964. – H. E. Holthusen, Der russische Formalismus, in: Merkur 14/1960. – E. Leibfried, a.a.O., S. 152 ff. – M. Bense, Zusammenfassende Grundlegung der modernen Ästhetik, in: Mathematik und Dichtung, a.a.O., S. 313 ff. – Ders., Semiotik. Allgemeine Theorie der Zeichen. Baden-Baden 1967
89 F. de Saussure, a.a.O., S. 66
90 J. Mukařovský, a.a.O., S. 15
91 ebd.
92 R. Barthes, Literatur oder Geschichte, a.a.O., S. 68
93 ebd., S. 41
94 ebd., S. 60
95 ebd., S. 46
96 ebd., S. 36
97 ebd.
98 Vgl. dazu die Interpretation von G. Eichs „Inventur", S. 96
99 R. Jakobson, Poesie der Grammatik und Grammatik der Poesie, a.a.O., S. 26
100 ebd., S. 27
101 I. Bachmann, Gedichte, Erzählungen, Hörspiele, Essays, a.a.O., S. 50
102 R. Barthes, Die strukturalistische Tätigkeit, a.a.O., S. 190
103 R. Barthes, Literatur oder Geschichte, a.a.O., S. 103
104 R. Barthes, Die strukturalistische Tätigkeit, a.a.O., S. 191
105 R. Barthes, Rhetorik des Bildes, a.a.O., S. 107 ff.

106 Vgl. dazu das 2. Beispiel des lesenden Erschließens auf strukturaler Basis, S. 198
107 R. M. Gagné, a.a.O., S. 33. – Leider sind Gagnés Ausführungen zum Erlernen von Sprache und Sprechen (S. 86) zu allgemein, als daß sie direkt auf die Rezeption literarischer Texte angewendet werden könnten.
108 Vgl. dazu die didaktischen Analysen in: Handbuch zu schwarz auf weiß, Bd. 2–4, a.a.O., S. 23, 101, 102 ff. Die hier abgedruckten elementaren Schemata sind aus Unterrichtsversuchen des Verfassers hervorgegangen.
109 Der Begriff „Hierarchie" und die damit verbundene „hierarchische Auffassung der Sprachstruktur" gehören wie der Begriff der „Dominante" „zu den fundamentalen Begriffen der Prager Theorie der Dichtersprache". Vgl. dazu: L. Doležel, Zur statistischen Theorie der Dichtersprache, a.a.O., S. 280
110 Vgl. dazu: W. Eichler, a.a.O., S. 112
111 Vgl. dazu die Handbücher zu schwarz auf weiß, Bd. 2–4, 5/6, 7–9, a.a.O.
112 Das Stemma wurde abgedruckt in meiner didaktischen Analyse des Märchens im Handbuch zu schwarz auf weiß, Bd. 2–4, a.a.O., S. 103
113 Kinder- und Hausmärchen der Brüder Grimm. Leipzig o. J.
114 Vgl. C. Lévi-Strauss, Sprache und Gesellschaft. Ein Kapitel aus der „Strukturalen Anthropologie", in: Kursbuch 5/1966, S. 183
115 B. Brecht, Schriften zum Theater 1, a.a.O., S. 295
116 F. Kafka, Erzählungen. Gesammelte Werke 3. Frankfurt/M. 1967, S. 154
117 Zum Begriff des ikonischen Zeichens vgl.: M. Bense, Semiotik. Allgemeine Theorie der Zeichen, a.a.O., S. 33 ff.
118 R. Jakobson, Poesie der Grammatik und Grammatik der Poesie, a.a.O., S. 25
119 Vgl. dazu: R. Messner, Funktionen der Taxonomien für die Planung von Unterricht. Kritische Anmerkungen zur Verwendung der Taxonomien von Bloom, Krathwohl und ihren Mitarbeitern in didaktischen Entwicklungsprozessen, in: Zeitschrift für Pädagogik 6/1970, S. 755 ff. – H. Rumpf, Lernziele. Die Taxonomie von B. S. Bloom und Mitarbeitern, in: Die Höhere Schule 23/1970, S. 172 ff. – Ch. Möller, Technik der Lernplanung. Weinheim 1969. – B.S. Bloom, Taxonomy of Educational Objectives. Handbook I: Cognitive Domain. New York 1956. – D. R. Krathwohl/B.S. Bloom/B.S. Masia, Taxonomy of Educational Objectives, Handbook II: Affective Domain. New York 1964. – Zur Curriculumdiskussion vgl.: D. Knab, Ansätze zur Curriculumreform in der BRD, in: betrifft: erziehung 2/1971, S. 15 ff. – Für den Deutschunterricht vgl. neben früher genannten Werken: H. Helmers, Herstellung und Analyse von Lehrplänen für das Fach Deutsche Sprache und Literatur, in: Der Deutschunterricht 2/1970, S. 33 ff. – W. Schlotthaus, Lehrziel Kommunikation. Überlegungen zu einer situationsbezogenen Studienplanung für das Unterrichtsfach Deutsch, in: betrifft: erziehung 4/1971, S. 15 ff. – Zur Analyse von Lernprozessen vgl.: R. M. Gagné, Die Bedingungen des menschlichen Lernens. Hannover 1969. – H. Skowronek, Psychologische Grundlagen einer Didaktik der Denkerziehung. Hannover 2. Aufl. 1970. – Zu den Organisationsformen des Lernens vgl.: B. Möller, Analytische Unterrichtsmodelle. Ergebnisse und Probleme der wissenschaftlichen Lernorganisation. München 1966. – E. Meyer (Hrsg.), Neue Formen der Unterrichtsdifferenzierung. Stuttgart 1970
120 Vgl. dazu: Diskussionsentwurf zur Neuordnung der Lehrerausbildung und

Synopse. Bildungspolitische Informationen, hrsg. vom hessischen Kultusminister. 1B/1971, S. 23
121 ebd., S. 22, 23
122 Vgl. dazu: R. Asal, Konsumliteratur für weibliche Leser. Aspekte der Trivialliteratur – dargestellt am Groschenroman. Zulassungsarbeit zur ersten Dienstprüfung SS 1971. Pädagogische Hochschule Ludwigsburg, S. 54, 148–157
123 Buch und Leser in Deutschland. Eine Untersuchung des DIVO-Instituts. Frankfurt/M. 1965, S. 86
124 R.Barthes, Literatur oder Geschichte, a.a.O., S. 76
125 ebd.
126 R. Barthes, S/Z. Essais. Collection „Tel Quel" aux Editions du Seuil. Paris 1970, S. 13
127 ebd., S. 16. – Da eine Übersetzung des Buches dem Verfasser bisher nicht bekannt ist, wird hier der Originaltext beigefügt: „La dénotation n'est pas le premier des sens, mais elle feint de l'être; sous cette illusion, elle n'est finalement que la *dernière* des connotations (celle qui semble à la fois fonder et clore la lecture), le mythe supérieure grâce auquel le text feint de retourner à la nature du langage, au langage comme nature..."

Nachbemerkung

1 Vgl. dazu: J. J. Katz/J. A. Fodor, Die Struktur einer semantischen Theorie, in: Vorschläge für eine strukturelle Grammatik des Deutschen, hrsg. von H. Steger. Darmstadt 1970, S. 221 ff. – F. Hundsnurscher, Neuere Methoden der Semantik. Eine Einführung anhand deutscher Beispiele, Tübingen 1970
2 J. Bauer, Das Elementarisieren poetischer Strukturen, a.a.O., S. 32
3 Eine geschlossene Erörterung der Bedeutung der publizistischen Formen im literarischen Unterricht soll später vorgelegt werden. Sie konnte des Umfangs wegen nicht mehr in diese Arbeit aufgenommen werden.
4 Vgl. dazu: D. Wunderlich, a.a.O., S. 13 ff. – Zum Begriff der „kommunikativen Kompetenz" vgl.: J. Habermas, Vorbereitende Bemerkungen zu einer Theorie der kommunikativen Kompetenz, in: J. Habermas/N. Luhmann, Theorie der Gesellschaft oder Sozialtechnologie. Frankfurt/M. 1971, S. 101–141.
5 M. Hartig/U. Kurz, Sprache als soziale Kontrolle. Neue Ansätze zur Soziolinguistik. Frankfurt/M. (edition suhrkamp 435) 1971, S. 112
6 H. R. Jauß, a.a.O., S. 165
7 ebd.
8 ebd., S. 172

Literatur zum Deutschunterricht

G. Frank / W. Riethmüller
Deutschstunden in der Sekundarstufe

Unterrichtsvorbereitung und Unterrichtsanalyse
1970, 206 Seiten, kartoniert (92252)

H. Helmers
Didaktik der deutschen Sprache

Einführung in die Theorie der muttersprachlichen
und literarischen Bildung
6. Auflage 1971, 412 Seiten, Linson (92353)

H. Helmers
Geschichte des deutschen Lesebuchs in Grundzügen

1971, 295 Seiten, Linson (92354)

H. Helmers
Lyrischer Humor

Strukturanalyse und Didaktik der komischen Versliteratur
1971, 256 Seiten, kartoniert (92357)

H. Helmers
Sprache und Humor des Kindes

2. Auflage 1971, 212 Seiten, kartoniert (92356)

H. Müller
Dramatische Werke im Deutschunterricht

1971, 205 Seiten, kartoniert (92590)

U. Walz (Hrsg.)
Literaturunterricht in der Sekundarstufe

(Didaktische Studien, hrsg. von E. Meyer)
1970, 116 Seiten, kartoniert (92577)